Gärtnern rund ums Jahr

Adressen & Termine
1999

GARTEN GUIDE

SCHÖNER WOHNEN

Im Maxwald in Westerstede lohnt sich die Führung.

Gärten, Parks und Festivals in Deutschland

Gartenschauen. Bundesgartenschau '99 Magdeburg, 23.4.–17.10.; Landesgartenschauen: Weil am Rhein, 16.4.–17.10.; Oberhausen, 1.5.–3.10.; Zittau/Olbersdorf, 7.5.–17.10.

Maxwald in Westerstede. Auf den Ländereien des Gutes Fiekenholdt entstand ein besonderer Park mit einem Taxusgarten wie in England und einer alten Sammlung englischer Rhododendronsorten. Besichtigung (10 Mark) nur nach Anmeldung: Dr. E. Pühl, Pf. 1111, 26641 Westerstede, Tel. (0 44 88) 719 71.

Rhododendron-Waldpark und Baumschulen Dietrich Hobbie. Zum Hullen 3, 26655 Westerstede/Linswege, Tel. (0 44 88) 22 94. Rhododendren und immergrüne Seltenheiten in mehr als 400 Arten und Sorten. Blütezeit: 1. Mai – Mitte Juni. Auch Verkauf.

Lindenhof. Der Kräutergarten. Jürgen+Hella Dahl, Lindenhof, 47559 Kranenburg-Mehr, Tel. (0 28 26) 56 24. An mehr als 100 Duft-, Würz- und Heilkräutern kann man schnuppern, schmecken, und einige kann man kaufen. Geöffnet: samstags 11–17 Uhr.

Ippenburger Schloß- und Gartenfestival 1999. Schloß Ippenburg, 49152 Bad Essen. 17.–20.6., 11–20 Uhr (15 Mark). Der weitläufige Park und die historischen Räume im Schloß bilden einen außergewöhnlich festlichen

Azaleen und Rhododendren in Mengen im Waldpark Hobbie in Linswege.

Rahmen für Angebote der 70 namhaften Aussteller; Vorträge von Profis wie Penelope Hobhouse. Veranstaltungsnachweis gegen drei Mark in Briefmarken.

Kreislehrgarten Steinfurt. Veltruper Kirchweg/ Wemhöferstiege, 48565 Steinfurt-Burgsteinfurt, Tel. (0 25 51) 83 33 88. Der Schaugarten ist ganzjährig geöffnet. Beratungen während der Dienstzeiten. Viele Veranstaltungen, wie FLORA-Rosenseminar am 3. Juli.

Hinweis: Viele Veranstalter verlangen Eintrittsentgelt. Fragen Sie nach der Höhe und Sondertarifen. Hunde sind meist nicht zugelassen.

Der Lehrgarten Steinfurt wird für seine beispielhaften Pflanzungen gerühmt.

Die 4. Südoldenburger Landpartie. Gartenausstellung und weitgefächerte Angebotspalette in sommerlicher Atmosphäre. 29.–30.5. (7 Mark). Zur Rosenblüte ist der Bauerngarten geöffnet. 4.7., 10–18 Uhr (5 Mark). Hof Averesch, Nordholter Straße 4, 49692 Elsten.

Palmengarten in Frankfurt, Siesmayerstraße 61, 60323 Frankfurt am Main, Tel. (0 69) 21 23 39 39, ist ein Informationszentrum für Pflanzenliebhaber. Im Schaupark und in Gewächshäusern wird jede Menge Gartenkultur geboten. Führungen, Vorträge, Seminare. Pfingsten wird der Goethe-Garten eröffnet.

Die Mainau, »Bodenseeinsel der 5 Jahreszeiten«, hat sich von der klischeehaften Postkartenkulisse zu einem interessanten Ziel gewandelt, zu dem wunderbare Blumengärten, Pflanzenausstellungen wie im neuen Palmenhaus und Open-air-Konzerte gehören.
Vom 11. bis 13.6. findet das Staudenfest statt.
Infos: Mainau GmbH, Abt. Marketing, 78465 Mainau, Tel. (0 75 31) 30 30.

Schau- und Sichtungsgarten Hermannshof, 69469 Weinheim/Bergstraße, Babostr. 5, Tel. (0 62 01) 1 36 52. Freier Eintritt.
In klimatisch günstiger Lage werden Stauden, Wildpflanzen und Einjahresblumen auf ihren Gartenwert erprobt. Pflanzengemeinschaften, 200 Jahre alter Park und in der Nähe Exotenwald mit Mammutbäumen.

Schloßgarten Schwetzingen. Zum 250-jährigen Bestehen des »Lustgartens von Kurfürst Carl Theodor« gibt es Ausstellungen, Sonderführungen und die Schwetzinger Festspiele.
Infos: Schloßkasse Schwetzingen, Tel. (0 62 02) 8 14 81.

Art of Eden 1999. Zum Thema »Gartengestaltung – Gestaltung für den Garten« stellen Designer und Künstler Möbel, Skulpturen, Wasserspiele etc. vor. 1.–2.5., 10–19 Uhr.
Bot. Garten Krefeld, An der Schönwasserstraße.

3. Internationale Freisinger Gartentage. 60 ausgesuchte Aussteller bieten besondere Pflanzen und alles, was den Garten schöner werden läßt. 7.5., 13–21 Uhr, 8., 9.5. ab 10 Uhr in den Höfen des ehemaligen Neustifts, des heutigen Landratsamts Freising.

Der Palmengarten Frankfurt kann sich auch mit seinem Rosengarten sehen lassen.

Eine Augenweide: die Salvien im Hermannshof, Weinheim.

Anregend: 4. Südoldenburger Landpartie live erleben.

Weimar, Kulturstadt Europas. An mehreren Orten gibt es Ausstellungen wie »Aurikel – Modeblume der Goethezeit« (Foto S.15), bis 16.5., Hof des Kirms-Krackow-Hauses, Jakobstraße 10; 21.5.–15.8. Fotoausstellung im schönen Sommerschloß Belvedere (3 km südlich von Weimar); Obstgehölze in Töpfen, 21.8.–5.9., K.-Krackow-Haus.

Der Holländische Garten in dem barocken Schloßpark Belvedere in Weimar.

Das Arboretum Ellerhoop hat nicht nur Gehölze zu bieten.

Home & Garden 1999. Ausstellung und Lebensart: Stuttgart-Ludwigsburg, Schloß Monrepos, 6.–9.5.; Wiesbaden, Kurpark, 13.–16.5.; Berlin, Olympia-Reitstadion, 27.–30.5.; München, Galopprennbahn Riem, 3.–6.6.; Düsseldorf, Galopprennbahn Grafenberg, 10.–13.6.; Hamburg, Derby-Park Klein-Flottbek, 24.–27.6.; 10–20 Uhr. 18 Mark.

Offene Gartenpforte in der Südpfalz. Faltblatt mit Infos der Hausgärten und Parks (2 Mark Briefm.) über Gabi Westermann, Schießmauer 7, 76872 Minfeld, Tel. (0 72 75) 91 38 05

Das Arboretum des Kreises Pinneberg in Ellerhoop-Thiensen. Als Baumpark der Baumschule Timm & Co. angelegt, ist er Gartenparadies und Lehrpark mit Bauerngarten, Bambusdschungel und Wildblumenwiese. Tägl. 9–21 Uhr.

Der Kunst-Garten. Gartenentwürfe von Joseph Furttenbach (1591–1667), die die Entwicklung des Barockgartens maßgeblich beeinflußten. Ausstellung im Stadthaus Ulm. Bis 13.6.

Café Pegasos. 59510 Lippetal-Oestinghausen, Schwarzen Weg 10a (Gewerbegebiet). Auf 35 000 m² sind Teiche und Mustergärten (u. a. drei Reihenhausgärten mit Vorgarten) zu entdecken; dazu Café und Biergarten. Tägl. ab 14 Uhr.

Die offene Pforte, Gärten in und um Hannover. Mehr als 60 Gärten, Kleingärten, Bauerngärten. Faltblatt mit

Mai: Blütenpracht im Japanischen Garten in Leverkusen.

Bauerngarten und Künstlertreff im Garten in Hude.

Beschreibung und allen Infos: Landeshauptstadt Hannover, Grünflächenamt, Langensalzastr. 17, 30169 Hannover (adressierten, mit 1,10 Mark frankierten Rückumschlag beifügen).

Japanischer Garten in Leverkusen. Neben dem Verwaltungsgebäude der Bayer AG ein Ort japanischer Ruhe mit Azaleen, Rhododendren, Magnolien, Ahornen. Täglich ab 9 Uhr. Carl-Duisberg-Park, Leverkusen, Kaiser-Wilhelm-Allee.

Nachschlagewerk: 1000 Anlagen und private Gärten in Deutschland. Tips und Informationen. Callwey Verlag, 496 Seiten, 29,95 Mark.

Garten mit sieben Themen hat Gartenarchitekt Winkler realisiert (Foto S. 7). Botanisches Treffen, Malersymposium. 9.5.–9.6., Mi, Sa, So 11–18 Uhr (5 Mark). J. Winkler, 27798 Hude-Wüsting, Klosterkielhof, Tel. (0 44 84) 6 71.

Offene Gartenpforte in Hamburg/Schleswig-Holstein. Anschriften und Termine der noch wenigen Gärten, die besucht werden können (interessierte Gartenbesitzer werden gesucht), verschickt Claudia Wollkopf, Lattenkamp 27, 22299 Hamburg, Tel. (0 40) 511 18 17.

Ferienseminar für Gartenfreunde. Vermitteln von Fachwissen in schöner Landschaft wird bei Themen wie »Den Garten planen«, »Lebensraum Garten«, »Gartenfest für alle Sinne« (20.–26.9.) geboten. Der »Umgang mit Stauden und Gehölzen« steht vom 26.–30. 9. im Mittelpunkt. Infos: Kur- und Touristik GmbH, Steinhausgasse 1, 88662 Überlingen.

Blumenschule, Schongau. Rainer Engler und Sabine Friesch bieten in ihrer Gärtnerei, was anderen fehlt, wie das große Salbei-Sortiment (86 Arten und Sorten). Täglich geöffnet. Ökologisch orientierte Seminare. Augsburger Straße 62, 86956 Schongau, Tel. (0 88 61) 73 73, Fax (0 88 61) 17 72

Treffpunkt für Pflanzenfreunde. So ähnlich wie hier im französischen Courson werden jetzt überall die Kostbarkeiten transportiert.

Kürbiserie: So dekorativ kann Kürbis sein.

Adressen für alles, was den Garten schöner macht

Staudengärtnerei Georg Arends, Wuppertal, ist Treffpunkt für Profi- und Hobbygärtner. Sie besuchen die gutsortierte Gärtnerei, Gartenkonzerte, Vorträge oder die Gartenschule der Gärtnerei-Inhaberin Anja Maubach zu Themen wie »Poesie der Gartenkunst«.

Kürbiserie-Gartenlust, Linden. Eva Margit Vogler bietet Informationen über Kürbisse. Viele Sorten, von »Acorn White« bis »Zapalito«, aus eigenem Anbau. Dazu Rezepte und Dekorationen. Karl Ludwig Vogler zeigt Gestalten mit Naturmaterialien. Öffnungszeiten telefonisch erfragen.

Thysanotus Samenversand. Das gesamte Samensortiment von 2100 Arten und Sorten mit vielen Neuheiten der englischen Firma Thompson & Morgan wird verschickt.

Kunst- und Lustgärtnerei, München. Ein duftender Garten, Gärtnerei mit Raritäten von Balkon- und Sommerblumen, Veranstaltungen und Kurse wie »Von Pelargonienlikör und Geraniensalat« (3.5.)

Hortensien en masse und en detail auf Transparentpapier (Hesperiden Garten).

Pflanzen rosette von Martin Weimar aus Bieberschwanz-Dachziegeln (Kunst- und Lustgärtnerei).

Ein Traum für die Terrasse: Jean Reys Zitruspflanzen aus der Provence (SagaFlor).

und »Nasenschmaus statt Augentrost« (17. 5.). Telefonische Anmeldung. Öffnungszeiten der Gärtnerei: 26. 4.–30. 6., Mo–Fr, 10–18 Uhr, Sa 9–13 Uhr.

Hesperiden Garten, Regensburg. Es wird ein kleines Sortiment an Kräutern und Duftpflanzen jeder Art geboten. Schwerpunkt sind Kurse und Veranstaltungen. Programm anfordern. Öffnungszeiten: Mo–Fr 9–18 Uhr, Sa 9–16 Uhr (1.7.–11. 9. Mo–Mi geschl.).

SagaFlor. In 120 »Sagenhaft«- und »Grün Erleben«-Gartencentern zwischen Hamburg und Rosenheim wird beste Pflanzenqualität geboten, u. a. ca. 50 verschiedene Arten und Sorten Provencepflanzen der renommierten Baumschule von Jean Rey in Hyères an der Côte d'Azur. Anschriftennachweis über SagaFlor.

Albrecht Hoch. Der Spezialist aus Berlin hat ein tolles Angebot an Zwiebelblumen für den Sommer: Lilien, Päonien, Raritäten für sonnige Plätze und Teichufer, Kübelpflanzen, aber auch Dahlien. Im Herbst stehen Frühjahrsblüher im Mittelpunkt.

Adressen Seite 27

Von den Früchten der Arbeit läßt sich in einer Hängematte gut träumen (Sedelmayr).

Küchengarten, Schwäbisch Gmünd. Reinhold Krämer offeriert Samen von Blumen, die man sonst nirgendwo erhält. Alte und neue Züchtungen mit attraktivem Wuchs, zarten Farben, Kräuter von besonderem Geschmack.

Manufactum. In dem 330 Seiten starken, unglaublich ausführlichen Bestellkatalog finden sich Klassiker für den Alltag, für Küche, Haushalt, Bekleidung, Spielzeug und Camping, aber auch Gartenwerkzeug, alte Kulturpflanzen wie Rosen, Päonien, Tulpen und Pflanzen für den Bauerngarten.

»Ausgefallenes für Garten und Balkon«. Einkaufsführer von Peter Schieffer mit vielen Lieferanschriften für Nutz- und Zierpflanzen, Gartenmöbel, Deko, Geräte; Adressen von Gartencentern, Pflanzengesellschaften etc. Vgs-Verlag, 16,80 Mark.

Gärtnerei Hügin, Freiburg. Stauden, Beet- und Balkonpflanzen mit ungewöhnlichen Sorten. Kein Versand.

Gartenzeit. Technische Gartenausstattung bietet Th.-M. Gehm und dazu transparente Zäune aus gespaltener Edelkastanie (Foto rechts) als 9,10 Meter lange Rolle in vier Höhen (ohne Pfosten). 1,20 hoch, 27 Mark, zzgl. Versandkosten.

Baumschule Höpken, Bad Zwischenahn. Besonderheiten: Formpflanzen wie Eibe und Kiefer, die wie ein großer Bonsai wirken, und winterharter Bambus.

Ellen Sedelmayr Wohn-Boutique. Außer Wohn- und Badzubehör wird Ausgesuchtes für den Garten angeboten. Möbel, Geräte, Dekoratives. Besuch der Ausstellung nach telefonischer Anmeldung.

Hesperiden, Nürnberg. Schöne Gartenmöbel, Klappstühle, Sonnenschirme, Steinvasen und -bänke, Spalierwände, Terrakottagefäße, klassisches Gartenwerkzeug, Vorratsschränkchen und für den nächsten Winter Pagoden und Pavillons fürs Vogelfutter. Schöner Katalog, Showroom.

Jürgen Peters, Uetersen. Alpine Raritäten (wie 300 Enzianarten) werden im Norden angezogen und in einem 1000 m² großen Verkaufsquartier angeboten.

Rosengarten, Lippstadt. Uta Schulte-Arens bietet Blumenbindekunst, Seidenblütenarbeiten, Pflanzen

Exklusives Gartenzubehör in alten Räumen (Sedelmayr).

Schönes für Haus und Garten (Rosengarten).

Transparent: englische Zäune aus Edelkastanie (Gartenzeit).

Rundbank: Blickfang und Ruheplatz (Hesperiden).

für Haus und Garten, Terrakotta, Verzinktes, Körbe, Accessoires und Tischwäsche.

Abtei Neuburg, Neuburg. In der Gärtnerei der Efeu-Spezialkulturen stehen 500 Arten und Sorten zur Wahl; 100 werden angeboten. Katalog (2,20 Mark in Briefmarken beifügen).

Blauetikett-Bornträger. Samen und Pflanzen von Gemüse, Heil- und Gewürzkräutern ökologischer Herkunft. Nur Versand.

Die Gartengalerie, Murnau. Schauen, staunen, Ideen holen, beraten lassen. Das breite Angebot wird wunderbar präsentiert.

Adressen Seite 27

Naturwuchs. Pflanzen für jede ökologische Verwendung und dazu exzellente Beratung, Planung und Realisierung.

Ingwer J. Jensen. Spezialist für historische und englische Rosen mit einem Sortiment von 1400 Sorten, die im Versandhandel verschickt werden. Sorten- und Preisliste kostenlos, Farbkataloge gegen Gebühr. Der Rosengarten mit den schönsten 400 Sorten ist geöffnet vom 15.5.–30.9. von 10–18 Uhr.

Bambus Eberts, Baden-Baden. Das umfangreichste Angebot an Bambus in jeder Höhe. Von Zwergformen bis zum »Ersatz« für die bekannten blühenden Gartenbambusarten, die über sechs Meter hoch werden. Erfragen Sie die Frosthärte!

Bambus K. Steckkan – F. Vaupel, Lehrte. Bambus in drei, vier Meter Höhe zur Dekoration oder als Sichtschutz zu pflanzen ist kein Problem. Diese Arten gedeihen sowohl im frischen norddeutschenKlima als auch an der Weinstraße.

Schöppinger Irisgarten. Der Schwerpunkt liegt bei Taglilien. 100 eigene Sorten und 700 allerneueste amerikanische blühen im Garten. Dazu 150 Stauden- und Strauchpäonien der wichtigsten Züchter in den USA und natürlich Iris. Katalog gegen 5 Mark

Art & Garden, Hamburg. Die Versandfirma offeriert Praktisches und Schönes in bester Qualität. Es wird alles – von handgefertigten Terrakottatöpfen, Rankhilfen, Gartenmöbeln, Rosenbögen bis zum Holgard-Programm (Gartenschränke) – angeboten.

Landgärtnerei Michael Klos, Darfeld. Einjährige Wild- und Kulturarten, Topf- und Kübelpflanzen, heimische und kultivierte Stauden, alte Rosen, Kletterpflanzen. Kein Versand.

Ernst Pagels, Leer. Der große Züchter bietet das umfangreichste Sortiment an Ziergräsern. Ob Chinaschilf oder Federborstengras, Ernst Pagels hat viele neue Sorten selbst kreiert.

Karl Wachter, Appen-Etz. Mit Wasserpflanzen und Seerosenzüchtungen hat sich die Staudengärt-

Päonien wie die Sorte »Gauguin« gibt's im Schöppinger Irisgarten zu bewundern.

Die größte Rosenauswahl und umfangreiche Kataloge bietet Ingwer Jensen, Glücksburg.

Sie geben Stauden in jeder Höhe Halt (Art & Garden).

Schöne Pflanzen, praktisches Zubehör (Landgärtnerei Klos).

nerei einen guten Namen gemacht. Das sonstige Sortiment und die Beratung sind sehr zu empfehlen.

Gartenbau Westphal. Seit zwei Generationen dreht sich hier alles um Klematis. Fast 400 Arten und Sorten werden angeboten. Katalog (18 Mark per Scheck). Tage der offenen Tür: 19.–22.8.

Adressen Seite 27

Im Schöppinger Irisgarten blühen die neuesten Kreationen der Taglilienzüchter.

Gedeiht am sonnigen Platz im Garten: Tafeltraube »Bianca« (Rebschule Steinmann).

Südflora. Der Hamburger Versender Peter Klock bietet Kübelpflanzen, Zitruspflanzen, Obstgehölze und Ausgefallenes wie Teebaum oder eine kleinbleibende Papaya.

Flora Mediterranea. Ein botanischer Garten zum Kaufen: Raritäten von Kübelpflanzen, Begrünung von Wintergärten.

Gartenbedarf-Versand. Richard Ward offeriert die bewährten und neuartigen Arbeitshilfen in seinem Katalog wie Astsäge, Falteimer, Pflanzenetiketten, Scherenschleifer oder Vogelstimmen auf CD.

Kirchner Hamburg. Das Geschäft lädt zum Stöbern ein und bietet Schönes und Dekoratives für drinnen und draußen, Witziges, Tischwäsche, Gartenmöbel, Geschirr (auch Versand).

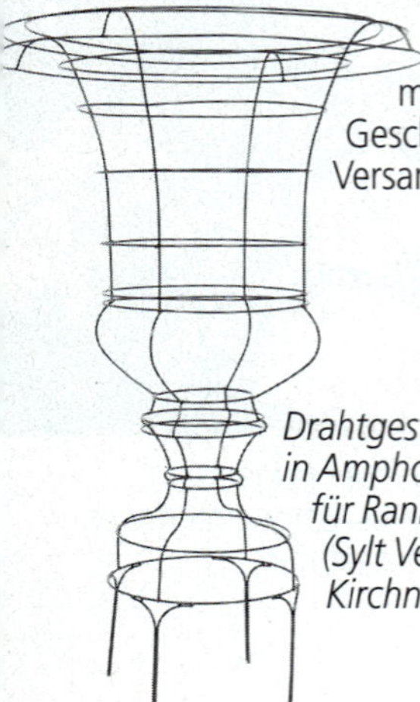

Drahtgestelle in Amphorenform für Rankpflanzen (Sylt Versand Kirchner).

Gärtner Pötschke, Kaarst. Cranberry, die alte amerikanische Fruchtpflanze für Garten, Balkonkästen oder als Attraktion am Teich.

Sylt Versand Stephan Kirchner. Gartenmöbel in nordischem Stil, Rankgestelle, Leitern der Normandie, Kübel, Geräte für Gartenfreunde, Originelles...

Di terra, Hamburg. Die Amphoren, Vasen und Gefäße aus Impruneta-Terrakotta von Mario Marini bilden das Herzstück der Ausstellung. Dazu Bodenplatten. Alles winterfest.

Staudengärtnerei Augustin, Effeltrich. Der Hauptkatalog enthält etwa 1000 Arten und Sorten. Genug, um einen Garten abwechslungsreich bepflanzen zu können. Hauptkatalog gegen 8 Mark im Postversand. Extra: Wasserpflanzenkatalog, Aromapflanzen-, Dachbegrünungs- und Raritätenliste.

Kräuterzauber, Horstedt. Saatgut und Pflanzen von Kräutern und Duftpflanzen. Gärtnerei Mo–Fr 9–12 Uhr. Seminar: Kräuter von A bis Z, 13.6., 70 Mark.

Country Garden. In großer Auswahl: Möbel und Accessoires, Gartenornamente aus Stein, Rankobjekte, Obelisken und Rosenbögen. Großer Farbkatalog.

Rebschule Steinmann. Spezielle Sorten der Tafeltrauben wie »Bianca«, »Theresa« und blaufrüchtige

Aurikel, Blume der Weimarer Goethezeit, ist wieder da.

Ausstellung von Aurikeln wie »Guinea« (siehe Seite 5).

Cranberry, schönster Bodendecker (Gärtner Pötschke).

Frostharte Terrakotta aus Impruneta (Di terra).

»Königliche Esther« bringen süße Beeren auch im Norden. Dreijährige (1,50 Meter hoch) 20 Mark (zzgl. Versand).
Heidegärtnerei Westermann, Bispingen. Ein vielgefächertes Heidesortiment mit Arten und Sorten, die über das ganze Jahr blühen. Bildprospekt (4 Mark Briefporto).
Rosengärtnerei Kalbus, Altdorf. Historische Rosen sind der Lebensinhalt von Familie Kalbus. Außerdem wird ein gutes Sortiment moderner Rosen und Klematis bereitgehalten. Am 3. und 4. Wochenende im Juni finden Rosenmatineen statt, am 2. Wochenende im September eine Rosenschau.

Adressen Seite 27

Pflanzenhandel Huben, Ladenburg. Außer einem großen Sortiment bilden drei Pflanzengattungen den Schwerpunkt. Buchsbaum gibt es in 60 Sorten, Kamelien in 200 Arten und Sorten und Englische Rosen in 50 Sorten. Auch Versand: Verschickt wird in 3-l- bzw. 5-l-Containern.
Baumschule Hachmann, Barmstedt. Rhododendronneuzüchtungen, Zwerggehölze und Raritäten sind das Spezialgebiet, einschließlich der neuen Inkarho-Rhododendren, die auch ohne Torf gedeihen. Der Besuch der Baumschule lohnt vor allem in der Hauptblütezeit der Rhododendronzüchtungen vom 15.5.–10.6.
Lechnerhof, Witten. Christel Lechner ist die Künstlerin der lebensgroßen Figuren (5200 Mark) und Tiere (je nach Größe 800 bis 1800 Mark) aus winterfestem Glasfaserbeton. Zur Ausstellung vom 3.–7.6. gestaltet sie mit ihrem Mann Hanspeter Inszenierungen (Foto).
Syringa-Samen, Hilzingen. Der Spezialist für Duft- und Kräutergärten bietet altbewährte, vergessene und asiatische Gemüse und Salate. Kräuterfestival: 6.–7.6., 10–18 Uhr.
Staudengärtnerei Dieter Gaissmayer, Illertissen. Hier gibt's Duft- und Aromapflanzen, Zauberpflanzen und Staudenschätze: echte Raritäten. Vorträge und Praxisseminare. Markttage für Freunde der Gartenkultur: 18.–19.9.
Baumschule A. Plathner, Aldersbach. Die »Mutter« der Fruchtfeige wächst seit gut 60 Jahren im Garten der Baumschule. Jetzt werden die Nachkommen mit den großen, süßen Früchten für etwa 50 Mark von Gärtner Pötschke, Kaarst, angeboten.
Raritätengärtnerei Treml, Arnbruck. Kräuter-, Gewürz-, Duft-, Färbe-, Zauber- und Wintergartenpflanzen und 180 Tomatensorten. Großer Katalog (8 Mark in Briefmarken).
Lacon, Hockenheim. Dufterlebnisse mit Rosen. Eine Auswahl der schönsten Rosen, die eins gemeinsam haben: einen romantischen, manchmal sogar sehr intensiven Duft. Dazu alles, was man für den Umgang mit Rosen braucht, wie Begleitstauden, Spezialdünger wie Or-Brun und Handschuhe, mit denen Sie vor Dornen sicher sind, guten Rat und Original-Molinard-Parfüms und Produkte aus Grasse.

Adressen Seite 27

Die Schweine ahnen nichts Böses, aber der Metzger wartet schon... (Lechnerhof).

Rosenduft, destilliert aus kostbarem Rosenöl (Lacon).

Großblumige Hybride »Anastasia« (Hachmann).

Die Bayernfeige »Violetta« ist sehr ertragreich und winterhart (Baumschule Plathner).

Duftpelargonien haben auch reizvolle Blüten (Syringa-Samen).

Fast 100 Aussteller und Gartenarchitekten zeigen auf der »Giardini« in Fiera nahe Florenz ihr Können.

Der Park der Fattoria Le Corti mit Blick auf viel Toskana.

Gärten, Adressen und Termine bei unseren Nachbarn

Giardini in Fiera, Italien. Ausstellung im Park der Fattoria Le Corti, San Casciano in Val di Pesa, Via San Piero di Sotto 1, Florenz, Tel. (0039 055) 82 01 23. Italienische Gartenkultur auf dem schönen Anwesen und Weingut. 17.–19. 9.

Festa delle Rose. Im Palazzo Patrizi, Castel Giuliano, Bacciano (Rom), findet das Rosenfest statt. 22.–23. 5., Tel. (0039 06) 998 73 93.

Modena Garden Festival, Italien. Um den großen See des Parks gruppieren sich Stände. Eine italienische Variante zu Chelsea? Parco Enzo Ferrari (mitten in Modena), 28.5.–7.6., 9–24 Uhr.

De Hessenhof, Holland. Hans Kramers traditionelle Staudengärtnerei mit selten gewordenen Pflanzen wie dem großen Sortiment Nieswurz (Helleborus). Hessenweg 41, NL-6718 TC Ede, Tel. (0031 318) 61 73 34.

Chelsea Flower Show 1999, London. Vom 25.–28.5. stehen Gartenfreunde Schlange an den Eintrittspforten der weltgrößten Show in Sachen Garten oder in dem riesigen Blumenzelt.

Immer ein Genuß: sonnengereifte Paprika (Giardini).

Kamelien wie »Eldorado« sind ein Traum (Hoveling).

So schön können Ruinen sein. Das Gartenkunstwerk »Ninfa« südlich von Rom, in Cisterna di Latina/Ortsteil Doganella.

24-Stunden-Information: Tel. (0044 171) 6 49 18 85. Wem es dort zu voll ist, der besucht später die große Hampton Court Palace Flower Show vom 8.–11.7.
Hoveling plant. Kamelien, alte Garten- und Wildpflanzen, Spalierobstbäume, alte Rosensorten. Bebilderter Katalog (15 Gulden, Euroscheck). 35 Gartencenter in Deutschland, die die Pflanzen anbieten. Hoveling plant, Oosteinde 27a, NL-2825 Berkenwoude, Tel. (0031 182) 36 25 55.
Mohnparade bei Leonore de Koning. Kruipuitsedijk 3, NL-4436 RC Oudelande, Tel. (0031 113) 54 40 06. Vor allem von Mai bis Anfang Juli ist der Besuch ihrer Gärtnerei lohnend.
Aldenhaeve, Holland. Haitinkweg 8, NL-7021 KB Zelhem, Tel. (0031 314) 62 14 29. Internationale Naturtage 15.–16. 8. mit großem Pflanzenmarkt.
Park Chaumont-sur-Loire, Frankreich. Internationales Gartenfestival im Park des Schlosses mit ungewöhnlichen Gärten zum Thema »Rien que des Potagers!«. 12.6.–17.10. Es dreht sich also alles um Küchengärten. Nahe Orléans.

Hinweis: Viele Veranstalter verlangen Eintrittsentgelt. Fragen Sie nach der Höhe und Sondertarifen. Hunde sind meist nicht zugelassen.

Blütenstauden (hier Wasserdost) und Gräser einmal anders präsentiert (Piet Oudolf).

Gärtnerei Oudolf bietet eine Auswahl besonderer Pflanzen. Der private Garten des Gartenarchitekten ist zu besichtigen: Juni und August, Di–Sa, 10–16 Uhr. Am 1. Wochenende im September und Oktober finden Gräsertage statt. Broekstraat 17, NL-6999 De Hummelo (25 km östl. Arnheim).

Home and Garden Fair. Das größte Gartenfest der Niederlande auf dem Landgut Beeckestijn bietet alles für Garten und Inneneinrichtung. Für das Eintrittsgeld von 30 Gulden wird einiges geboten: allein 230 Aussteller wie Gärtner und Inneneinrichter. 12.–16. 5., 10–21 Uhr. NL-Velsen Zuid, 10 km von Haarlem.

Beim Home-and-Garden-Festival im holländischen Beeckestijn gibt es zahlreiche Anregungen.

Villa Wylhof, Birrwil, Schweiz. Zur Rosenblüte am 5. 6., 8–18 Uhr, öffnet Familie Buhofer das Gartentor. Autobahnabfahrt Lenzburg, Richtung Beinwil am See.
In der Nähe: Schaugarten von Rosen Huber, CH-5605 Dottikon. Alte Rosen.

De Meijerij. Schöne Gärten, niederländische Atmosphäre. Anmeldung: Bovendorpsstraat 6, NL-7038 CJ Zeddam, Tel. (0031 314) 65 26 18

Clifton Nurseries. Mitten in Londons Stadtteil Little Venice bietet das Gartencenter eine Fülle von Garten- und Kübelpflanzen, Schönes und Praktisches. 5A Clifton Villas, GB-London W9 2PH. Tel. (0044 171) 2 89 68 51.

L'art du jardin. Die Ausstellung findet auf der Galopprennbahn (Hippodrome de Longchamp, Paris XVIe) statt (27.–31.5.) und ist mit der Auswahl guter Ausstelleradressen und der tollen Atmosphäre Vorbild für Festivals bei uns.

Orshof, Belgien. An jedem Sonntag, 10–12 Uhr, ist der Garten geöffnet, dessen »Räume« nach verschiedenen Farbkonzepten angelegt sind. Die Glashäuser (hier ist ein Café untergebracht) kann man kaufen, wie auch die gesamte Einrichtung: Orshof, Heymannweg 2, B-3670 Neerglabbek (zwischen Aachen und Eindhoven), Tel. (0032 89) 81 08 90.

Garten und Glashausatmosphäre im Orshof, Belgien.

Ineke Greve ist die Seele ihres Gartens (Limburger Gärten).

Clifton Nurseries, London, Gartencenter zum Wohlfühlen.

»L'art du jardin«, das Fest der Pariser Gartenfreunde.

Vier Liebhabergärten in Limburg. Westlich von Aachen sind vier wunderbare, sehr verschiedene Gärten am 1. und 3. Wochenende im Juni und an weiteren Tagen auf Anfrage zu besichtigen: Huys de Dohm von Ineke Greve, de Doom 50, NL-6419 CX Heerlen, (Faltblatt mit allen Terminen und Anschriften anfordern); De Heerenhof, NL-Maastricht; Kasteel Mheer, NL-Mheer; Garten von Patricia Roosmalen, Rekem, Belgien.

Gartenbau Lederleitner, Österreich, präsentiert die Fülle von allem, was Gärten schöner macht: Möbel, Gefäße, Spaliere, Werkzeug, Kübel- und Gartenpflanzen. In der Römischen Markthalle Wien, Schottenring 16, und im Stammhaus Atzenbrugg, Schubertstraße 49.

Internationale Pflanzentage Bingerden 1999 sind für passionierte Gartenliebhaber zu einer angenehmen Pflicht geworden. Dieses Mal sind Schwerpunkt und Vorträge den Bäumen gewidmet. Huis Bingerden, Bingerdenseweg 21, NL-6986 CE Angerlo, Tel. (0031 313) 47 22 02. 18.6., 13–18 Uhr, 19.–20.6., 10–18 Uhr. Tage des »Blühenden Gemüsegartens« finden am 7.–8.8., 10–18 Uhr, statt.

Bon Ton. Ton van Rijsbergen hat seine Gartengalerie in einen 15 000 m² großen Landschaftspark verlegt und zeigt hier Figuren, Brunnen, Säulen aus Blei, Sandstein, belgischem Marmor und Figuren aus glasierter Terrakotta. Geöffnet: Di–Sa 10–17 Uhr. Wildenborchseweg 13, NL-7251 KB Vorden, Tel. (0031 575) 55 67 63.

Vasen, Skulpturen, Ornamente für den Garten (Bon Ton).

De Rhulenhof. Acht Gärten (Blumenrabatten und Alleen, Gemüsegarten, Teichgarten, Tempelgarten) geben Einblick in die Möglichkeiten der Gartengestaltung. In der Gärtnerei werden Stauden und Kübelpflanzen angeboten und – zum Vergleich – viele in ausgewachsener Größe gezeigt. Di–Sa 10–17 Uhr. Kleefseweg 14, NL-6595 NN Ottersum. Tel. (0031 485) 51 80 39.

Gardens of England and Wales. »The yellow book« wird der Führer unter Gartenfreunden genannt, der mehr als 3500 meist private Gärten beschreibt, einschl. aller Termine, Wegebeschreibung. Zu bestellen bei: The National Garden Scheme Charitable Trust, Fax (0044 14 83) 21 15 37. Viel Garten für 4,50 engl. Pfund.

Les Journées des Plantes de Courson. Zweimal im Jahr ist der romantische Park von Courson das Ziel besonders vieler Gartenfreunde. Internationale Aussteller offerieren ihre Pflanzenauswahl an den Ständen im Park. Die beste Präsentation wird prämiert. Vorträge.

Internationale Pflanzentage Bingerden. Drei Tage voller Informationen im alten Park.

Gartenträume und ein reiches Pflanzenangebot (De Rhulenhof).

Eine Atmosphäre für Gartengenießer (Courson).

Walenburg, Garten mit viel Gefühl und Gartenzimmern (Nederl. Tuinenstichting).

Frühlingstermine: 14.5., 14–18 Uhr; 15., 16. 5., 10–18 Uhr. Die Herbsttermine: 15.–17.10.

De Nederlandse Tuinenstichting. Für 50 Gulden ist man Mitglied und kann 200 Gärten kostenlos besichtigen. Herengracht 476, NL-1017 CB Amsterdam, Tel. (0031 20) 6 23 50 58.

Der Garten von »Gravetye Manor« ist nicht nur im Mai ein Genuß

Hotelluxus und Gärten zum Träumen

Wer auf Besichtigungstour durch Gärten und auf Festivals ist, wählt gern ein komfortables Hotel mit viel Garten ringsum, um den Abend angenehm ausklingen zu lassen und den Morgen in frischer Gartenatmosphäre zu beginnen. Hier schöne Beispiele, einige aus dem Katalog von Relais & Châteaux, Schumannstraße 1–3, 60325 Frankfurt.

Scholteshof, Belgien.
Kermtstraat 130, B-3512 Stevoort Hasselt (Limburg), Tel. (0032 11) 25 02 02
Gerühmt werden die Kochkünste von Hotel-Inhaber Roger Souvereyns. Nur wäre allein der schöne Hotelgarten eine Reise wert.

Villino, Deutschland.
Hoyerberg 34, 88131 Lindau, Tel. (0 83 82) 9 34 50.
Geheimtip hinter alten Bäumen, mit herrlichem Garten, gefühlvoller Küche und einem Hauch von Süden. Juni und September: Tage der Garten- und Tafelkultur.

Gravetye Manor, England.
Nahe East Grinstead, GB-West Sussex RH19 4LJ, Tel. (0044 1342) 81 05 67.

Im »Scholteshof« wurde nicht an Buchsbaum gespart.

Der Garten von Jean Bardet im »Château Belmont«, Tours, kann mit den Gärten an der Loire konkurrieren.

Der Park und Küchengarten des genialen Gartenarchitekten William Robinson (siehe SCHÖNER WOHNEN 5/98) ist eine Reise wert, ebenso die feine Küche und der Besuch von Sissinghurst oder des Opernfestivals von Glyndebourne.

Jean Bardet – Château Belmont, Frankreich. 57, Rue Groison, F-37100 Tours, Tel. (0033 16) 47 41 41 11. Ein extravaganter Ausgangsort für Garten- und Schloßbesichtigungen an der Loire mit dem Vorzeige-Obst- und-Gemüse-Garten für die exquisite Küche des Jean Bardet, den viele Gourmets für den besten Koch Frankreichs halten. Rosen, Kräuter, Gewächshäuser und eine große alte Terrasse zum Träumen und Genießen.

Schloßhotel Cecilienhof, Potsdam. Neuer Garten, 14469 Potsdam, Tel. (03 31) 370 50. Der letzte Schloßbau Deutschlands (1913–1917) mit der Gedenkstätte der Potsdamer Konferenz liegt im Landschaftspark »Neuer Garten« am Jungfernsee und ist der beste Ausgangspunkt zur Besichtigung der Gärten von Sanssouci und auch von Berlin.

Albergo Giardino, Schweiz. Via Segnale 10, CH-6612 Ascona, Tel. (004191) 7 91 01 01. Der bescheidene Name der feinen Hoteladresse am Lago Maggiore läßt auf einen Garten schließen, und der kann sich sehen lassen! Ein zauberhafter Park, in dem das Hotel im Landhausstil liegt, mit großem Seerosenteich (Theateraufführungen im Sommer), Schwimmbad und Restaurantterrasse.

Bed and Breakfast for Gardenlovers 1999. Wer es etwas einfacher wünscht, findet unter den 100 Adressen des Führers von Schottland bis zur Normandie das Richtige. Gute Ausgangslagen zum Anschauen anderer Gärten in der Nähe. Broschüre (adressierten Rückumschlag und 3 intern. Antwortscheine beilegen): BBGL Handywater Farm, Sibword Gower, GB-Banbury, Oxfordsh. OX15 5AE.

So schön kann Teatime auf Madeira mit Blick auf den Atlantik sein (Ruperti-Reisen).

Ein dichtgedrängtes Programm bieten Veranstalter von Gruppenreisen. Die Preisdifferenz bei gleichen Zielen hängt meist von dem Komfort der Hotels, der Anzahl der Teilnehmer und der Art der Reiseleitung ab. **Natur-Studienreisen,** Güterbahnhofstraße 10, 37154 Northeim, Tel. (0 55 51) 9 94 70. Ob Asien, Australien, Südafrika oder Südamerika – hier gibt's Gartenreisen zu jedem Kontinent.

Reisen zu den schönsten Gärten der Welt

Ruperti-Reisen. Über Arcatour, Bahnhofstraße 28, CH-6301 Zug, Tel. (0041 41) 729 14 23. Seit 12 Jahren Reisen, wie an den Gardasee, nach Madeira, Jersey und Guernsey, England und Irland, Venedig und in die Schweiz. **Mainau-Reise-Service,** 78465 Insel Mainau, Tel. (0 75 31) 30 31 31. Kunst und Kultur, lokales Ambiente mit Weinproben, bieten Reisen in die Toskana, an die Loire und an den Bodensee. **Gartenreisen Baur.** Höge 2, 88693 Deggenhausertal, Tel. (0 75 55) 92 06 11. Nach England, aber auch nach Frankreich und Venetien. **Deutsche Gartenbau-Gesellschaft.** Webersteig 3, 78462 Konstanz, Tel. (0 75 31) 1 52 88. Nach Madeira, Dresden und zum Indian Summer in die USA. **ActiveTours.** Alexander-Fleming-Straße 51, 55130 Mainz, Tel. (0 61 31) 88 15 56. Wolfgang Seethaler führt professionell durch »Zauberhafte Gärten Südenglands« und »The Secret Gardens of London«. **Laade Gartenreisen.** Am Aabach 24, 48683 Ahaus, Tel. (0 25 61) 97 16 13. Reisen nach England und Irland, Niederlande, Belgien und Frankreich.

Adressen von Gärtnereien und Lieferanten (Seite 8 bis 17)

Abtei Neuburg
Efeu-Spezialkulturen
Stiftweg 2
69118 Heidelberg
Tel. (0 62 21) 89 51 45
Fax (0 62 21) 89 51 75

Art & Garden
Luzerneweg 2 A
22589 Hamburg
Tel. (0 40) 8 70 28 77
Fax (0 40) 8 70 03 07

Bambus Eberts
Saarstraße 3–5
76532 Baden-Baden
Tel. (0 72 21) 5 07 40
Fax (0 72 21) 50 74 80

Bambus K. Steckkan – F. Vaupel
Ramhorster Straße 1
31275 Lehrte-Steinwedel
Tel. (0 5136) 57 42
Fax (0 5136) 87 37 81

Baumschule Hans Hachmann
Brunnenstraße 68
25355 Barmstedt
Tel. (0 41 23) 20 55
Fax (0 41 23) 66 26

Baumschule A. Plathner
Haag 4
94501 Aldersbach
Tel. (0 85 47) 5 88 u. 15 97
Fax (0 85 47) 16 96

Baumschule H. J. Höpken
Petersfehn 2/Woldlinie 31
26160 Bad Zwischenahn
Tel. (0 44 86) 3 61
Fax (0 44 86) 21 73

Blauetikett-Bornträger
Wormser Straße 1
67591 Offstein
Tel. (0 62 43) 90 53 26
Fax (0 62 43) 90 53 28

Country Garden GmbH
Auf den Beeten 12
72119 Ammerbuch-Reusten
Tel. (0 70 73) 23 72
Fax (0 70 73) 72 26

Die Gartengalerie
Seidlstraße 25
82418 Murnau
Tel. (0 88 41) 95 45
Fax (0 88 41) 4 00 65

Di terra
Hohenfelder Allee 41
22087 Hamburg
Tel. (0 40) 2 20 46 26
Fax (0 40) 22 51 11

Flora Mediterranea
Königsgütler 5
84072 Au/Hallertau
Tel. (0 87 52) 12 38
Fax (0 87 52) 99 30

Gärtnerei Hügin
Zähringer Straße 281
79108 Freiburg
Tel. (07 61) 55 37 25
Fax (07 61) 5 00 99 58

Gärtner Pötschke
Beuthener Straße 4
41565 Kaarst
Tel. (0 21 31) 79 31 11
Fax (0 21 31) 79 34 44

Gartenbau Westphal
Peiner Hof 7
25497 Prisdorf
Tel. (0 41 01) 7 41 04
Fax (0 41 01) 78 11 13

Gartenbedarf-Versand
Richard Ward
Günztalstraße 22
87733 Markt Rettenbach
Tel. (0 83 92) 16 46
Fax (0 83 92) 12 05

Gartenzeit
Thomas-Michael Gehm
Dorfstraße 14
23813 Blunk
Tel. (0 45 57) 99 98 13
Fax (0 45 57) 99 98 15

Heidegärtnerei Westermann
Baumschulenweg 2
29646 Bispingen
Tel. (0 51 94) 23 78
Fax (0 51 94) 67 64

Hesperiden Garten
Schnaitterhof
93173 Regensburg-Wenzenbach
Tel. (0 94 07) 32 22
Fax (0 94 07) 3 02 22

Hesperiden
In der Schmalau 4
90427 Nürnberg
Tel. (09 11) 30 58 88
Fax (09 11) 30 63 11

Albrecht Hoch
Potsdamer Straße 40
14163 Berlin
Tel. (0 30) 8 02 62 51
Fax (0 30) 8 02 62 22

Ingwer J. Jensen
Am Schloßpark 2 b
24960 Glücksburg
Tel. (0 46 31) 6 01 00
Fax (0 46 31) 20 80

Kirchner Hamburg
Papenhuder Straße 35
22087 Hamburg
Tel. (0 40) 22 74 05 00
Fax (0 40) 22 74 05 08

Kräuterzauber
Auf dem Berg 166
27367 Horstedt
Tel. (0 42 88) 92 85 58
Fax (0 42 88) 92 85 59

Küchengarten
Reinhold Krämer
Postfach 15 11
73505 Schwäbisch Gmünd
Tel. (0 71 71) 92 87 12
Fax (0 71 71) 92 87 14

Kürbiserie-Gartenlust
Falltorstraße 19
35440 Linden
Tel. (0 64 03) 7 12 76
Fax (0 64 03) 94 08 81

Adressen von Gärtnereien und Lieferanten (Fortsetzung)

Kunst- und Lustgärtnerei
Am Blütenanger 40
80995 München-Fasanerie
Tel. (0 89) 1 50 75 17
Fax (0 89) 1 50 48 35
Lacon
J.-S.-Piazolostraße 4 a
68759 Hockenheim
Tel. (0 62 05) 40 01/70 33
Fax (0 62 05) 1 85 74
Landgärtnerei Michael Klos
Zur Bleiche 9
48720 Darfeld-Rosendahl
Tel. (0 25 45) 6 77
Fax (0 25 45) 9 82 91
Lechnerhof
Stoltenbergstraße 16
58456 Witten
Tel. (0 23 02) 7 50 22
Fax (0 23 02) 7 22 08
Manufactum
Hiberniastraße 5
45731 Waltrop
Tel. (0 23 09) 93 90 50
Fax (0 23 09) 93 98 50
Naturwuchs
Bardenhorst 15
33739 Bielefeld-Vilsendorf
Tel. (05 21) 8 75 15 00
Fax (05 21) 8 53 56
Ernst Pagels
Deichstraße 4
26789 Leer
Tel. (04 91) 32 18
Fax (04 91) 6 25 16
Jürgen Peters
Auf dem Flidd 20
25436 Uetersen
Tel. (0 41 22) 33 12
Fax (0 41 22) 4 86 39
Pflanzenhandel Huben
Schriesheimer Fußweg 7
68526 Ladenburg
Tel. (0 62 03) 9 28 00
Fax (0 62 03) 92 80 80
Raritätengärtnerei Treml
Eckerstraße 32
93471 Arnbruck
Tel. (0 99 45) 90 51 00
Fax (0 99 45) 90 51 01
Rebschule Steinmann
Ochsenfurter Straße
97286 Sommerhausen
Tel. (0 93 33) 2 25
Fax (0 93 33) 17 64
Rosengärtnerei Kalbus
90518 Altdorf/Hagenhausen
Tel. (0 91 87) 57 29
Fax (0 91 87) 57 22
Rosengarten
Uta Schulte-Arens
Rüthener Straße 46
59558 Lippstadt-Bökenf.
Tel. (0 29 41) 1 80 30
Fax (0 29 41) 2 18 49
SagaFlor
Fuldastraße 4
34225 Baunatal
Tel. (0 56 65) 99 86 12
Fax (0 56 65) 99 86 60
Schöppinger Irisgarten
Bürgerweg 8
48624 Schöppingen
Tel. (0 28 61) 8 52 49
Fax (0 28 61) 8 51 45
Ellen Sedelmayr
Borgiasplatz 1
36037 Fulda
Tel. (06 61) 7 69 45
Fax (06 61) 2 21 23
Staudengärtnerei Georg Arends
Monschaustraße 76
42369 Wuppertal-Ronsdorf
Tel. (02 02) 46 46 10
Fax (02 02) 46 49 57
Staudengärtnerei Augustin
Neunkirchener Straße 15
91090 Effeltrich
Tel. (0 91 33) 7 76 60
Fax (0 91 33) 77 66 77
Staudengärtnerei Dieter Gaissmayer
Jungviehweide 3
89257 Illertissen
Tel. (0 73 03) 72 58
Fax (0 73 03) 4 21 81
Südflora Peter Klock
Stutsmoor 42
22607 Hamburg
Tel. (0 40) 8 99 16 98
Fax (0 40) 8 90 11 70
Sylt Versand Stephan Kirchner
Norderster Weg
25899 Kleiseerkoog/Post Niebüll
Tel. (0 46 61) 22 33
Fax (0 46 61) 23 94
Syringa-Samen
Postfach 11 47
78245 Hilzingen
Tel. (0 77 39) 14 52
Fax (0 77 39) 6 77
Thysanotus Samenversand
Uwe Siebers
Bockhorster Dorfstraße 39 a
28876 Oyten
Tel. (0 42 07) 57 08
Fax (0 42 07) 57 22
Karl Wachter
Rollbarg
25482 Appen-Etz
Tel. (0 41 01) 6 25 11
Fax (0 41 01) 6 10 26

IMPRESSUM
Verantwortlich für den Inhalt: Angelika Jahr
Art-director: Claus Wesselhöft
Textchef: Hans-Joachim Györffy
Redaktion: Ulrich Timm
Layout: Ronald Meyn
Technische Schlußredaktion: Ulrich Seibt
Schlußredaktion: Willi Kühl
Fotos: Jochen Knobloch/Picture Press (Titel), Marion Nickig (25), Ferdinand Graf Luckner (12), Stefano Campo Antico (3), Jürgen Becker (3), Gary Rogers (3), Gisela Caspersen (1), Th.-M. Gehm (1), Peter Lembke (1), Ole Petersen (1), Werkfotos (8)

Friedrich und Heidrun Jantzen

Gärtnern rund ums Jahr

Anbauen, pflegen, ernten

Zu den Themen Garten und Pflanzen sind bei Bassermann bereits erschienen:
Reiche Ernte aus dem eigenen Garten (ISBN 3-8094-0108-0)
Zimmerpflanzen (ISBN 3-8094-0167-6)
Gärtnern auf Terrasse und Balkon (ISBN 3-8094-0242-7)

Die Deutsche Bibliothek – CIP-Einheitsaufnahme

Jantzen, Friedrich:
Gärtnern rund ums Jahr: anbauen, pflegen, ernten / Friedrich und Heidrun Jantzen. – Niedernhausen/Ts.: Bassermann, 1997
ISBN 3-8094-0305-9
NE: Jantzen, Heidrun:

ISBN 3 8094 0305 9

Umschlaggestaltung: Andreas Jacobsen
Titelbilder: hapo naturfotografie/H.P. Oetelshofen, Rielasingen (li. o. und u.); Silvestris GmbH/Schmidt, Kast/Obb. (re. o.); Ingrid Gabriel (re. u.)
Fotos: Friedrich Jantzen, Arolsen; „Mein schöner Garten", Offenburg; Sonja Henrich, Frankfurt/Main; Joachim Zech, Landau
Zeichnungen: Brigitte Braun-Dähler, Bad Schwalbach; Horst Lünser, Berlin; Neudorff, Emmerthal
Redaktion dieser Ausgabe: Ralf Labitzky
Herstellung dieser Ausgabe: Norbert Happel

Satz: Studio Oberländer, Wiesbaden
Gesamtkonzeption: Bassermann'sche Verlagsbuchhandlung, D-65527 Niedernhausen/Ts.

1907443489 X7 2635 453 62

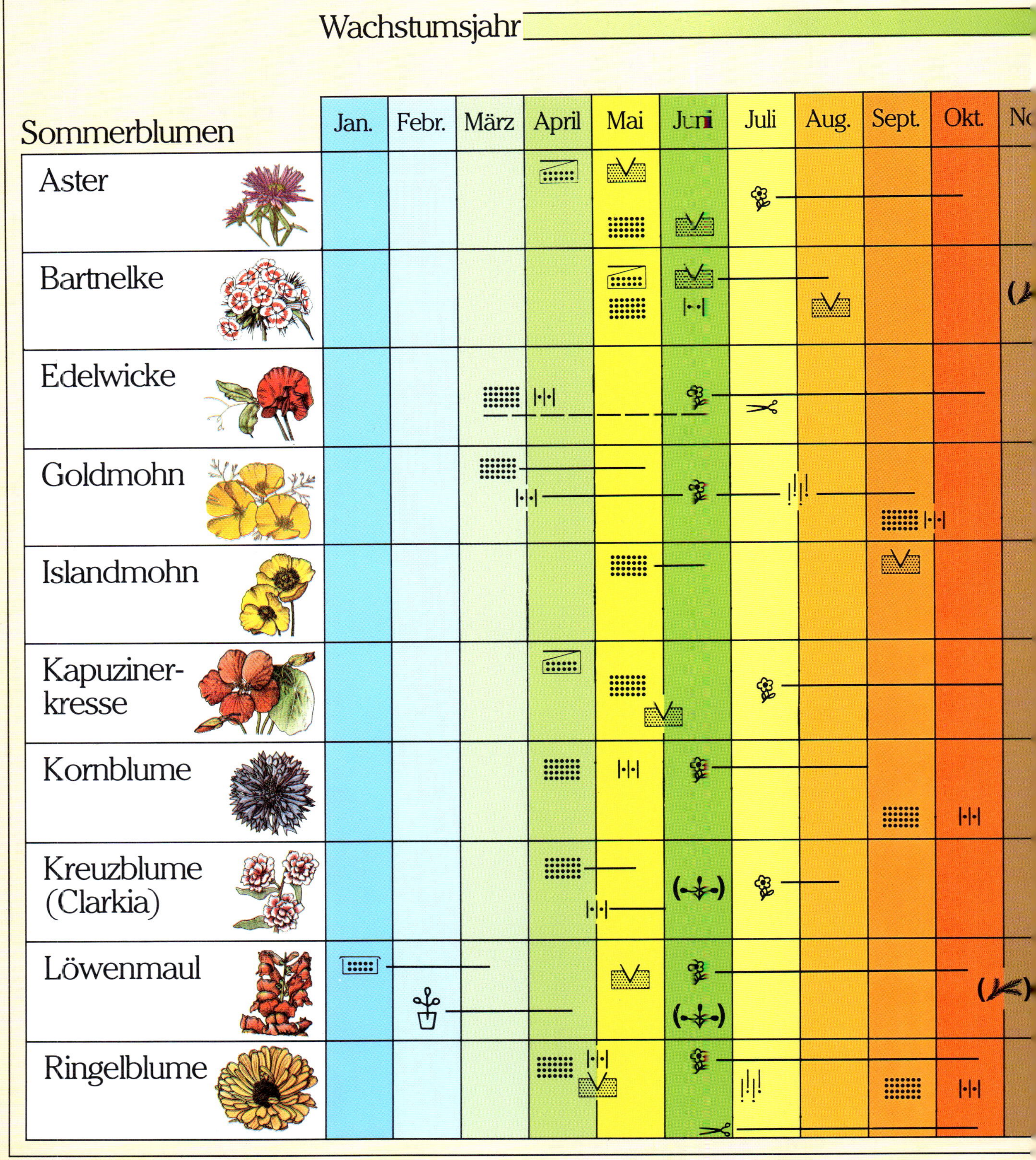
Wachstumsjahr
Sommerblumen
Jan.
Febr.
März
April
Mai
Juni
Juli
Aug.
Sept.
Okt.
No
Aster
Bartnelke
Edelwicke
Goldmohn
Islandmohn
Kapuziner-
kresse
Kornblume
Kreuzblume
(Clarkia)
Löwenmaul
Ringelblume

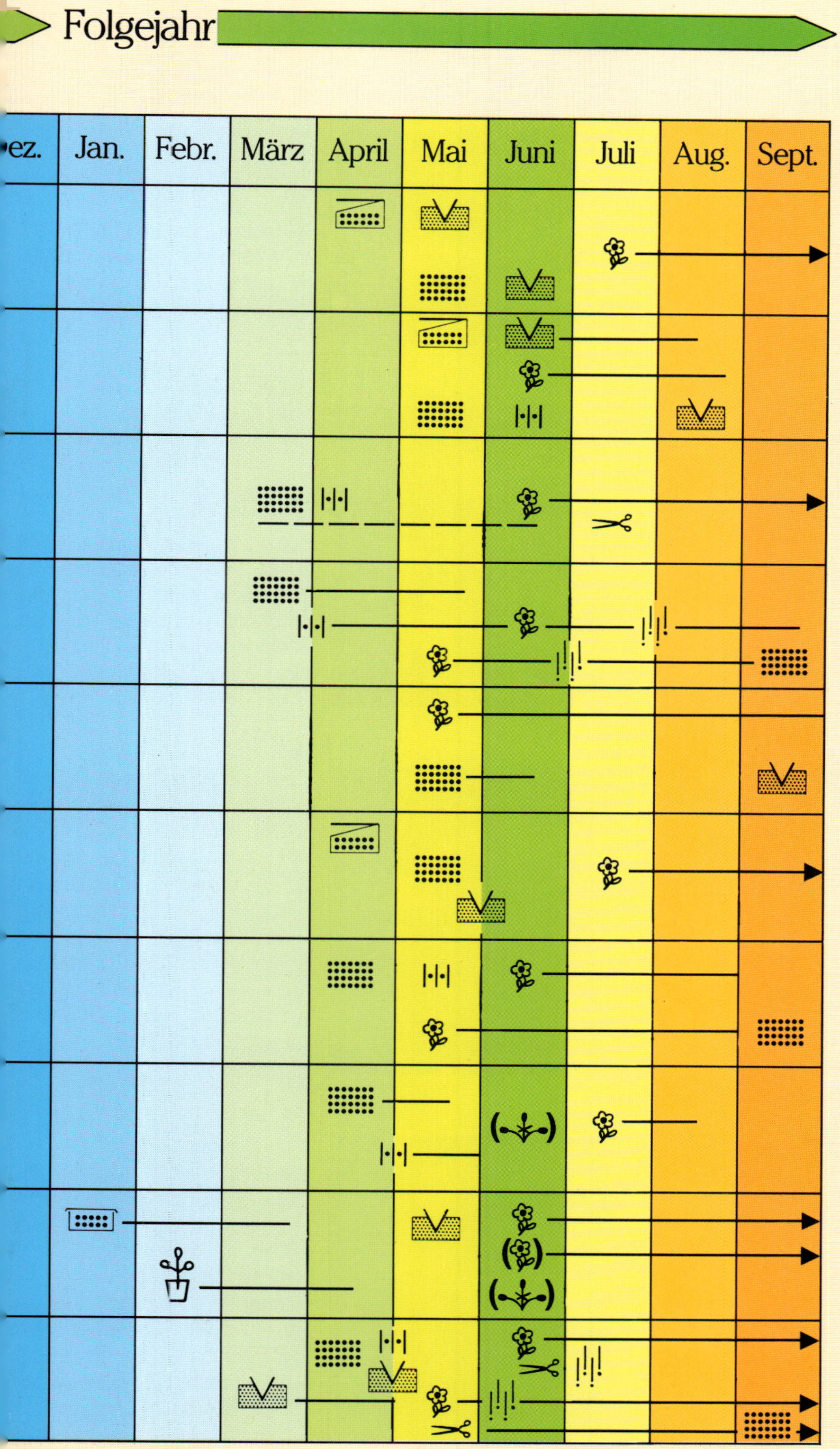

Zeichenerklärung

= säen ins Freiland

= säen in Anzucht-schale

= säen ins kalte Frühbeet

= vereinzeln

= pflanzen

= pikieren in Töpfe

= Blütezeit

= Selbstaussaat

= entspitzen

= verblühte Teile entfernen

= Winterabdeckung

( ) = kann, muß nicht

– – – = Folgekulturen möglich, z. B. in 14täg. Abstand

Aster

Callistephus chinensis

Einfarbige, gefüllte Asternsorte

Astern gelangten erstmals im 18. Jahrhundert aus China nach Mitteleuropa. Aus der ursprünglich recht unscheinbaren, nichtgefüllten Blume ist durch Züchtung eine formenreiche Gartenblume entstanden.

Die ständigen Neuzüchtungen unterliegen dem jeweiligen Zeitgeschmack, so daß neben den klassischen Formen mit violettrosa Blütenköpfen immer andere Farben, Farbkombinationen und Formen erscheinen.

Astern sind ziemlich krankheitsanfällige Pflanzen. Besonders die Asternwelke macht ihnen zu schaffen. Um die Übertragung von Krankheitskeimen so gering wie möglich zu halten, ist es günstig, den Standort jedes Jahr zu wechseln.

Die Pflanzen werden je nach Sorte 25–30 cm hoch. Sie sind Langtagspflanzen, d. h., sie kommen nur zur Blüte, wenn sie täglich mindestens 13 Stunden Licht haben. Sie sollen deshalb möglichst früh gepflanzt werden.

Der Standort soll sonnig, jedoch nicht trocken sein. Bei längerer Trockenheit muß gewässert werden. Der Boden soll nährstoffreich und humos sein. Der Pflanzabstand beträgt 20 bis 25 cm.

Zweifarbige Asternsorte

Bartnelke

Dianthus barbatus

Zweijährige Pflanze mit einem etwa 10 cm breiten, doldenförmigen Blütenstand; Wuchshöhe bis 50 cm; verschiedene Sorten, einfach- und gefülltblühend; stark duftend; sonniger Standort; lehmiger, nährstoffreicher, lockerer Boden; vorkultivierte Pflanzen auf etwa 20 cm Abstand vereinzeln oder auspflanzen.

Edelwicke

Lathyrus odoratus

Blumen mit großen, wohlriechenden Schmetterlingsblüten; mehrere Blüten an einem blattachselständigen Stiel; Klettergerüst oder Gartenzaun für die bis 2 m hohen Rankenpflanzen erforderlich; sonniger Standort; nahrhafter, lockerer Boden; Pflanzabstand 30 cm, in Gruppen.

Goldmohn

Eschscholzia californica

Wird auch Schlafmützchen genannt, weil sich die Blätter nur bei Sonnenschein öffnen; 20–50 cm hohe Pflanzen mit blaugrünem Laub; lange Pfahlwurzel, Verpflanzen nicht möglich; tiefgründiger, durchlässiger Boden; Staunässe vermeiden; sonniger Standort; Pflanzabstand 20 cm.

Islandmohn

Papaver nudicaule

Ausdauernde Pflanze, die meist nur zweijährig kultiviert wird; in der Stammform orangegelbe Blüten, in den Sorten auch weiß und rot; niedrige Stauden mit gefiederten Blättern, bis zu 40 cm hohe Blütenstiele; vollsonniger Standort; trockener, wenig nährstoffhaltiger Boden; Pflanzabstand 30 cm.

Kapuzinerkresse

Tropaeolum-Hybride
Pflanze mit schildförmigen Blättern und kapuzenförmigen Blüten; bis 4 m lange Kriechstengel; Sorten mit gelben, orangen, roten und mehrfarbigen Blüten; erfriert beim ersten Frost; Standort sonnig bis halbschattig; nährstoffarmer Boden; Pflanzabstand 20 cm (→ S. 80).

Kornblume

Centaurea cyanus
Locker verzweigte Pflanze von 50–90 cm Höhe; gefüllte Sorten in blauen, weißen und rosa Farbtönen. Die angebotenen Samen sind meistens Sortenmischungen. Sonniger Standort; lehmiger Boden; verträgt auch durch Regen verschlämmte Böden; Pflanzenabstand 15 cm.

Kreuzblume

Clarkia unguiculata
Die aufrechte, 40–60 cm hohe Pflanze bleibt unverzweigt, wenn sie nicht entspitzt wird; sonst auch leicht buschiges Wachstum; Blüten einzeln in den Blattachseln; Sorten meist gefüllt; Farben weißrosa, lachsrosa, scharlachrot und purpurrot; hält sich als Schnittblume bis zu 10 Tagen; sonniger Standort; wächst in jedem guten Gartenboden; vereinzeln auf einen Abstand von 10–15 cm.

Ringelblume

Calendula officinalis
Krautig-buschige Pflanze mit sparrigen Verzweigungen; wird 30–50 cm hoch; verbreitet einen strengen Duft. Die heutigen Sorten sind durchweg gefüllt. Jungpflanzen sind winterhart (Herbstaussaat); Standort sonnig und trocken; gedeiht auf allen Böden; Pflanzabstand 15 bis 25 cm (→ S. 99).

Löwenmaul

Maulartigblütiges Löwenmaul

Strahlenblütiges Löwenmaul

Antirrhinum majus
Aufrechte, mehr oder weniger verzweigte Pflanze; je nach Sorte 15–100 cm hoch; durch Entspitzen läßt sich der buschige Wuchs fördern.
Die aus dem Mittelmeergebiet stammende Pflanzenart bildet in den unteren Teilen verholzte Stengel und ist an sich ausdauernd. Wird meist einjährig kultiviert, läßt sich jedoch nach Zurückschneiden und mit Abdeckung überwintern.
Die bekannten, maulartigen Blüten sind bei den Hochzuchtsorten besonders groß und farbenprächtig: rot, weiß, gelb, purpur und rosa.
Eine interessante Variation der Art hat radiärsymmetrische Blüten, die in den gleichen Farben auftreten. Sie war früher wenig bekannt, ist aber jetzt häufig im Handel zu finden. Selten sind gefüllte Sorten. Löwenmaul ist eine sehr beliebte Schnittblume.
Sonniger Standort; normaler Gartenboden; einmal vor der Blüte mit Volldünger düngen; Pflanzabstand 15–25 cm.

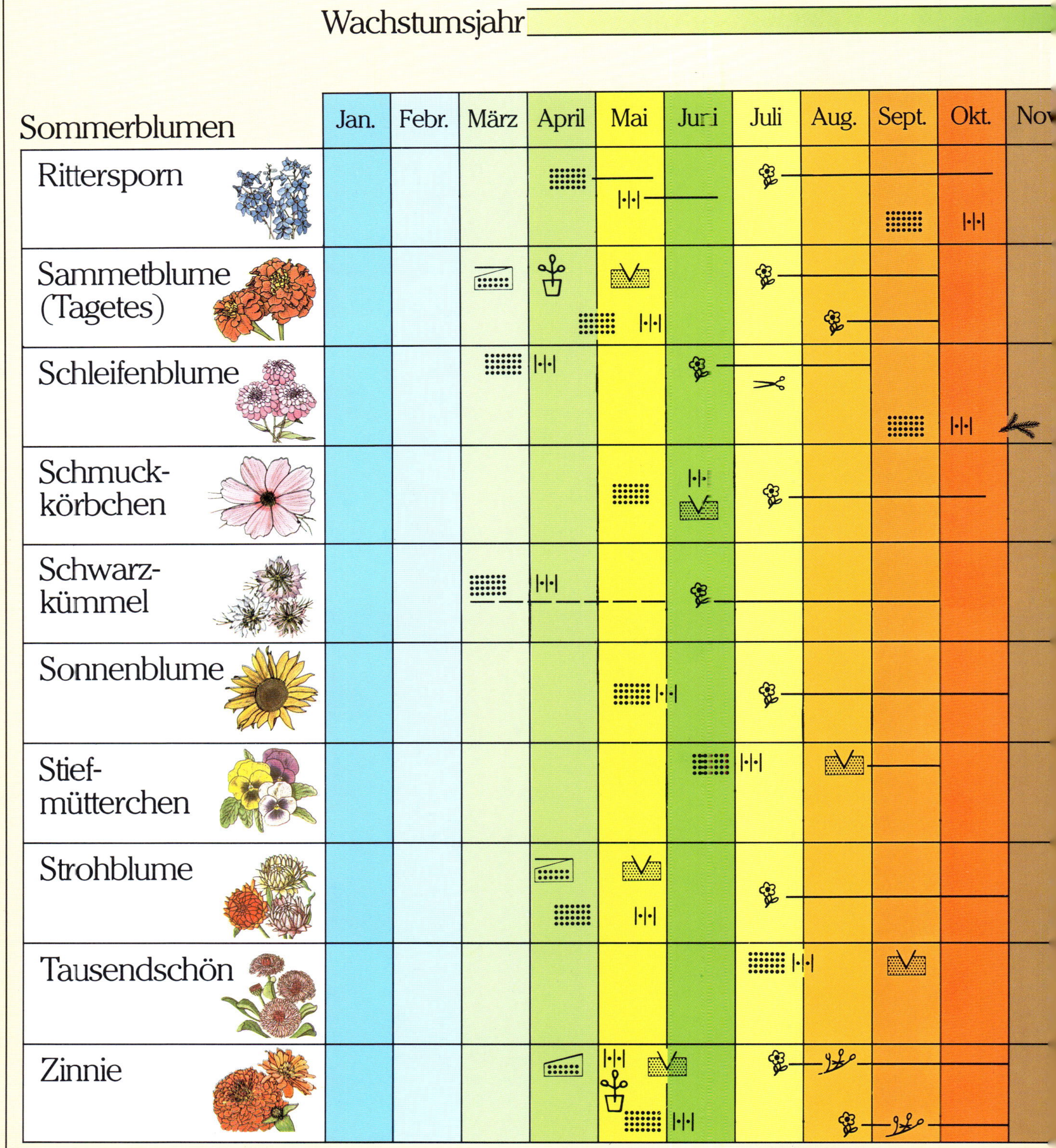
Wachstumsjahr
Sommerblumen
Jan.
Febr.
März
April
Mai
Juni
Juli
Aug.
Sept.
Okt.
Rittersporn
Sammetblume (Tagetes)
Schleifenblume
Schmuck-körbchen
Schwarz-kümmel
Sonnenblume
Stief-mütterchen
Strohblume
Tausendschön
Zinnie

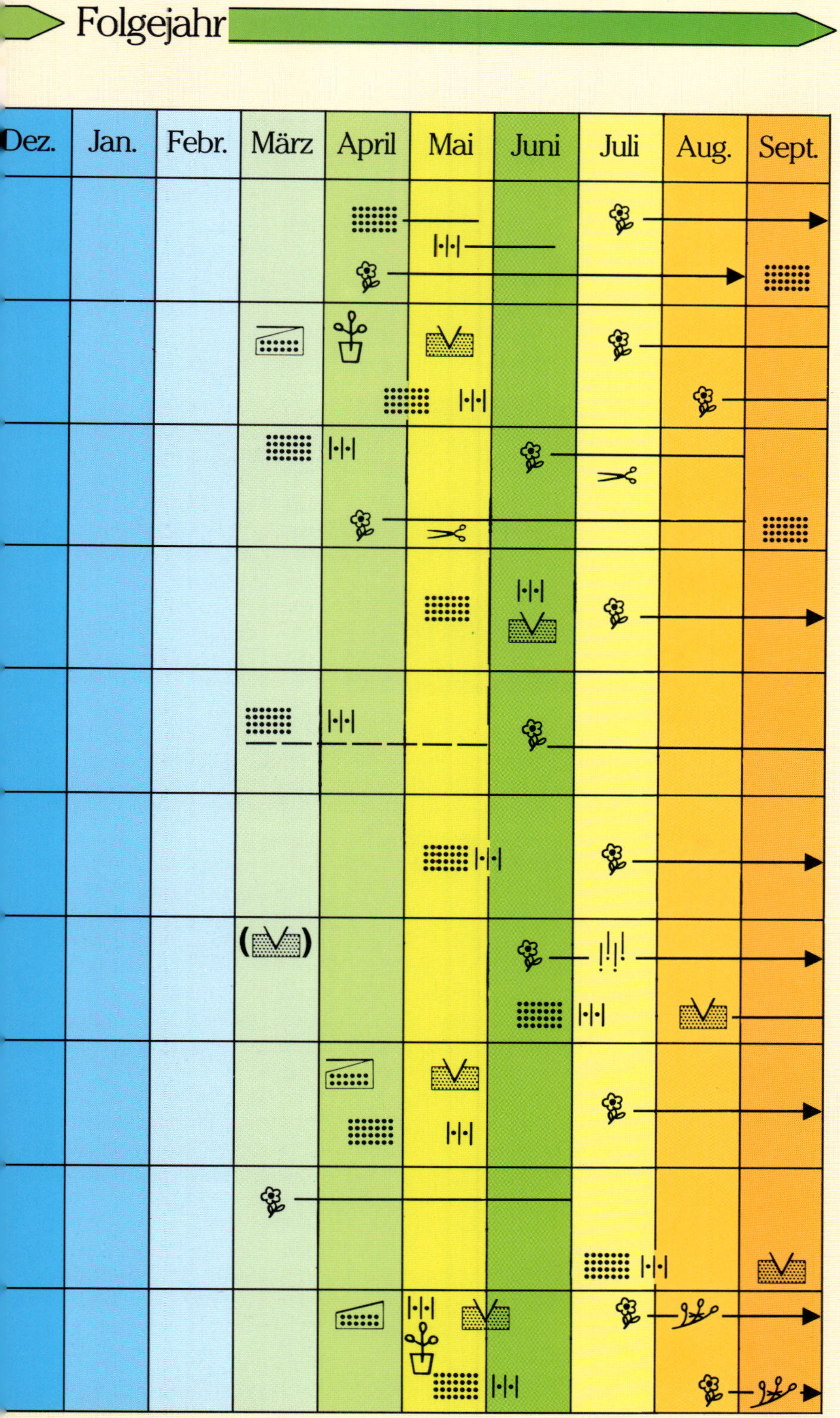

Zeichenerklärung

= säen ins Freiland

= säen ins kalte Frühbeet

= säen ins warme Frühbeet

= vereinzeln

— — — = Folgekultur möglich, z. B. in 14täg. Abstand

= pikieren in Töpfe

= pflanzen

= Blütezeit

= Selbstaussaat

= Nebentriebe entfernen

( ) = kann, muß nicht

= verblühte Teile entfernen

= Winterabdeckung

Rittersporn

Delphinium ajacis
Blütenstand traubenförmig mit zahlreichen Einzelblüten, gefüllt oder einfach, in vielen Sorten; hoher Schmuckwert im Garten oder als Schnittblume; Wuchshöhe 40–100 cm; windgeschützter, vollsonniger Standort; nährstoffreicher, lehmiger Boden; Pflanzabstand 25 cm.

Sammetblume

Tagetes-Patula-Hybride
Krautige Pflanzen, meist violett oder braunrot überlaufen; stark verzweigt; je nach Sorte 15–50 cm hoch; Blütenfarbe gemischt aus Gelb, Braun oder Orange; unangenehmer Geruch alter Sorten heute weitgehend weggezüchtet; sonniger Standort; anspruchslos; Pflanzabstand 15–25 cm. → S. 101

Schleifenblume

Iberis umbellata
Krautige Pflanzen mit doldenförmigen Blütenköpfchen; die nach außen gerichteten 2 der 4 Blumenblätter der Einzelblüte sind größer und bilden die Schleifenform; Wuchshöhe 30 cm; durch dichtes Wachstum bodendeckende Wirkung; Sonne bis Halbschatten; nährstoffreicher Boden; Pflanzabstand 20 cm.

Schmuckkörbchen, Kosmee

Cosmos bipinnatus
Sperrig verzweigte Pflanzen von 80–120 cm Wuchshöhe; Blütenköpfe bis zu 10 cm groß; Sorten in den Farben Weiß, Rosa und Rot; sehr wuchsfreudig; vollsonniger Standort; lehmiger bis sandiger Boden; bei nährstoffarmem Boden mehrmals düngen; Pflanzabstand 40 cm.

Schwarzkümmel

Nigella damascena
Bereits seit dem 16. Jahrhundert ist der Schwarzkümmel in Mitteleuropa als Gartenpflanze bekannt. Er stammt aus dem Mittelmeergebiet.
Die Blüten sind in der Ursprungsform reinblau. Sie werden von einem Kranz haarfeiner Blättchen umrahmt. Man nannte die Pflanze deshalb auch *Braut in den Haaren* oder *Jungfer im Grünen.* Der Name Schwarzkümmel weist auf die tiefschwarzen Samen der Pflanze hin.
Schwarzkümmel gibt es heute in verschiedenen, meist gefüllten Sorten. Auch weiße, violette und rosa Blütenfarben kommen vor. Die Wuchshöhe beträgt 30–50 cm.
Obwohl die Art sehr anspruchslos ist, hängt ihr Gedeihen von günstigen Wachstumsbedingungen ab. Wenn man die Pflanzen auf etwa 20 cm Abstand vereinzelt, haben sie genügend Platz, um sich kräftig zu entwickeln.
Ein sonniger Standort ist günstig, aber nicht unbedingt erforderlich. Schwarzkümmel gedeiht in jedem Boden. Er sollte jedoch einen gewissen Nährstoffgehalt besitzen. Wenn das nicht der Fall ist, muß man eventuell durch Düngung dafür sorgen.
Die Blütezeit ist kurz. Darum lohnt es sich, Folgesaaten auszubringen. Die abgeblühten Pflanzen entwickeln ballonartige Fruchtstände, die sich bisweilen rötlich oder braun färben. Sie lassen sich gut für Trockensträuße verwenden.

Sonnenblume

Helianthus annuus
Im 16. Jahrhundert gelangte die Sonnenblume aus dem tropischen Amerika nach Mitteleuropa. In ihrer Stammform erreicht sie eine Wuchshöhe von 3–4 m. Stamm und Blätter sind rauh behaart. Obwohl die großflächigen Blätter locker am Stamm wachsen, bieten sie dem Wind so viel Angriffsfläche, daß einzelnstehende Pflanzen umknicken. Im Garten benötigen sie deshalb einen geschützten Standort.
Der Name bezieht sich auf die großen, gelben, sonnenförmigen Blütenköpfe. Diese folgen zwar nicht dem Lauf der Sonne, wenden sich aber, wie auch die Blätter, dem Licht zu.
Es gibt zahlreiche Gartensorten in verschiedenen, meist braungetönten Blütenfarben. Gartensonnenblumen sind im Wuchs oft nicht so hoch, jedoch häufig verzweigt.

Mehrfarbige Sonnenblume

Der Standort soll sonnig sein. Der Boden muß nährstoffreich und feucht sein. Sind die Voraussetzungen nicht gegeben, so muß kräftig gegossen und gelegentlich gedüngt werden. Der Pflanzabstand beträgt mindestens 20 cm, besser noch mehr. → S. 105

Stiefmütterchen

Viola-Wittrockiana-Hybride
Zusammenfassung der unterschiedlichsten Gartenformen, die in vielen Blütenfarben und -größen vorkommen; Sorten mit verschiedener Blütezeit; krautige, buschig verzweigte Pflanzen von 15–20 cm Höhe; sonniger bis halbschattiger Standort; möglichst keine volle Sonne; humusreicher, lehmiger Boden; feucht halten; auch für Balkonkästen geeignet; Pflanzabstand 15–20 cm. → S. 108

Strohblume

Helichrysum bracteatum
Wenig verzweigte, aufrechte Pflanzen von 80 oder 30 cm Höhe ('Nana'-Form); im Handel sind nur noch großblumige, gefüllte Sorten in verschiedenen Farben; wegen der strohigen Hüllblätter der Blütenköpfe beliebte Trockenblume; vor dem völligen Öffnen schneiden; Blütenköpfe schließen sich bei Feuchtigkeit; sonniger Standort; guter, durchlässiger Gartenboden; Pflanzabstand 20 cm.

Tausendschön

Bellis perennis
Aus dem Gänseblümchen hervorgegangene Gartenblumen mit durchweg gefüllten Blütenköpfchen; viele Sorten in weißen, rosa und roten Farbtönen; Wuchshöhe 10–15 cm; Sonne oder Halbschatten; nährstoffreicher, lehmig-humoser Boden; Pflanzabstand 15 cm.

Zinnie

Zinnia elegans
Aufrechte, wenig verzweigte, krautige Pflanze; kurz und rauh behaart; bis zu 12 cm große Blütenköpfe; durchweg gefülltblühend; Wuchshöhe je nach Sorte 30–100 cm; gute Schnittblume; bei ungünstiger Witterung schlechtblühend; sonniger Standort; nährstoffreicher Boden; Pflanzabstand 20 cm.

Wachstumsjahr

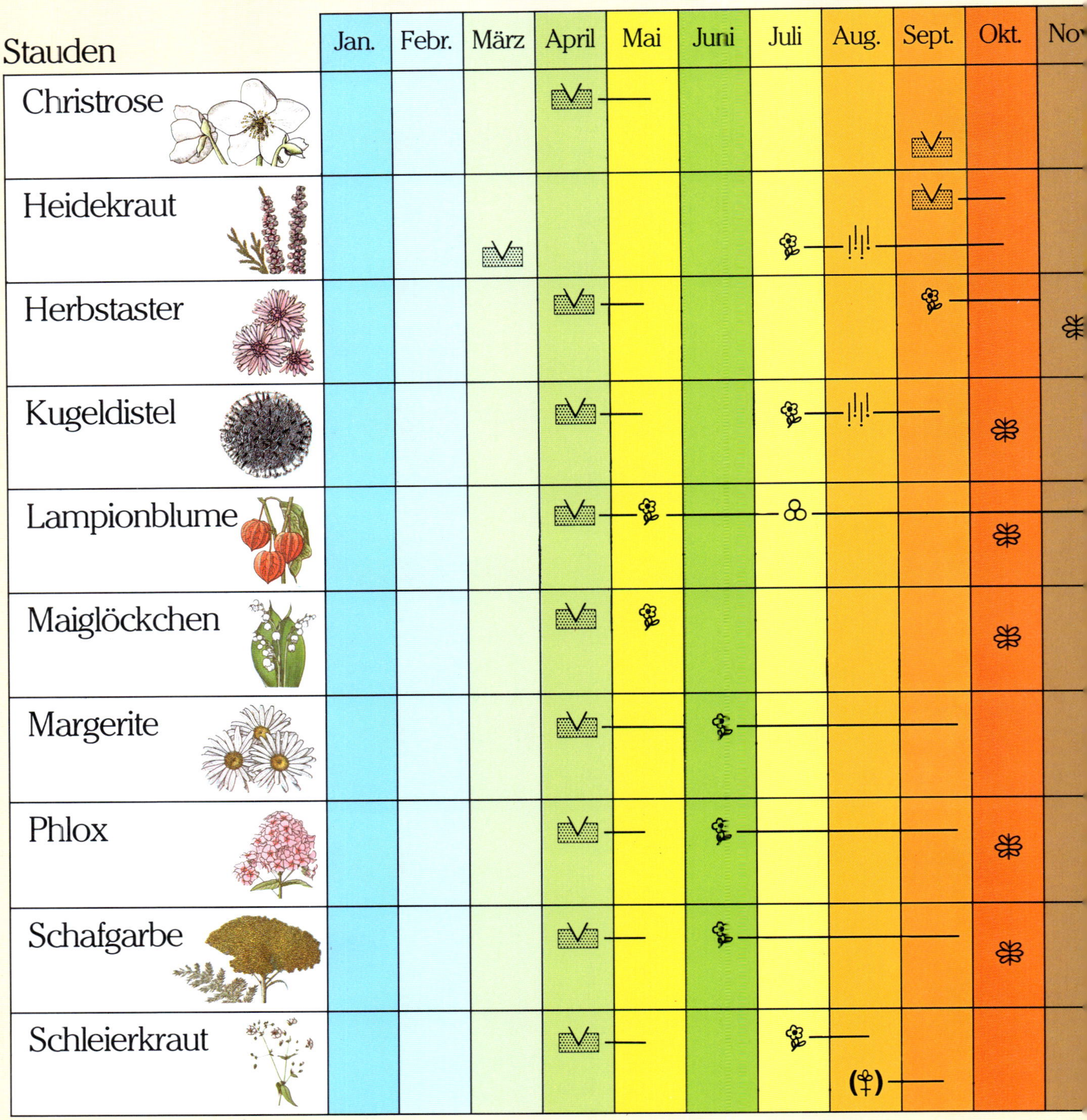

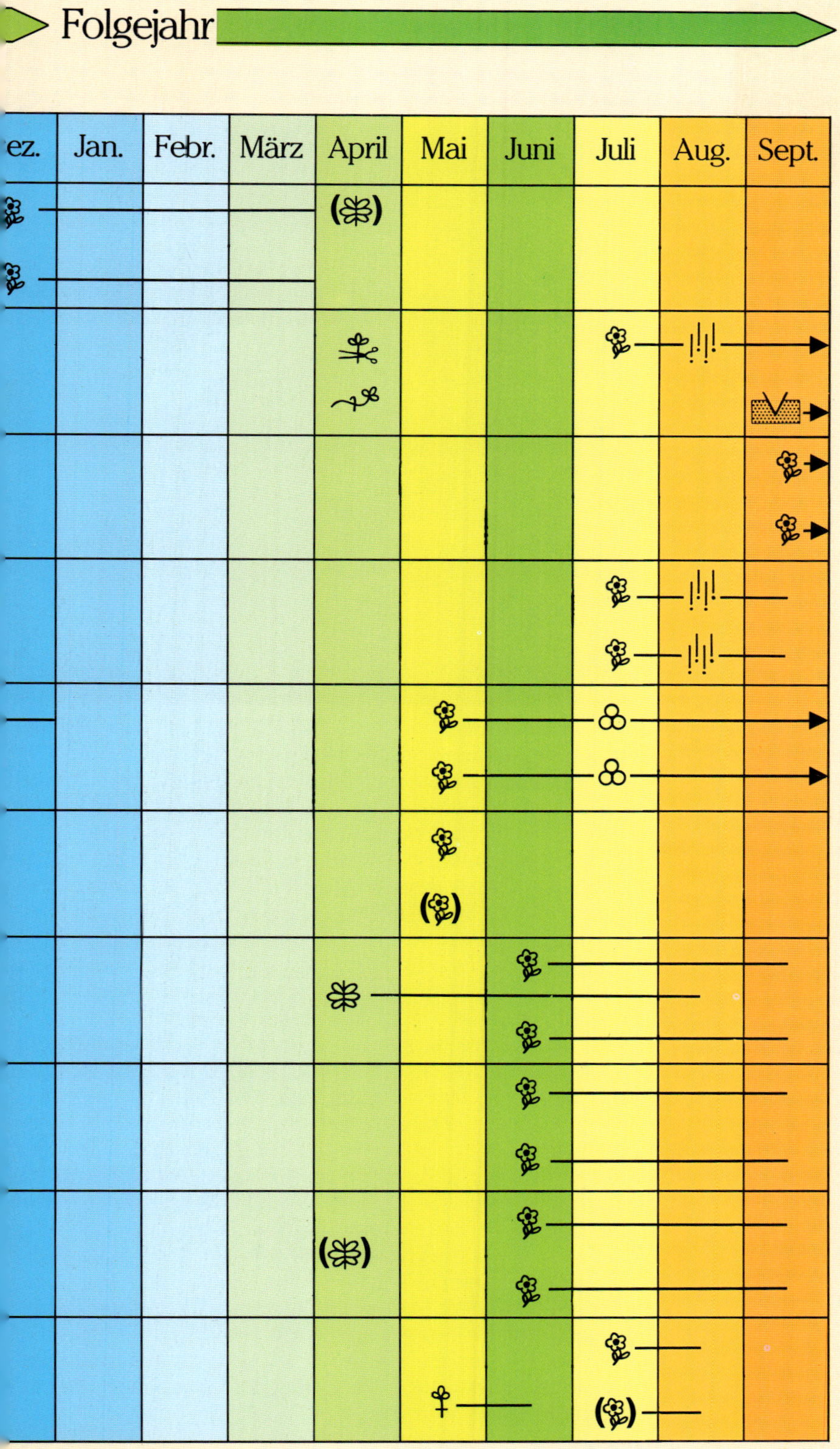

Zeichenerklärung

= pflanzen

= Blütezeit

= zurückschneiden

= Senker

= Selbstaussaat

= teilen und pflanzen

= Frucht

= Stecklinge

( ) = kann, muß nicht

Christrose

Helleborus niger
Große, geteilte Blätter; blattlose Blütenstiele (Schäfte) mit jeweils mehreren großen weißen Blüten; Giftpflanze; Wuchshöhe etwa 30 cm; in Kultur viele Sorten und Hybriden; halbschattiger bis schattiger Standort; humusreicher, kalkhaltiger Boden; einzeln oder mit großem Abstand pflanzen.

Heidekraut

Calluna vulgaris
Etwa 50 cm hoher immergrüner Zwergstrauch; Ausgangsform mit glöckchenförmigen Blüten; Kultursorten meist gefülltblühend, z.B. 'H. E. Beale'; gedeiht nur gut bei kräftigem Zurückschneiden im Frühjahr; sonniger Standort; karger, sandiger Boden; Pflanzabstand 30 cm. → S. 78

Herbstaster

Aster novi-belgii
Beispiel einer Herbstasternart (→ S. 78); kräftige, verzweigte Stiele mit umfangreichem Blütenstand; länglich-spitze, glatte Blättchen; Sorten in verschiedenen Blütenfarben, meist blauviolett; je nach Sorte 80–120 cm hoch; sonniger Standort; normaler Gartenboden; mäßig feucht halten; 50 cm Pflanzabstand.

Kugeldistel

Echinops ritro
Distelartige Pflanze mit stacheligen Blättern, jedoch keine echte Distelart; Staude mit etwa 120 cm Wuchshöhe; charakteristische kugelförmige Blütenköpfe, bei der Ausgangsart grünlich, bei den Sorten stahlblau; samt sich aus; sonniger Standort; karger Boden; als Einzelstauden pflanzen.

Lampionblume

Physalis alkekengi
Die Lampionblume stammt wahrscheinlich aus Japan. Sie kommt auch in Südeuropa vor. Die 60–80 cm hoch werdenden Pflanzen bleiben meist unverzweigt. Sie besitzen großflächige, dreieckige Blätter. Aus den Blattwinkeln treten die unscheinbaren grünlichweißen Blüten hervor. Erst nach der Blütezeit vergrößert sich der Kelch und wächst zu dem bekannten Laternchen aus, während in seinem Inneren eine orangefarbene Beerenfrucht heranreift.
Während des Reifungsvorgangs färben sich die Laternchen (Lampions) leuchtendrot. Da sie sich leicht trocknen lassen, werden sie gern als Winterschmuck verwendet. Man stellt die geschnittenen Stengel aufrecht in eine Vase ohne Wasser und läßt sie trocknen. Die vertrockneten Blätter werden entfernt. Die Trockenblumen sind lichtempfindlich und bleichen daher schnell aus.
Nicht abgeschnittene Stengel verlieren im Herbst die Blätter, während die Laternchen hängen bleiben. Sie sind, besonders im Schnee, ein hübscher Gartenschmuck. Und im Frühjahr leuchten die Beeren durch die filigranartigen Gerippe der inzwischen verrotteten Lampions hindurch.
Der Standort kann sonnig oder halbschattig sein. An den Boden stellt die Pflanze keine besonderen Ansprüche. Kalkgehalt ist günstig. Da die Lampionblumen sehr umfangreiche Wurzelausläufer bilden, werden sie im Garten leicht lästig, wenn man ihre Ausbreitung nicht eindämmt. Dies kann durch tief eingegrabene Rasenkantenschutzstreifen geschehen. Bei Neuanpflanzungen beträgt der Pflanzabstand 20 cm.

Margerite

Chrysanthemum-Maximum-Hybride
Mit der Großen Margerite ist eine Blume für den Garten gefunden worden, die in einer kleineren Wildform in der freien Natur viel Aufmerksamkeit findet.
Die Große Margerite stammt aus den Pyrenäen. Durch Kreuzungen und Zucht wurden viele Sorten erzielt, darunter auch gefüllte. Am beliebtesten sind jedoch die Stauden mit der echten Margeritenblüte, mit den weißen Randblüten und gelber Mitte. Die Wuchshöhe beträgt etwa 100 cm.
Leider ist die Standfestigkeit der Staude nicht sehr gut. Die freistehenden Exemplare – und als solche sollten sie am besten im Garten gepflanzt werden – müssen daher mit einem Staudenhalter gestützt werden. Bei dichterer Bepflanzung geben sich die Stauden dagegen untereinander Halt, benötigen dann aber auch viel Platz.
Das gute Gedeihen der Pflanze ist auch weitgehend von den Standortbedingungen abhängig. Sie braucht kalkhaltigen Boden. Andernfalls wird sie krankheitsanfällig. Dann krümmen sich die Stiele. Der Boden soll locker und humusreich sein. Gelegentliches Düngen und Gießen bei trockener Witterung sind notwendig.
Wenn die Stauden zu dicht werden, kümmern die Einzelblüten. Sie bleiben dann kleiner. Man verjüngt deshalb im Abstand von 2–3 Jahren durch Teilung der Staude.

Maiglöckchen

Convallaria majalis
Großblättrige Pflanzen mit blattlosen Blütenstengeln, die einseitswendig die Blütenglöckchen hervorbringen; starke Ausbreitung durch unterirdische Ausläufer; Wuchshöhe 20 cm; großblumige Gartensorten; Standort halbschattig; lockerer, humusreicher Boden; Pflanzabstand 30 cm.

Phlox

Phlox-Paniculata-Hybride
Horstbildende Staude; Stengel mit endständiger Blütentraube; Einzelblüten bei den Zuchtsorten groß und farbkräftig; Wuchshöhe je nach Sorte 60–120 cm; sonniger Standort; humusreicher, nährstoffhaltiger und lockerer Boden; verträgt keine Staunässe; Pflanzabstand 40–50 cm. → S. 94

Schafgarbe

Achillea filipendulina
Bekannteste Gartenart aus der Gattung der Schafgarben; wird wegen ihrer leuchtendgelben Blütenstände auch *Goldgarbe* genannt; bekannteste Sorte 'Parkers Varietät'; Wuchshöhe 100–150 cm; nicht sehr standfest, muß meist gestützt werden; sonniger Standort; leichter, trockener Boden; anspruchslose Pflanze; einzelnstehend pflanzen oder im Abstand von mindestens 50 cm.

Schleierkraut

Gypsophila paniculata
Lange, dicke Pfahlwurzel, die in jedem Jahr erneut die etwa 100 cm hohe und ebenso breite Pflanze hervorbringt; spärlich beblättert; stark und sparrig verzweigt; kleine weiße Blüten an den Stielenden; schleierartiges Aussehen; beliebte Schnittblume; auch als Trockenblume gebräuchlich; vollsonniger, trockener Standort; kalkhaltiger, lockerer Boden; einzeln pflanzen.

Wachstumsjahr

Stauden	Jan.	Febr.	März	April	Mai	Juni	Juli	Aug.	Sept.	Okt.	N
Schneeheide 											
Schwertlilie 											
Steinbrech 											
Veilchen 											
Balkonpflanzen											
Fleißiges Lieschen 											
Fuchsie 											
Geranie 											
Knollen-begonie 											
Petunie 											

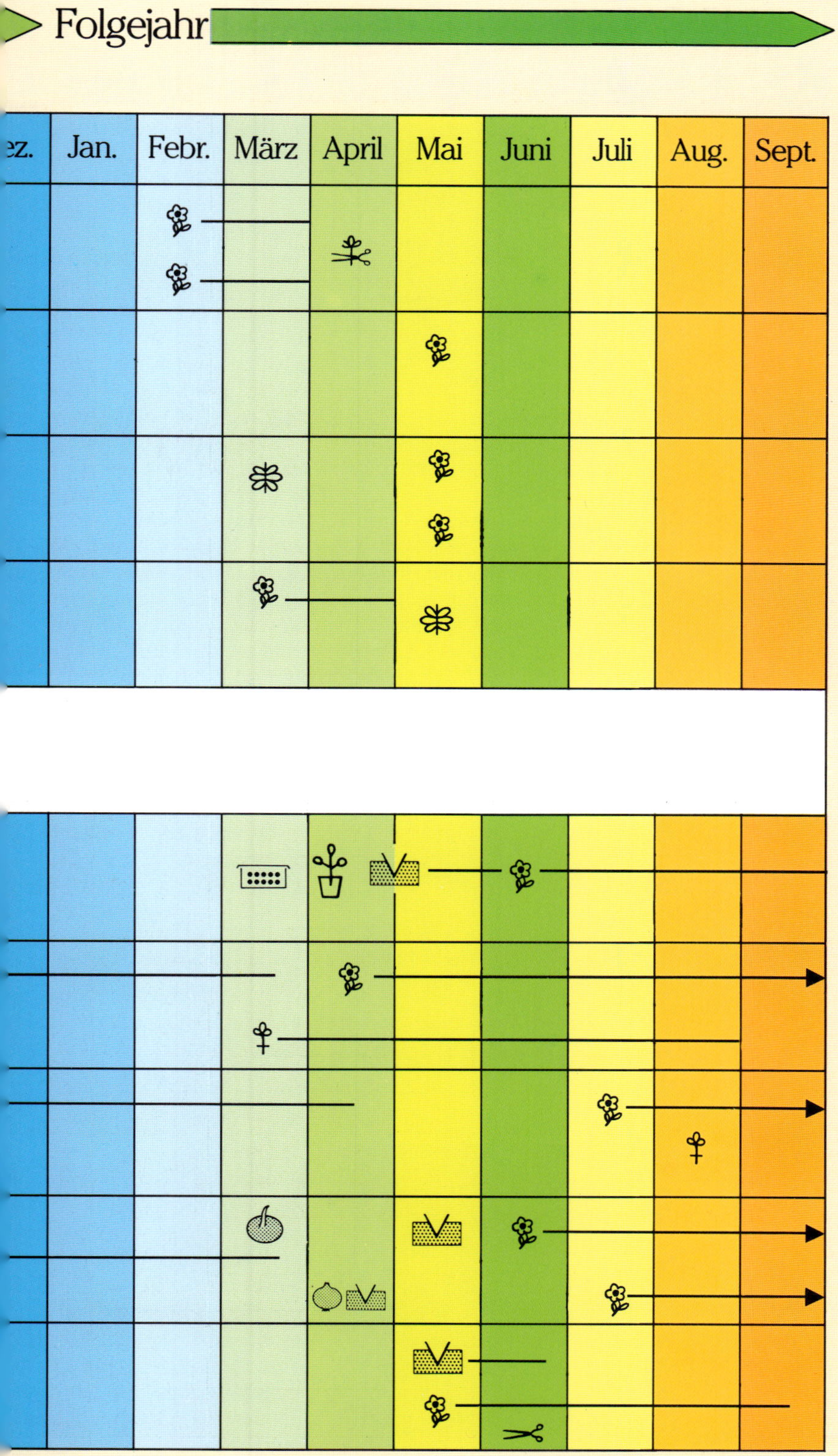

Zeichenerklärung

- = pflanzen
- = Blütezeit
- = zurückschneiden
- = Stecklinge
- = teilen und pflanzen
- = säen in Anzuchtschale
- = pikieren in Töpfe
- = Knollen vorkeimen
- = nicht vorgekeimte Knollen pflanzen
- = im kühlen Raum überwintern
- = Knollen im kühlen Raum überwintern
- ( ) = kann, muß nicht
- = verblühte Teile ausschneiden

Schneeheide

Erica herbacea

Heideblüten im Schnee

Die Schneeheide ist ein Zwergstrauch wie das Heidekraut, denn ihre Stengel sind verholzt. Dennoch wird sie mehr zu den Stauden gezählt.

Stellenweise wachsen noch kleine Schneeheidebestände wild in den Alpen. Sie sind sehr selten und geschützt. Die im Garten verwendete Schneeheide ist aus Kulturen hervorgegangen. Bei der Zucht entstand auch eine Reihe von Sorten. Neben den natürlichen, rosablühenden gibt es auch weiße und rote Sorten. Durch die dunklen Staubgefäße, die etwas aus dem Blütenglöckchen hervorragen, erscheinen die Blüten zweifarbig. Sie stehen in kleinen Trauben zusammen. Die verzweigten Stengel tragen nadelförmige Blättchen. Die Wuchshöhe beträgt etwa 30 cm.

Bei der frühen Blütezeit kommt es vor, daß die Blüten noch im Schnee erscheinen. Sie sind bereits im Herbst vorgebildet und brauchen sich nur noch zu strecken und auszufärben.

Schneeheide wächst in jedem Gartenboden auf sonnigem Standort. Alte Pflanzen lassen sich auch durch Rückschnitt nicht mehr verjüngen. Man ersetzt sie durch neue. Der Pflanzabstand beträgt 30 cm.

Schwertlilie

Iris-Barbata-Hybride

Die bekannteste Schwertlilie ist aus der Deutschen Schwertlilie *(Iris germanica)* hervorgegangen. Durch Einkreuzen anderer Arten (→ S. 104) ist eine Vielfalt von Sorten bei den Mischlingen (Hybriden) entstanden.

Bei allen sind die inneren, großen Blumenblätter nach außen geneigt und tragen auf der Oberseite eine Haarleiste – einen Bart. Man nennt sie daher *Bartiris*. Schwertlilien heißen sie wegen ihrer schwertförmigen Blätter.

Durch die Züchtung sind verschieden hoch wachsende Sorten entstanden, die man in entsprechende Gruppen einteilt. Insgesamt reicht die Wuchshöhe von 15–130 cm.

Der Standort soll möglichst sonnig sein. Der Boden muß humusreich, locker und nicht zu feucht sein. Die fleischigen Wurzelstöcke (Rhizome) bilden in jedem Jahr erneut die grünen, oberirdischen Pflanzenteile. Nach 2–3 Jahren sollten sie ausgegraben, geteilt und möglichst an einer anderen Stelle wieder eingepflanzt werden. Der Pflanzabstand beträgt 40 cm.

Steinbrech

Saxifraga-Arendsii-Hybride

Beispiel für eine artenreiche Pflanzengattung (→ S. 107); Zuchtbastarde in verschiedenfarbigen Sorten; Blätter in Rosetten; Blütenstiele bis 15 cm hoch; halbschattiger Standort; leichter, durchlässiger Boden; mäßig feucht halten; Pflanzweite 20 cm; Altbestände durch Teilen erneuern.

Veilchen

Viola odorata

Altbekannte Gartenpflanze mit unscheinbaren, aber stark duftenden Blüten; großblumige und weißblühende Sorten neben der violettblühenden Ausgangsform; Blattrosetten mit beblätterten Blütenstengeln; Wuchshöhe 5–10 cm; halbschattiger Standort; lehmiger, humusreicher Boden; Pflanzabstand 10 cm.

Fleißiges Lieschen

Impatiens walleriana
Krautige Pflanze mit saftreichen Stengeln; Grundfarbe der bis 4 cm großen Blüte purpurrot; viele Sorten, auch mehrfarbige; Wuchshöhe sortenabhängig zwischen 15 und 60 cm; sonniger bis halbschattiger Standort; normaler Gartenboden oder fertige Blumenerde; Pflanzabstand 20 cm.

Knollenbegonie

Begonia-Knollenbegonien-Hybride
Die Knollenbegonien sind aus Kreuzungen verschiedener Arten hervorgegangen. Großblumige und gefüllte Sorten werden bevorzugt.
Die Pflanzen mit den dickfleischigen Stielen und den großen Blättern sind buschig verzweigt. Sie erreichen eine Höhe von 15–20 cm. Die Blüten sind anfällig gegen Witterungseinflüsse und werden schnell unansehnlich. Aber es wachsen reichlich neue Blüten nach.
Über Winter müssen die frostempfindlichen Knollen geschützt aufbewahrt werden. Beim erneuten Einpflanzen im Frühjahr ist zu beachten, daß die eingedellte Seite der Knolle die Oberseite ist.
Der Standort soll schattig bis halbschattig sein. Knollenbegonien brauchen einen leicht sauren Boden. Der Pflanzabstand beträgt etwa 25 cm.

Fuchsie

Fuchsia-Hybride
Die als Balkon- und Kübelpflanzen beliebten Fuchsien sind meist Hybriden mehrerer Arten, die aus Mittel- und Südamerika stammen.
Die Pflanze ist ausdauernd, aber nicht winterhart. Die Freilandkultur beschränkt sich auf die frostfreie Zeit im Jahr. Über Winter werden die Fuchsien in einen frostfreien, aber kühlen Raum gebracht. Da dann das Wachstum stark zurückgeht und die Blätter meist abfallen, soll nur so viel gegossen werden, daß die Pflanzen nicht eingehen. Im Frühjahr treiben sie wieder kräftig aus.
Die Wuchshöhe schwankt je nach Sorte und Kulturbedingungen zwischen 30 und 100 cm.
Im Sommer steht die Fuchsie an einem Platz, wo sie vor extremen Witterungseinflüssen geschützt ist. Der Boden soll schwach sauer sein. Dies ist durch Torfgaben zu erreichen. Stark kalkhaltiges Gießwasser ist zu vermeiden. Der Pflanzabstand muß der Ausbildung der Pflanze angepaßt werden. Große Exemplare müssen einzeln stehen.

Geranie

Pelargonium-Zonale-Hybride
Buschige Pflanzen mit rundlichen Blättern, die eine dunkle Zone aufweisen; beim Anfassen starker, typischer Duft; doldenförmige Blütenstände, je nach Sorte mehr oder weniger dicht, verschiedenfarbige und einfarbige Sorten; sonniger Standort; Gartenboden oder Blumenerde; Pflanzabstand 20 cm.

Petunie

Petunia-Hybride
Krautige Pflanzen mit verschiedener Wuchsform; für Balkonkästen werden gern überhängende Sorten gewählt; große, ein- oder mehrfarbige Trichterblüten mit welligem Rand; Wuchshöhe sortenbedingt zwischen 20 und 70 cm; sonniger Standort; windempfindlich; Blumenerde; Pflanzabstand 20 cm.

Zwiebel- und Knollengewächse

Wachstumsjahr

Zwiebel- und Knollengewächse	Jan.	Febr.	März	April	Mai	Juni	Juli	Aug.	Sept.	Okt.	No
Anemone 											
Dahlie 											
Gladiole 											
Krokus 											
Lilie 											
Märzenbecher 											
Narzisse 											
Schnee-glöckchen 											
Tulpe 											
Winterling 											

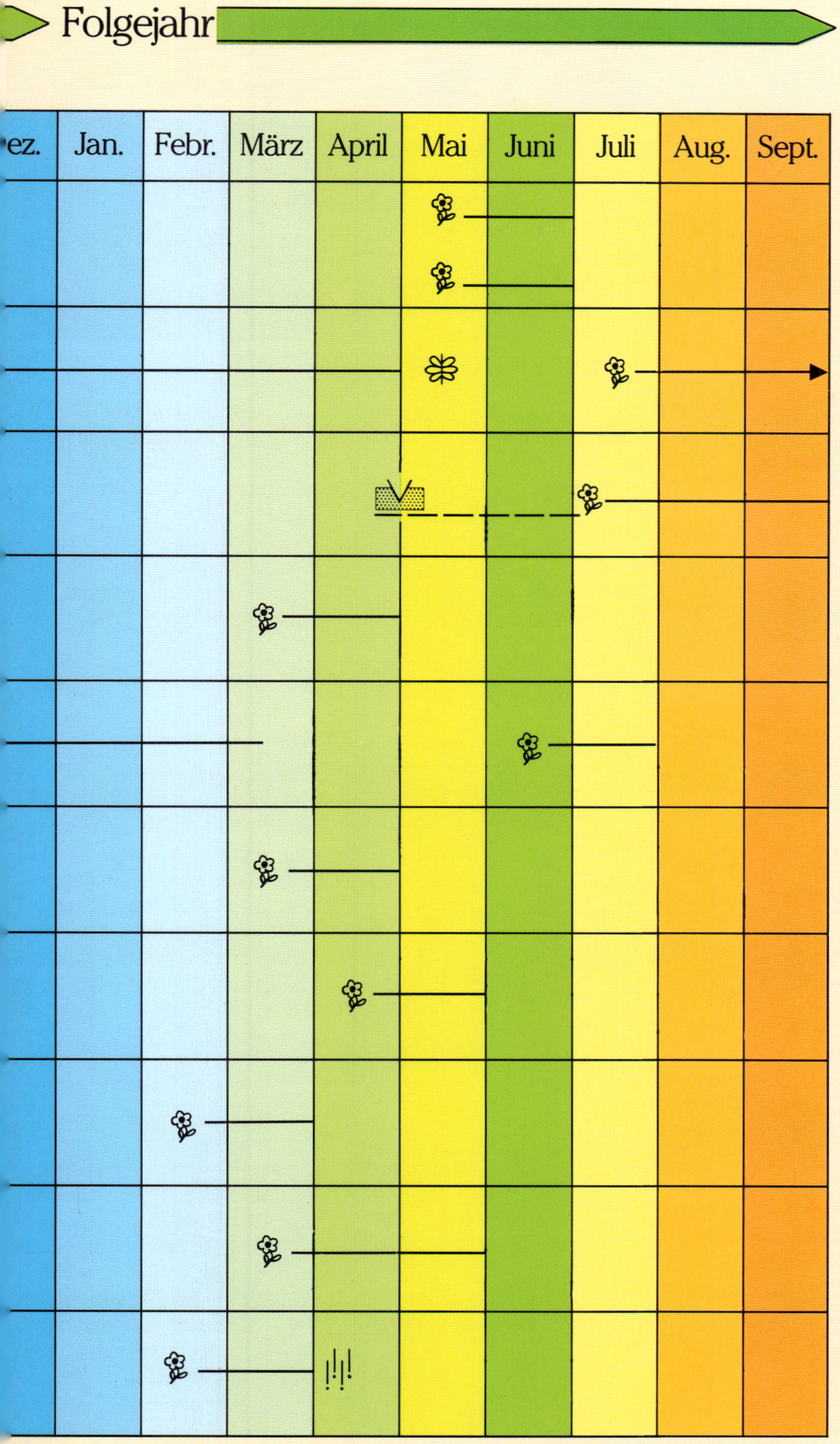

Zeichenerklärung

- = pflanzen
- = Folgepflanzungen
- = Blütezeit
- = teilen und pflanzen
- = Knollen im kühlen Raum überwintern
- = Winterabdeckung
- = Selbstaussaat

Anemone

Anemone coronaria
Zahlreiche Zuchtformen; einfache, halbgefüllte und gefüllte Sorten in vielen Farben; im Handel meist Mischungen; Durchschnittswuchshöhe 25 cm; Knolle wird der Form wegen als „Klaue" bezeichnet; halbschattiger Standort; lockerer, humusreicher Boden; in größeren Gruppen setzen; Einzelpflanzungen vermeiden; Pflanzabstand 10–15 cm; Pflanztiefe 6 cm.

Dahlie

Dahlia-Hybride
Im 16. Jahrhundert kamen Dahlien aus Mexiko nach Mitteleuropa. Die Pflanzen wurden wie kaum eine andere Pflanzengruppe züchterisch bearbeitet. Nach der Ausbildung des Blütenkopfes unterscheidet man mehrere Klassen, in die man die mehreren 1000 Sorten ordnet. Am bekanntesten sind die *Schmuckdahlien* mit den breiten Zungenblüten. Sorten mit langen, spitzen Zungenblüten werden *Kaktusdahlien* genannt und solche mit tütenförmig eingerollten Zungenblüten *Pompondahlien.*
Die buschigen Pflanzen erreichen eine Höhe von 80 bis 100 cm. Durch die großen, schweren Blütenköpfe bedingt, sind die Dahlien oft nicht standfest und müssen angebunden werden.

Kaktusdahlie

Schmuckdahlie

Der Standort soll sonnig sein. An den Boden stellt die Dahlie keine großen Ansprüche, er soll jedoch locker sein. Der Pflanzabstand beträgt je nach Sorte 60–100 cm, die Pflanztiefe 5 bis 10 cm. Im Herbst bei Eintritt der ersten Fröste müssen die Knollen ausgegraben, vom Kraut befreit und frostfrei überwintert werden.

Gladiole

Gladiolus-Hybride
Aus Afrika und dem Mittelmeergebiet stammen die Ausgangsarten für die Zucht der Gartengladiolen.
Diese sind großblumige Hybriden in vielen Farben. Die trichterförmigen Blüten stehen in einseitswendigen Trauben. Je nach Sorte werden die Stiele 30–150 cm hoch. Die Blätter sind lang und schwertförmig. Damit hängt der Name der Pflanze zusammen, denn gladiolus (lateinisch) heißt kleines Schwert.
Gladiolen gedeihen am besten an einem sonnigen oder halbschattigen Standort. Der Boden muß tiefgründig, humusreich und locker sein. Man pflanzt in Gruppen mit einem Abstand von 30–40 cm. Die Pflanztiefe beträgt etwa 10 cm.
Die Knollen werden im Herbst aus dem Boden genommen. Das Laub wird entfernt. In einem frostfreien, kühlen Raum werden die Gladiolenknollen überwintert.

Krokus

Crocus neapolitanus
Großblumige Sorten in Weiß und Violettblau; Blüten erscheinen vor den grasartigen Blättern; kleinblütige Stammart kaum noch in Kultur; Wuchshöhe 10–15 cm; sonniger Standort; lockerer, humusreicher Boden; Pflanzabstand 10 cm; Pflanztiefe 5–10 cm; Pflanzen ziehen im Sommer ein; → S. 84

Lilie

Lilium candidum
Beispiel für eine große Pflanzengruppe (→S. 85); deutscher Name Madonnenlilie; große weiße Trichterblüten; zu mehreren an beblättertem Stiel; Wuchshöhe 90–150 cm. Einziehen nach der Blütezeit halbschattiger Standort; humusreicher und durchlässiger Boden; Pflanzweite 80 cm oder einzeln; Pflanztiefe 10 cm.

Märzenbecher

Leucojum vernum
Lange, schmale Blätter; Blütenschäfte mit kleinem Hochblatt und jeweils 1 glockenförmigen weißen Blüte; an deren Zipfeln grüne Flecken; Wuchshöhe 25 cm; halbschattiger Standort; unter Bäumen nicht zwischen dichtem Wurzelwerk; humusreicher, kalkhaltiger Boden; Pflanzabstand 10 cm; Pflanztiefe 8 cm.

Narzisse

Narcissus poeticus
Beispiel aus einer Pflanzengattung mit mehreren Arten und vielen Sorten (→ S. 90); weiße Blüte, gelbes Krönchen mit rotem Rand; einblütige Schäfte, lange, schmale Blätter; Wuchshöhe 45 cm; sonniger bis halbschattiger Standort; humusreicher, lockerer Boden; Pflanzweite 15 cm, Tiefe 15 cm.

Schneeglöckchen

Galanthus nivalis
Das heimische Schneeglöckchen ist zur beliebten Gartenpflanze geworden. Es gibt mehrere Sorten, darunter auch gefüllte.
Die bandförmigen, graugrünen Blätter erscheinen zusammen mit den Blütenstielen, die jeweils nur eine Blüte tragen. Die Blüte gliedert sich in 3 reinweiße äußere Blumenblätter und 3 innere, kleinere mit grünem Fleck an der Spitze. An diesem grünen Fleck läßt sich das heimische Schneeglöckchen von anderen, fremdländischen Arten unterscheiden, die reinweiß blühen.
Die Wuchshöhe beträgt 10 bis 15 cm. Der Standort soll im Halbschatten sein. Jeder Gartenboden eignet sich, am günstigsten sind jedoch schwere, etwas feuchte Böden. Der Pflanzabstand beträgt etwa

5 cm, die Pflanztiefe 8 cm. Ältere Horste werden ausgegraben und durch Teilung verjüngt.

Tulpe

Tulipa-Hybride
Neben einigen Wildtulpenarten werden im Garten vorwiegend Hybriden (Bastarde) in verschiedenen Sorten gepflanzt. Die Zuchtformen sind so zahlreich, daß eine Klassifizierung unerläßlich war (→ S. 111). Bei den Sorten gibt es auch unterschiedliche Blütenzeiten.
Tulpen besitzen große und breite Blätter. Sie sind bläulich bereift. Aus jeder Zwiebel entwickelt sich ein beblätterter Blütenstiel. Die Wuchshöhe beträgt 60–80 cm. Es gibt aber auch kleinere Arten und Sorten. Der Standort soll sonnig bis halbschattig sein, der Boden locker und nährstoffreich. Man pflanzt im Abstand von 10 bis 20 cm und 10 cm tief.

Winterling

Eranthis hyemalis
Gelbe Blüten mit grünem Hochblatt als „Halskrause“; grundständige Blätter erscheinen erst nach der Blüte, Blüten schließen sich bei Regen oder Schneefall; mehrere Sorten; Wuchshöhe 10–15 cm; sonniger bis halbschattiger Standort; anspruchslos gegenüber Bodenverhältnissen; Pflanzweite 5 cm; Pflanztiefe 5–7 cm.

Gehölze

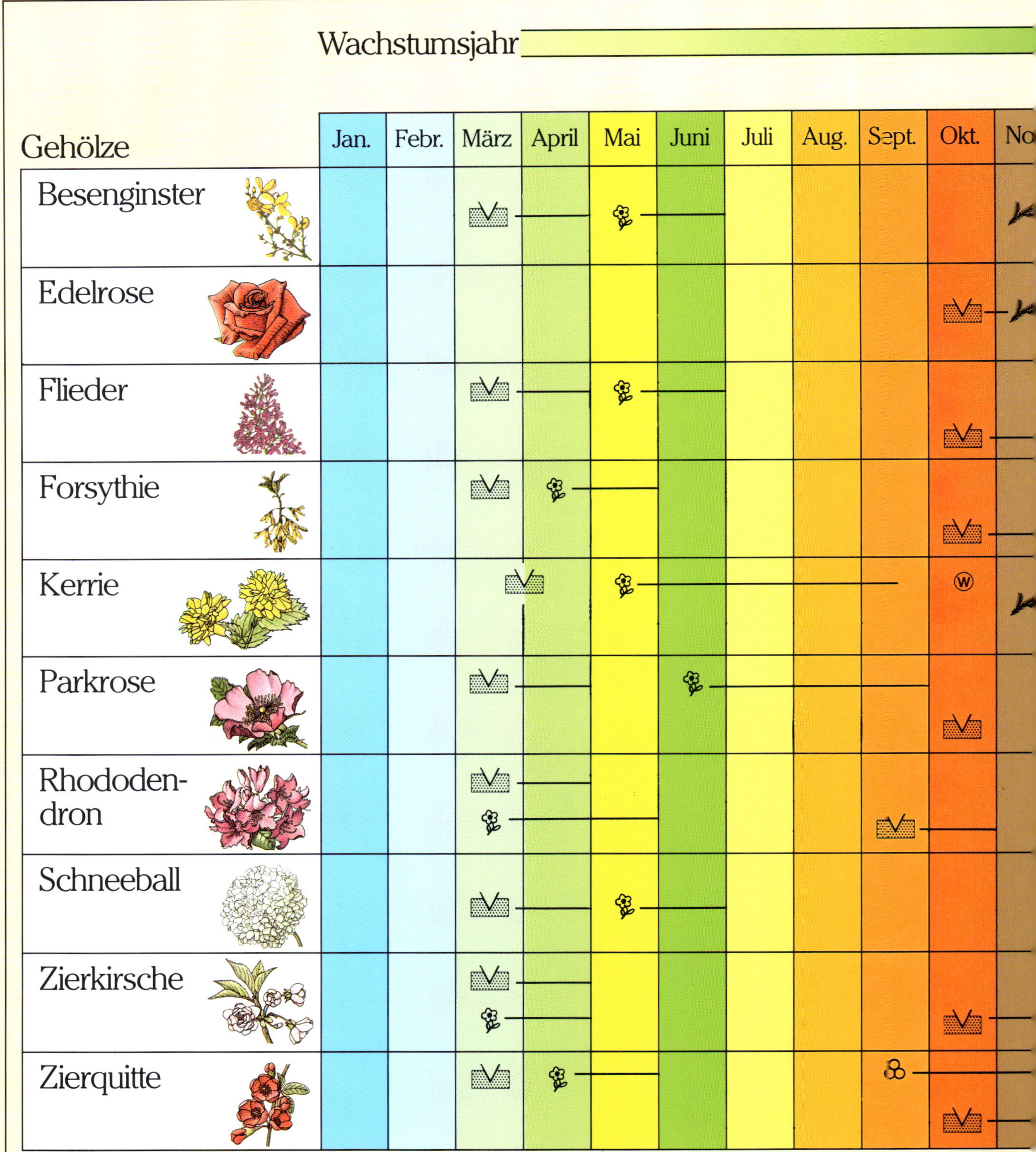

Wachstumsjahr
Gehölze
Jan.
Febr.
März
April
Mai
Juni
Juli
Aug.
Sept.
Okt.
No
Besenginster
Edelrose
Flieder
Forsythie
Kerrie
Parkrose
Rhododen-dron
Schneeball
Zierkirsche
Zierquitte

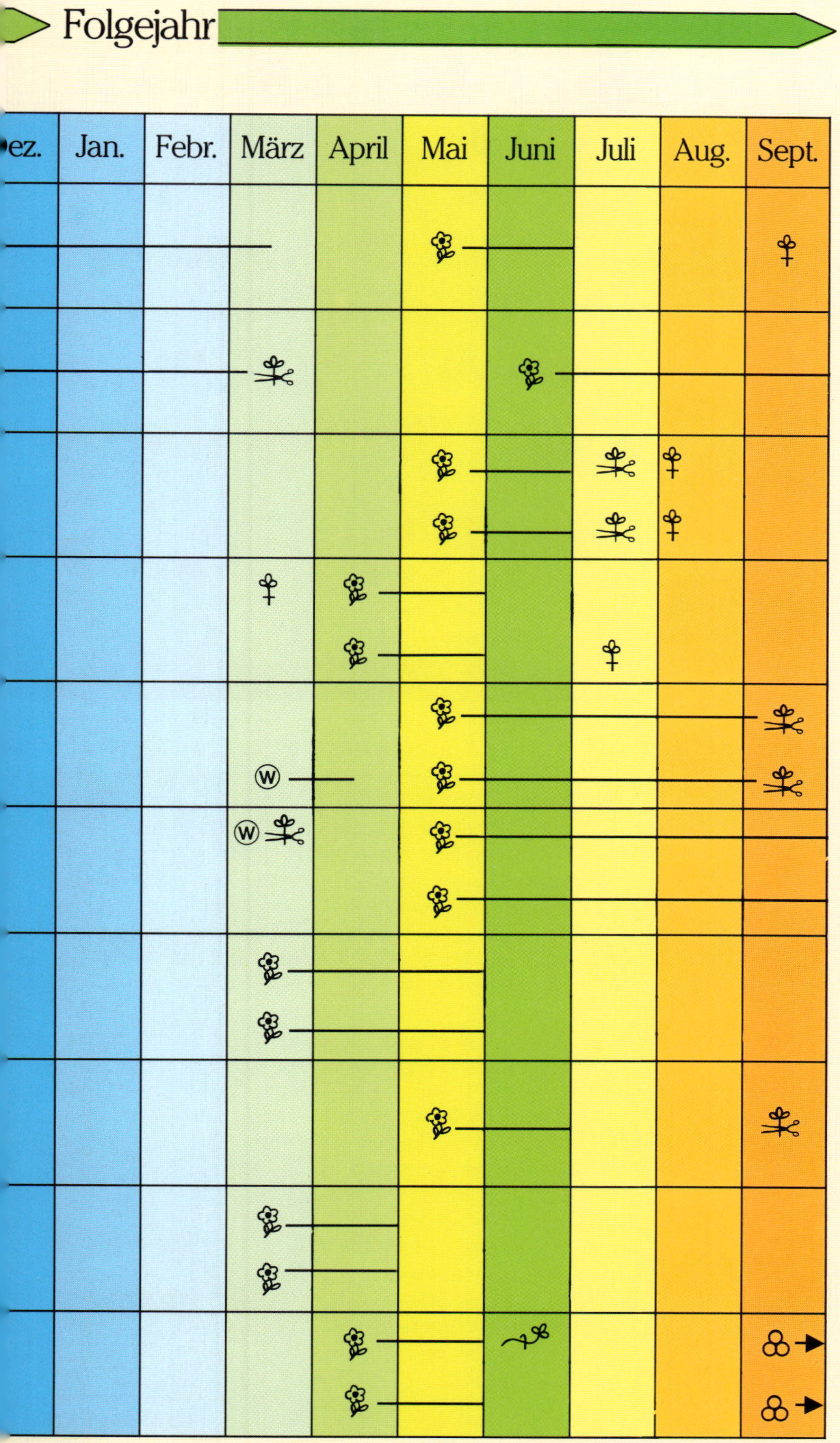

Zeichenerklärung

= pflanzen

= Blütezeit

= zurückschneiden

= Stecklinge

= Winterabdeckung

= Vermehrung durch Wurzelausläufer

= Früchte

= Senker

Besenginster

Cytisus-Scoparius-Hybride
Bastard mit dem heimischen Besenginster; kleine Blättchen; grüne, schwach geflügelte Äste; zahlreiche große Schmetterlingsblüten; unangenehmer Blütenduft; Wuchshöhe 1–3 m; nicht winterhart; geschützt pflanzen oder abdecken; sonniger Standort; kalkfreier Boden; einzeln pflanzen.

Rose

Rosa-Teehybride
Beispiel für die große Zahl der Rosen (→ S. 100); aufrechte, wenig buschige Pflanzen; große, meist einzeln stehende Blüten in vielen verschiedenen Farben; Wuchshöhe 40–100 cm; sonniger Standort; guter Gartenboden; einzeln in 40 cm tief gelockerten Boden pflanzen; Wurzeln 1/3 zurückschneiden.

Flieder

Syringa-Vulgaris-Hybride
Baumartiger Strauch mit herzförmigen, sommergrünen Blättern; dichte, 10–20 cm lange Blütenrispen; Blütenfarbe je nach Sorte weiß, violett, purpur oder blau; Wuchshöhe 2–3 m; sonniger bis halbschattiger Standort; tiefgründiger, humusreicher und kalkhaltiger Boden.

Forsythie

Forsythia x intermedia
Sommergrüner Strauch mit gelben, glockenförmigen Blüten in verschiedenen Sorten; Wuchshöhe 2–2,5 m; sonniger bis halbschattiger Standort; jeder Gartenboden ist geeignet; einzeln oder in freiwachsende Hecken pflanzen; Verjüngung durch Herausschneiden von älterem Holz erforderlich.

Kerrie

Einfachblühende Kerrie

Kerria japonica
1–2 m hoher Strauch mit rutenartigen Ästen, die einzeln aus dem Boden hervorwachsen. Die großen gelben Blüten sind fünfteilig und ähneln denen des Hahnenfußes. Es gibt Sorten mit einfachen Blüten und solche mit gefüllten ('Pleniflora'). Die Blütezeit hält lange an, bei günstiger Witterung bis in den September.

Die Kerrie ist eine sehr anspruchslose Pflanze. Sie gedeiht in voller Sonne ebensogut wie an schattigen Stellen. Auch an den Boden stellt sie keine besonderen Anforderungen.

Die Pflanze hat große Bedeutung erlangt, weil sie sich als widerstandsfähig gegen Industrie- und Autoabgase erwiesen hat. Sie wird darum häufig in den Anlagen und Vorgärten der Großstädte gepflanzt.

Der Strauch bildet reichlich Wurzelausläufer, durch die er sich im Umkreis ausbreitet. Gelegentlich muß man die Bestände auslichten. Ausgegrabene Strauchteile lassen sich einzeln wieder einpflanzen.

Obwohl die Kerrie zum Wuchern neigt und freie Flächen bald bodendeckend bewächst, breitet sie sich im Garten weniger stark aus. Wenn es erforderlich ist, sticht man zu weit gewachsene Wurzelausläufer mit dem Spaten ab.

Gefülltblühende Kerrie

Parkrose

Rosa rugosa
Beispiel für unempfindliche Strauchrosen, die auch als Parkrosen (→ S. 92) bezeichnet werden; sehr dichter Strauch von 2–3 m Höhe; verschiedene Sorten mit großen, manchmal auch gefüllten Blüten in den Farben Weiß, Rosa und Rot; große, flachrunde Hagebutten; sonniger bis halbschattiger Standort; wächst in jedem Gartenboden; Pflanzabstand in Hecken 1–2 m, auch einzeln.

Rhododendron

Rhododendron-Hybride
Buschige Sträucher von 1,5–3 m Höhe; langsamwachsend; wintergrüne Sorten empfindlich gegen starken Frost; geschützt pflanzen; mäßig sonnige bis schattige Standorte; Boden soll sehr sauer reagieren; durch viel Torfzusatz und kalkfreies Gießwasser zu erreichen; Pflanzabstand in Hecken mindestens 1,5 m, sonst einzeln. → S. 99.

Schneeball

Viburnum opulus
In Gärten meist die Sorte 'Sterile' mit großen weißen Blütenbällen, die keine Beeren bilden; aufrecht wachsender, vieltriebiger Strauch; Wuchshöhe bis 4 m; sommergrün; sonnige und schattige Standorte; keine besonderen Bodenansprüche; bei Trockenheit Blattlausbefall; Pflanzabstand in Hecken 1,5 m, sonst einzeln.

Zierkirsche

Prunus serrulata
Auch als Japanische Blütenkirsche bekannt; Baum von durchschnittlich 3 m Wuchshöhe; einfache, meist aber gefüllte Blüten in weißen und rosa Farbtönen; reichblühend; zahlreiche Sorten, auch höherwachsende; sonniger Standort; keine Bodenansprüche; verträgt keine Staunässe; Einzelpflanzung.

Zierquitte

Choenomeles-Hybride
Die Stammarten der Zier- oder Scheinquitten stammen aus Ostasien. Im Garten werden Hybride (Bastarde) verwendet.
Die Sträucher sind sommergrün. Ihr Wuchs ist breit bis niederliegend. Sie erreichen eine Höhe von höchstens 1,5 m. Der Zierwert besteht vor allem in den leuchtendroten Blüten. Es gibt Sorten in verschiedenen Rottönen und auch weiße. Die im Herbst erscheinenden gelben, apfelförmigen Früchte sind ebenfalls zierend. Sie ähneln den echten Quitten, die jedoch viel größer sind. Im Gegensatz zu diesen verwendet man sie nicht.
Die Zierquitten sind nicht wählerisch mit ihrem Standort. Sie gedeihen in der Sonne so gut wie im Schatten. Als Erde ist jeder normale Gartenboden geeignet.
Der Pflanzabstand in freiwachsenden Hecken soll mindestens 1 m betragen. Einzelpflanzungen sind sehr wirkungsvoll. Zierquitten vertragen keinen gewöhnlichen Heckenschnitt. Zur Verjüngung schneidet man vorsichtig etwas vom alten Holz heraus.

Früchte der Zierquitte

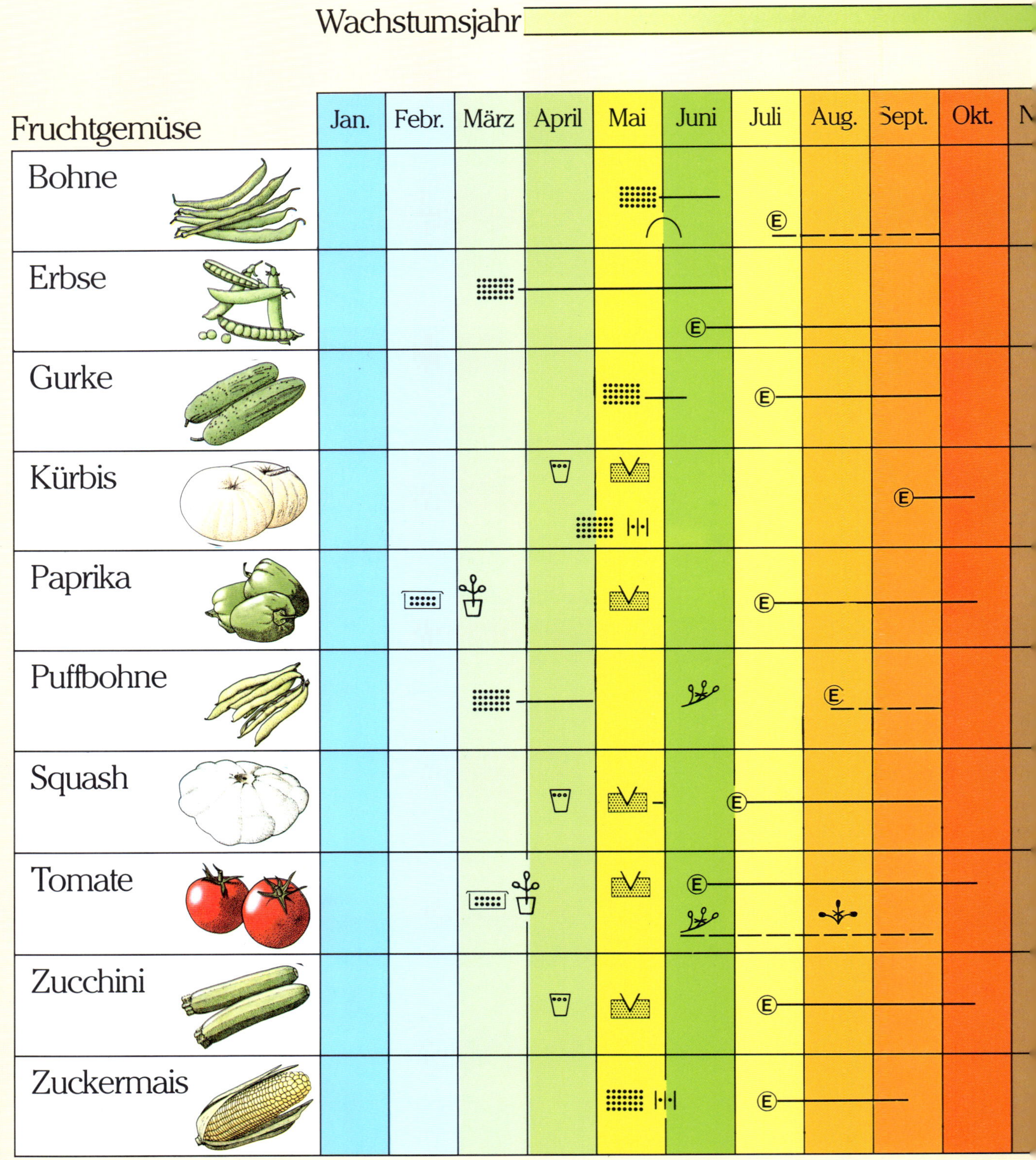
Wachstumsjahr
Fruchtgemüse
Jan.
Febr.
März
April
Mai
Juni
Juli
Aug.
Sept.
Okt.
Bohne
Erbse
Gurke
Kürbis
Paprika
Puffbohne
Squash
Tomate
Zucchini
Zuckermais

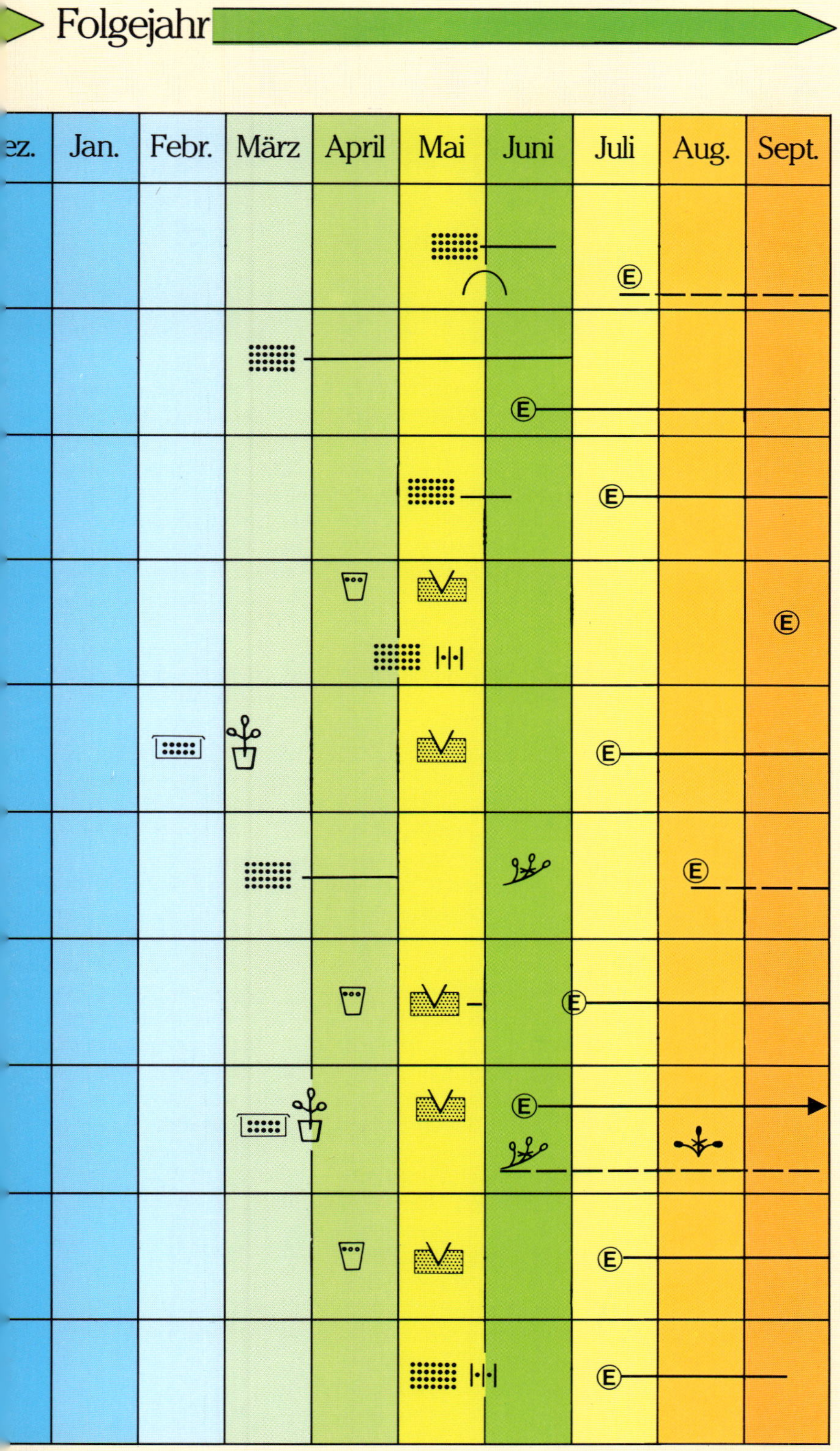

Zeichenerklärung

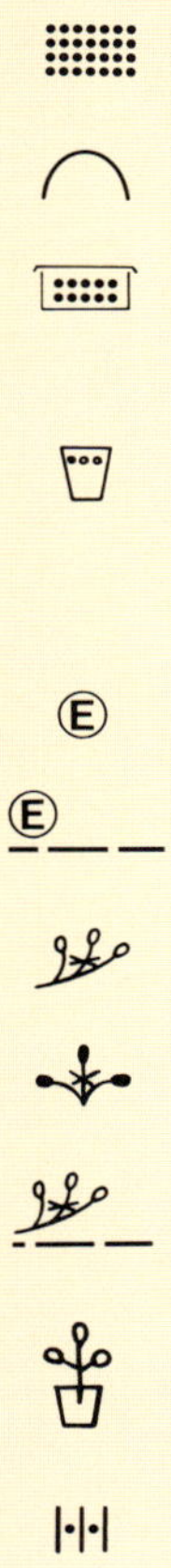

= säen ins Freiland

= anhäufeln

= säen in Anzuchtschalen

= säen in Töpfe und nur die stärkste Pflanze stehenlassen

= Ernte

= Ernte in Folgen

= Nebentriebe entfernen

= entspitzen

= Nebentriebe immer wieder entfernen

= pikieren in Töpfe

= vereinzeln

Bohne

Phasaeolus vulgaris
Die Gemüsebohne wird in zwei Varietäten angebaut: *var. nanus*, Buschbohne und *var. vulgaris*, Stangenbohne.

Die Buschbohnen erreichen eine Wuchshöhe von ungefähr 30 cm. Die Stangenbohnen klettern an geeigneten Gerüsten mehrere Meter hoch.
Von beiden Varietäten gibt es mehrere Sorten, sowohl grüne als auch gelbe (Wachsbohnen) oder blauschalige Bohnen.
Aus den weißen Schmetterlingsblüten entwickeln sich die Früchte, die bei manchen Sorten so zahlreich und groß auftreten, daß die Buschbohnenpflanze sie nicht halten kann, ohne umzukippen.
Der Standort soll sonnig und möglichst windgeschützt sein. Jeder gute Gartenboden ist geeignet, wenn er nährstoffreich ist. Bei Trockenheit muß gewässert werden. Der Reihenabstand bei Buschbohnen beträgt 50 cm, der Pflanzabstand 10 cm. Stangenbohnen brauchen 100 cm Reihenabstand. → S. 64.

Erbse

Pisum sativum
Rankendes Schmetterlingsblütengewächs; viele Sorten, weiß- und violettblühend; Wuchshöhe je nach Sorte zwischen 15 und 200 cm; höherwachsende brauchen Reisig oder Drahtgitter zum Emporranken; sonniger, luftiger Standort; trockener, nährstoffreicher Boden; Reihenabstand der niedrigen Sorten 40 cm, der höheren 60 cm; Pflanzabstand in der Reihe 2 bis 3 m. → S. 67

Gurke

Cucumis sativus
Rankende Pflanze; männliche und weibliche Blüten verschieden; viele Sorten, entweder als Freilandgurken oder Gewächshausgurken. Kultur der Freilandgurken ist einfacher; sonniger und möglichst gleichmäßig warmer Standort; humus- und nährstoffreicher Boden; während der Fruchtbildung 14täglich mit gelöstem Volldünger gießen. Reihenabstand 100 cm; Pflanzabstand 25 cm → S. 76.

Kürbis

Cucurbita maxima
Der Riesenkürbis ist seit alters eine beliebte Gartenfrucht. Er wird u. a. zur Bereitung eines süß-sauren Kompotts verwendet. Bei günstigen Kulturbedingungen lassen sich Einzelfrüchte – die botanisch übrigens Beeren sind – mit einem Gewicht von bis zu 100 kg erzielen. Die Pflanzen bilden mehrere Meter lange Sprosse mit ungewöhnlich großen Blättern aus. Sie ranken am Boden entlang oder an Zäunen empor.
Die großen gelben Trichterblüten sind männlich oder weiblich. Die weiblichen, aus denen nach der Bestäubung die Früchte hervorgehen, erkennt man an dem dicken, unterständigen Fruchtknoten, der selbst schon wie ein winziger Kürbis aussieht. Wachsen an einer Pflanze 3 kräftige Früchte heran, dann sollte man die Triebspitzen kappen und weitere weibliche Blüten entfernen, damit die wenigen Früchte möglichst groß werden.
Der Standort muß sonnig und warm sein. Kürbis benötigt einen sehr nährstoffreichen, humosen Boden. Er wird gern auf oder an Komposthaufen gepflanzt. Der Wasserbedarf ist sehr hoch. Er kann je Pflanze und Tag 40 Liter betragen. Bei Trockenheit welken die Blätter vorübergehend.

Paprika

Capsicum annuum
Neuerdings versucht man, den aus Südamerika stammenden Paprika auch in Mitteleuropa anzubauen. Die sehr wärmebedürftige Pflanze gedeiht hier am besten im Gewächshaus oder unter dem Folientunnel. Man muß evtl. künstlich bestäuben. Das ist nicht nötig bei Freilandkulturen, die jedoch nur in sehr geschützten Lagen möglich sind.
Die krautige Pflanze wird bis zu 50 cm hoch und trägt kleine weiße Blüten. Die an sich roten Früchte des Gemüsepaprika reifen hier meist nicht aus. Sie werden grün geerntet. Der Boden soll humus-und nährstoffreich sein. Gelegentliche Düngergüsse während der Wachstumszeit sind günstig. Der Reihenabstand beträgt 70 cm, der Pflanzabstand 40 cm.

Puffbohne

Vicia faba
Alte Kulturpflanze (dicke Bohne); gerade Stengel, die 60 bis 80 cm hoch werden; zeitige Kultur ist wegen der Kälteunempfindlichkeit möglich; bei Befall mit der Schwarzen Bohnenlaus Seitentriebe ausbrechen; Ernte der unreifen, noch milchigen Samen; sonniger Standort; nährstoffreicher Boden; Reihenabstand 60 cm, Pflanzabstand 15 cm.

Squash

Cucurbita pepo var. giromontania
Zucchinisorte mit eigenartig geformten Früchten; weißliche runde Scheiben von 20–30 cm Durchmesser; nichtrankende Pflanzen mit verschiedengeschlechtigen Blüten; Wuchshöhe etwa 50 cm; sonniger Standort; nährstoffreicher Boden; Pflanzabstand 100 cm.

Tomate

Lycopersicon lycopersicum
Gelbblühendes Nachtschattengewächs, bei dem weder die roten noch die grünen unreifen Früchte giftig sind; typischer Geruch der grünen Pflanze; Wuchshöhe 1 m und mehr; viele Sorten; sonniger, geschützter Standort oder Gewächshaus; nährstoffreicher Boden; Pflanzabstand 50–70 cm; fruchtende Pflanze anbinden. → S. 109.

Zucchini

Cucurbita pepo var. giromontania
Nichtrankende Kürbisart mit länglichen, zylinderförmigen Früchten; verschiedengeschlechtige Blüten, von denen nur die weiblichen Früchte bilden, wenn sie bestäubt wurden; buschige Pflanzen mit großen, meist gelappten Blättern; verschiedene Sorten; Standort sonnig und warm; nährstoffreicher Boden; Pflanzabstand etwa 100 cm.

Zuckermais

Zea mays var. saccharata
Riesengras mit verschiedengeschlechtigen Blütenständen; männliche Blütenrispe endständig an der Spitze; weibliche Kolben mit heraushängenden Narbenfäden blattachselständig; Wuchshöhe 150–200 cm; sonniger Standort; nährstoffreicher Boden; Reihenabstand 60 cm; Pflanzabstand 40 cm; Ernte, wenn die Früchte noch nicht ausgereift sind.

Zwiebel- und Wurzelgemüse

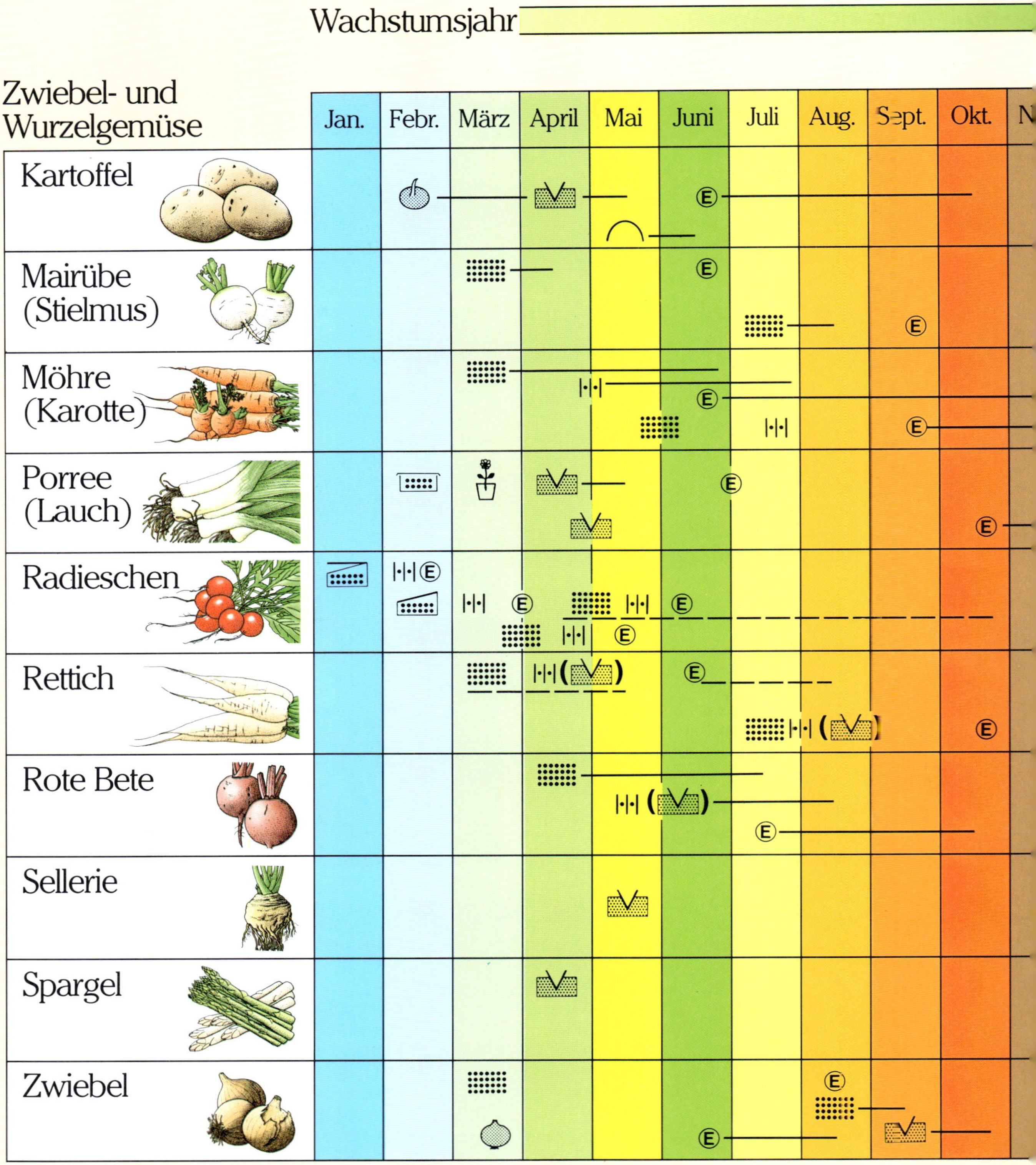

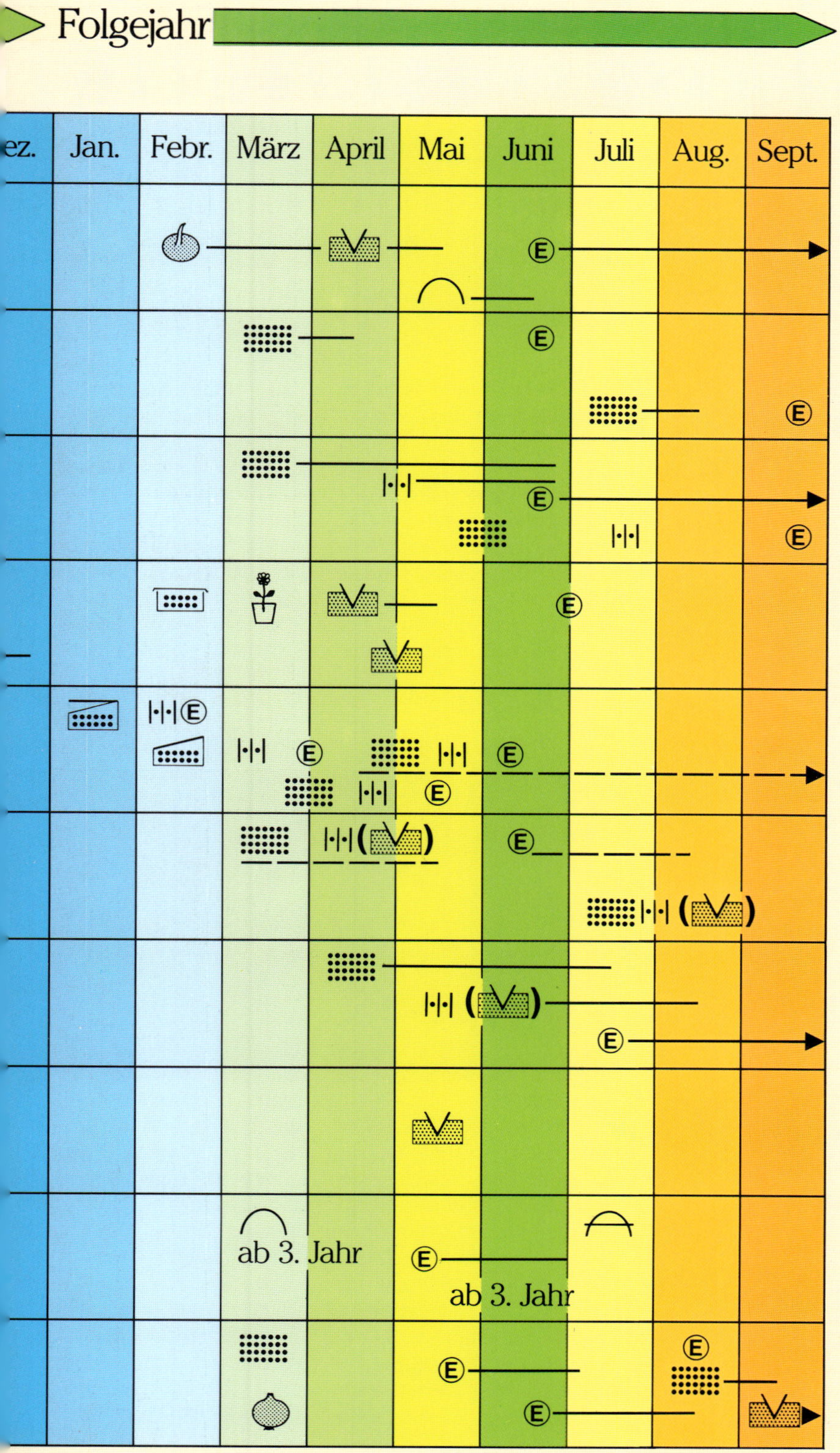

Zeichenerklärung

- = säen ins Freiland
- = säen in Anzuchtschale
- = säen ins warme Frühbeet
- = säen ins kalte Frühbeet
- = vorkeimen
- = pikieren in Töpfe
- = pflanzen
- = Zwiebeln stecken
- = anhäufeln
- = einebnen
- = ernten
- = vereinzeln
- – – – = Folgekulturen möglich, z. B. 3wöch. Abstand
- ( ) = kann, muß nicht

Kartoffel

Erntefrische Kartoffeln

Solanum tuberosum
Etwa 40 cm hohe krautige Staude; in den hochgezüchteten Kultursorten nur wenige weiße oder violette Blüten. Gelegentlich reifen kleine grüne, tomatenähnliche Früchte heran. Sie sind wie alle grünen Teile der Pflanze giftig (Nachtschattengewächs).
Die Kartoffeln wachsen als Sproßknollen an unterirdischen Ausläufern. Die Augen an den Knollen (Knospen) und deren gelegentlich verzweigte Form lassen erkennen, daß es sich nicht um Verdickungen der Wurzel handeln kann.
Die Kartoffel ist anspruchslos und gedeiht in jedem Boden. Sie wird vielfach als erste Kulturpflanze in neu angelegten Gärten gepflanzt, denn der Boden wird durch sie aufgelockert.
Gute Erträge bringt sie allerdings nur in humus- und nährstoffreichem Boden. Er soll sandig und locker und nicht lehmig verdichtet sein.
Pflanzkartoffeln werden im Februar im Keller so ausgebreitet, daß sie ungehindert vorkeimen können. Im April pflanzt man sie in Reihen mit 60 cm Abstand 10 cm tief. → S. 80.

Mairübe, Stielmus

Brassica rapa var. campestris
Kleine Speiserübe in verschiedenen Sorten; Geschmack ähnlich dem des Rettichs, jedoch milder; roh oder gekocht zu verwenden; junge Blätter, besonders der schnellwachsenden Sorten, liefern schmackhaftes Gemüse (Stielmus); lockerer Boden; vereinzeln auf etwa 20 cm Abstand.

Möhre, Karotte

Daucus carota ssp. sativus
Viele verschiedene Kultursorten; tiefgründiger, lockerer Boden zur Ausbildung gleichmäßiger Rübenwurzeln notwendig; bei verdichtetem Boden unerwünschte Verzweigungen; Reihenabstand etwa 20 cm; Saattiefe 1 – 2 cm; lange Keimzeit; vereinzeln auf 5 bis 8 cm Abstand. → S. 88.

Porree, Lauch

Allium porrum
Durch frühe und späte Sorten lange Erntezeit; wächst auch an schattigen Standorten; jeder lockere Gartenboden geeignet. Pflanzen bis zum Blattansatz in tiefe Furchen setzen; nach einiger Zeit Erde anschieben, um lange, bleiche »Stangen« zu erzielen; Reihenabstand etwa 15 cm; auch späte Sorten nicht völlig winterhart, darum letzte Ernte nach den ersten stärkeren Frösten notwendig.

Radieschen

Raphanus sativus
Durch neue Sorten auch Sommerkultur möglich (→ S. 60); schnelle Keimung; kurze Vegetationszeit (4 – 5 Wochen); ständige Ernte durch Folgesaaten; keine bes. Bodenansprüche; ständiges Feuchthalten zur Ausbildung der Knollen erforderlich; bei Trockenheit reichlich gießen, um Pelzig- und Holzigwerden zu vermeiden; Reihenabstand 10 cm; vereinzeln auf etwa 4 cm.

Rettich

Raphanus sativus
Große Form des Radieschens in verschiedenen Sorten (→ S. 80); längere Vegetationszeit; zum Einlagern geeignet; leichter, tiefgründiger, humusreicher, aber nicht frisch gedüngter Boden; Reihenabstand 25 cm; vereinzeln auf 20 cm Abstand oder entsprechend verpflanzen; bei Trockenheit wässern.

Rote Bete

Beta vulgaris var. conditiva
Kugelrunde und längliche Sorten; bei kühler Witterung schossen manche Sorten; mittelschwerer, humusreicher Boden, nicht frisch gedüngt; bei trockenem Standort wässern, um Holzigwerden zu vermeiden; Reihenabstand etwa 25 cm; vereinzeln oder verpflanzen auf 15 cm Abstand.

Sellerie

Apium graveolens var. rapaceum
Vorkultivierte Pflanzen kaufen; verschiedene Sorten mit unterschiedlich starker Knollenbildung; Blätter als Gewürz verwendbar; schwere, feuchte Böden; Pflanzabstand 20 cm, bei großknolligen Sorten 40 cm; Wachstum anfangs langsam, ab August stärker; dann Volldüngergabe → S. 104.

Zwiebel

Allium cepa
Verschiedene Sorten; mittelschwerer, nicht frisch gedüngter Boden; Humusreichtum durch Kompost günstig; außer durch Aussaat Vermehrung durch Steckzwiebeln; so tief pflanzen, daß die Zwiebeln vollständig mit Erde bedeckt sind; Reihenabstand etwa 30 cm; Pflanzabstand 8–10 cm. → S. 117.

Spargel

Asparagus officinalis
Die jungen, fleischigen Sprosse der Pflanze werden als feines, edles Gemüse verwendet. In Deutschland wurde bis vor kurzem nur Bleichspargel angebaut. Jetzt pflanzt man hier wie bereits auch in anderen Ländern den Grünspargel.
Die Pflanze ist eine Staude, die etwa 10 Jahre lang guten Ertrag liefert; gedeiht am besten in warmer, sonniger Lage und auf mittelschweren bis leichten Böden.
Pflanzung im April (→ S. 25) in Reihen von 80–100 cm Abstand. Pflanzabstand der jungen Pflanzen 30–50 cm. In den ersten 2 Jahren nicht ernten. Im 3. Jahr die Beete über den Pflanzen auf etwa 30 cm Höhe anhäufeln. Sobald die Sprosse die Erdoberfläche durchstoßen, werden sie über der Wurzel abgestochen. Ab 24. Juni wird nicht mehr geerntet, so daß die Sprosse auswachsen können. Sie entwickeln sich zu dem üppigen Spargelkraut, das die Pflanze mit neuen Nährstoffen versorgt.

Fruchtendes Spargelkraut

Blattgemüse

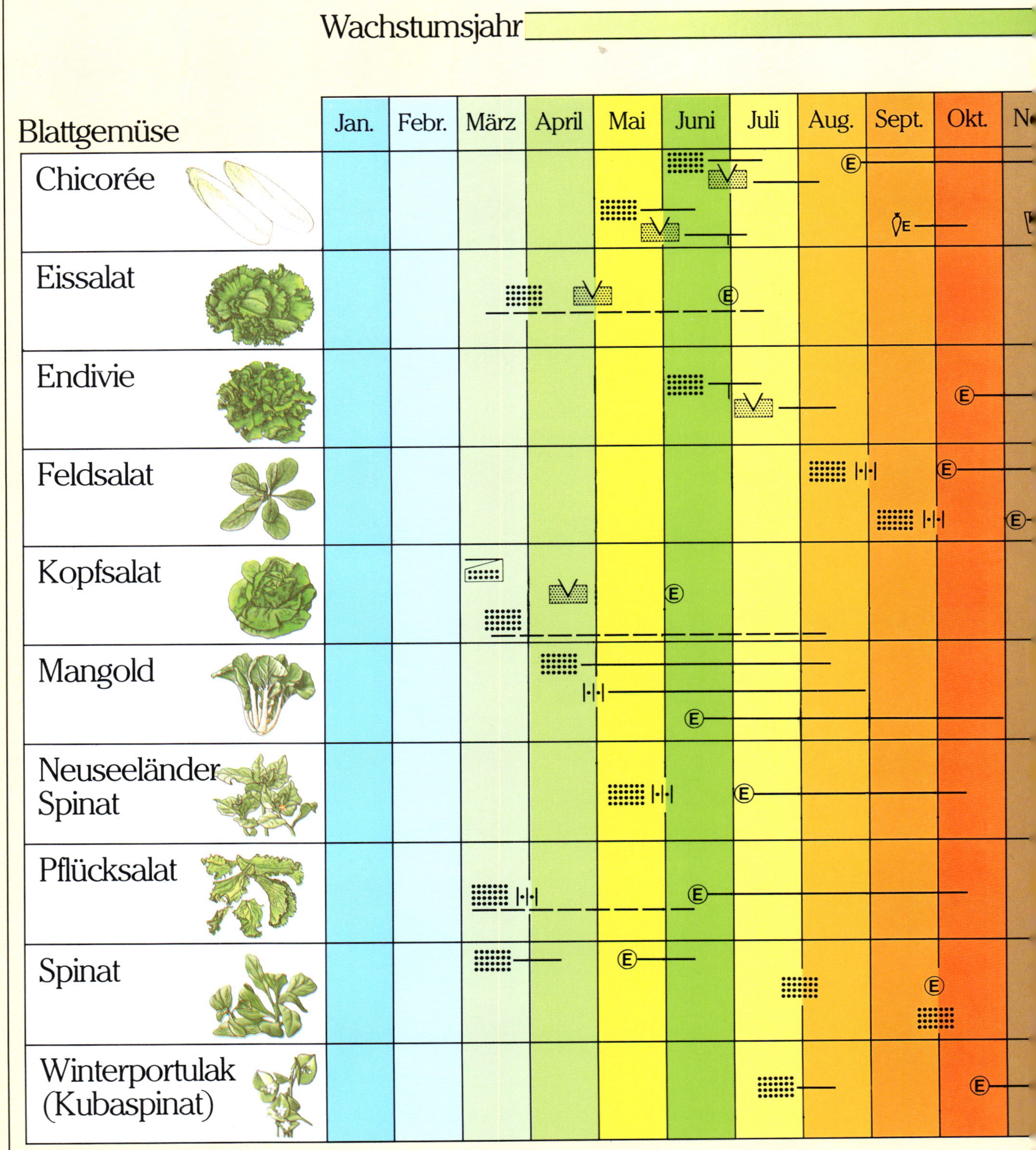

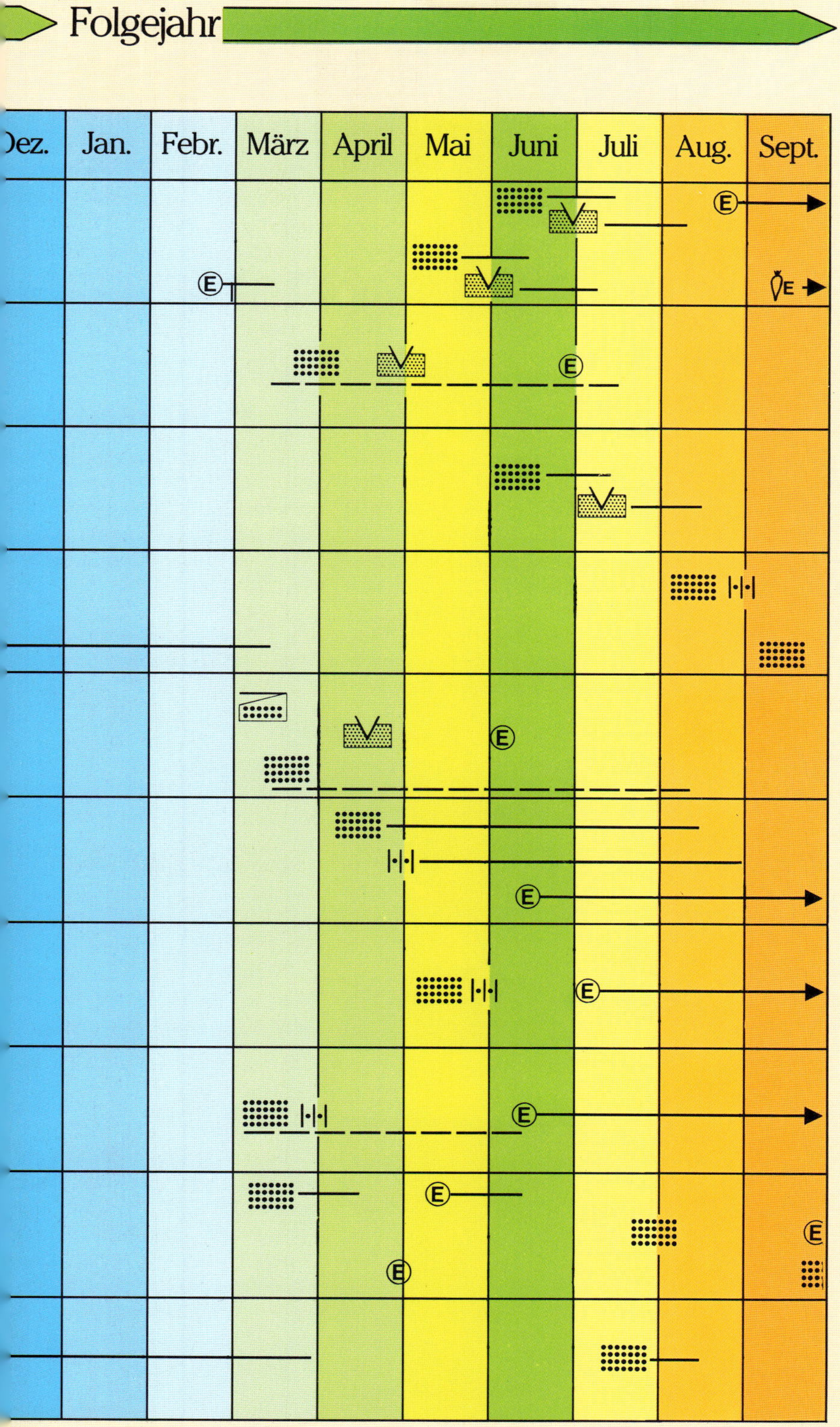

Zeichenerklärung

- = säen ins Freiland
- = säen ins kalte Frühbeet
- = pflanzen
- Ⓔ = ernten
- E = Wurzeln ernten
- = treiben im Topf
- – – – = Folgekultur in 3wöch. Abstand
- = vereinzeln

Chicorée

Cichorium intybus var. foliosum

Es gibt zwei Gruppen von Chicorée (Zichoriensalat). Die eine hat schwache Wurzeln, entwickelt aber zartes Blattwerk, das wie Kopf- oder Schnittsalat verwendet wird.

Die andere Gruppe verdankt ihre Eigenart der dicken Rübenwurzel. Nur damit sich diese möglichst gut ausbildet, läßt man die oberirdischen Teile den Sommer über wachsen. Bei der Ernte im Herbst entfernt man die Blätter und lagert die Wurzeln ein. Im Winter läßt man sie zu dem bleichen Chicorée austreiben (→ S. 65). Würde man die Wurzeln im Frühjahr wieder auspflanzen, so würden sie austreiben und blaue Blüten bilden.

Zu den bekanntesten Sorten des als Blattsalat verwendeten Chicorée gehört die Sorte 'Zuckerhut'. Sie wird etwa 30 cm hoch und schließt im Herbst die inneren Blätter zu einem spitzen, salatkopfartigen Gebilde.

Die Pflanzen sind anspruchslos und wachsen an sonnigen und halbschattigen Standorten in normalem Gartenboden. Der Reihenabstand beträgt 30 cm, der Pflanzabstand 10 cm.

Eissalat

Lactuca sativa var. capitata

Weniger häufige Sorte des gewöhnlichen Kopfsalats; größere Köpfe mit spröden Blattrippen und Blättern, die beim Zerkleinern „krachen"; daher der Name Eis- oder Krachsalat; feste und herzhaft schmeckende Köpfe; sonniger bis halbschattiger Standort; humusreicher Gartenboden mit ausreichend Nährstoffvorrat, andernfalls muß man nachdüngen; Pflanzabstand 40 cm.

Endivie

Cichorium endivia

Dem Chicorée verwandter Salat; wegen der späten Kulturzeit als Nachfrucht auch *Winterendivie* genannt; locker gewellte und eingeschnittene Blätter; die immer zahlreicher werdenden Blätter schließen sich nicht zu einem festen Kopf. 2–3 Wochen vor der Ernte abdecken, damit beim Bleichen Bitterstoffe verschwinden; nährstoffreicherer Boden als beim Kopfsalat; Pflanzabstand 30–40 cm.

Feldsalat

Valerianella locusta

Kleine, Blattrosetten bildende Salatpflanze; auch *Rapunzel* genannt; dunkelgrüne, zungenförmige Blätter; nur wenige cm hohe Pflanzen; verschiedene Sorten; wächst in jedem normalen Gartenboden in Sonne oder Halbschatten; Reihenabstand 20 cm; vereinzeln auf 3 cm, sonst leicht krankheitsanfällig.

Kopfsalat

Lactuca sativa var. capitata

Meistverwendeter Salat in verschiedenen Sorten, teils auch sommerfest, ohne zu schießen; humusreiche Sand- oder Lehmböden; 1- bis 2mal mit gelöstem Volldünger gießen; hoher Wasserbedarf; bei Trockenheit wässern; Pflanzabstand 40 cm. → S. 84.

Neuseeländer Spinat

Tetragonia tetragonoides
Obwohl der Neuseeländer Spinat seit Ende des 18. Jahrhunderts in Mitteleuropa bekannt ist und in Gärten kultiviert wird, hat er wenig Verbreitung gefunden. Er ist ein schmackhaftes Spinatgemüse, das man besonders zu schätzen weiß, wenn im Sommer der gewöhnliche Spinat schießt und nicht mehr geerntet werden kann.
Die Pflanzen mit den dunkelgrünen, unterseits bereiften Blättern erscheinen recht derb, sind aber im Geschmack sehr zart.
Die Pflanze wächst bis zu 1 m hoch, wenn die Spitzen nicht bei der Ernte entfernt werden. Außerdem breitet sie sich mindestens 1 m im Umkreis aus. Wenn nicht geerntet wird, erscheinen an den älteren Stengeln kleine gelbliche Blüten in den Blattachseln.
Man erntet, indem man von den Trieben, die teilweise auch kriechend auf dem Boden wachsen, die Spitzen abschneidet. Dadurch werden die Pflanzen angeregt, Seitentriebe zu bilden, die dann wieder geerntet werden können. Je nach Wetterlage ist die Ernte bis in den Oktober hinein möglich. Bei den ersten Frösten erfriert der Neuseeländer Spinat.
Die dicken Samenkörner werden am besten vorgequollen und dann in kleinen Gruppen von 2–3 Stück im Abstand von 80 cm gelegt. Wenn man sie gut feucht hält, gelingt die Freilandaussaat.
Erfahrungsgemäß reicht je Haushaltsmitglied eine Pflanze. Man läßt die größten der Gruppen stehen und entfernt die kleineren. Jeder Gartenboden ist zur Kultur geeignet. Durch Wässerung und gelegentliche flüssige Düngung kann das Wachstum begünstigt werden.

Mangold

Beta vulgaris var. vulgaris
Gemüse, das als Spinat oder als spargelähnliches Blattstielgemüse genutzt werden kann; mehrere Sorten; Wuchshöhe der Blätter etwa 40 cm; sonniger Standort, normaler Gartenboden; Reihenabstand 30 cm; Samenknäuel zu 4–5 Stück im Abstand von 4 cm legen, auf 20 cm vereinzeln.

Pflücksalat

Lactuca sativa var. crispa
Nicht kopfbildender Salat mit krausen Blättern; im Geschmack etwas herber als Kopfsalat; bei der Ernte jeweils die äußeren Blätter wegnehmen, damit die Pflanze Blätter nachbilden kann; Wuchshöhe etwa 30 cm; Sonne bis Halbschatten; nährstoffreicher Boden; Reihenabstand 20 cm.

Spinat

Spinacia oleracea
Verbreitetes Blattgemüse für die Frühjahrs- und Herbstkultur; im Sommer treiben (schießen) aus den Blattrosetten bis zu 60 cm hohe Blütenstiele, die nicht genießbar sind; mehltauresistente Sorten aussuchen; sonniger Standort; nährstoffreicher Boden; Reihenabstand 30 cm, vereinzeln auf 10–15 cm Abstand.

Winterportulak

Montia perfoliata
Auch Kubaspinat oder Quellkraut genannt; noch wenig bekanntes Salat- und Spinatgemüse, das dem Feldsalat in der Verwendung nahe kommt; zur Blütezeit im April 10–30 cm hoch; den Winter über bis zur Blütezeit ernten; sandige Böden; sonniger Standort; Reihenabstand 25 cm; vereinzeln auf 10 cm.

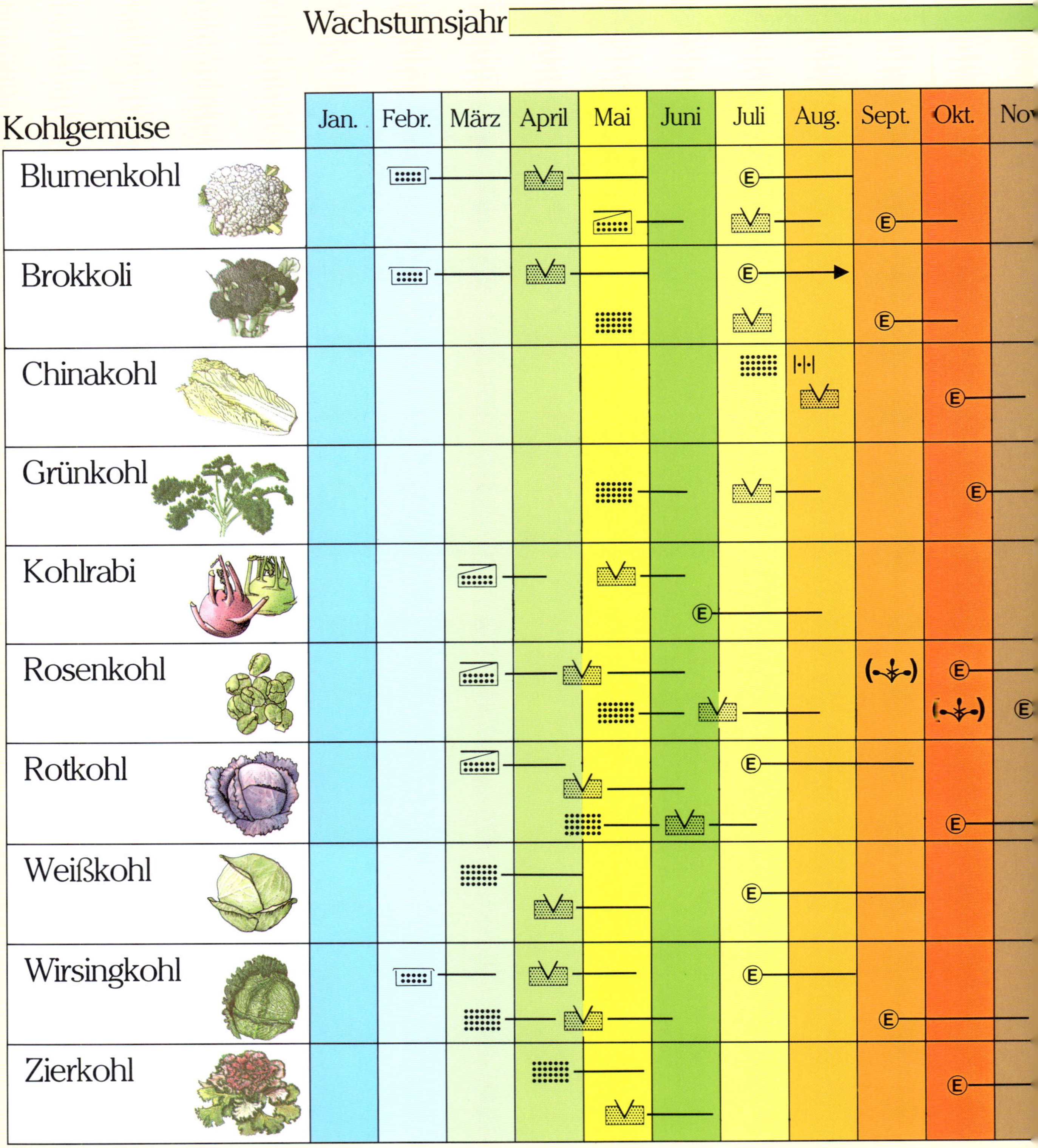
Wachstumsjahr
Kohlgemüse
Jan.
Febr.
März
April
Mai
Juni
Juli
Aug.
Sept.
Okt.
No
Blumenkohl
Brokkoli
Chinakohl
Grünkohl
Kohlrabi
Rosenkohl
Rotkohl
Weißkohl
Wirsingkohl
Zierkohl

Folgejahr

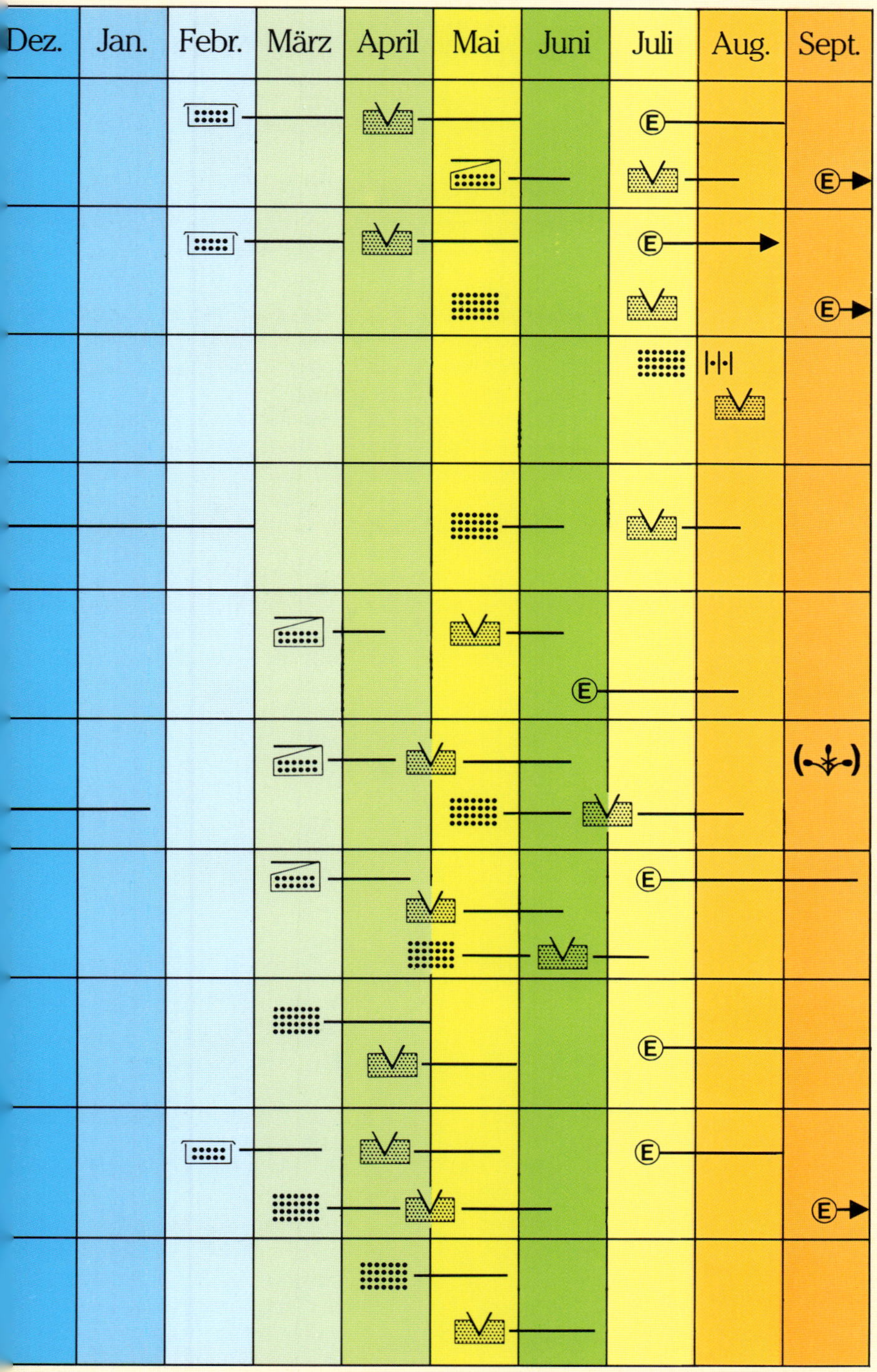

Zeichenerklärung

- = säen ins Freiland
- = säen in Anzucht-schale
- = säen ins kalte Frühbeet
- = vereinzeln
- = pflanzen
- = entspitzen
- ( ) = kann, muß nicht
- Ⓔ = Ernte

Blumenkohl

Brassica oleracea var. botrytis
Auf starke Entwicklung der Blütenknospen (Blume) gezüchteter Kohl; für hiesiges Klima geeignete Sorten; zum Weißbleiben der Blume Randblätter knicken und darüberlegen; sonniger Standort; gut gedüngter Boden; nach dem Pflanzen nicht nachdüngen; Pflanzweite 60 cm.

Brokkoli

Brassica oleracea var. italica
Ähnlich wie Blumenkohl, jedoch mit grüner Blume; lockerer Wuchs, dadurch mehrere Ernten von einer Pflanze; sonniger Standort; gut gedüngter Boden, aber nicht nach dem Pflanzen nachdüngen; leichter zu kultivieren als Blumenkohl; Pflanzabstand 60 cm.

Chinakohl

Brassica chinensis
Während die anderen Kohlsorten sämtlich Varietäten derselben Art sind, stellt der Chinakohl eine eigene botanische Art dar. Er unterscheidet sich daher auch in manchem vom „typischen" Kohl.
Die Blätter sind nicht mit einer Wachsschicht versehen, auf der das Regenwasser abperlt, wie das sonst beim Kohl der Fall ist, sondern sie sind fein behaart. Der Geschmack ist milder.
Er eignet sich gleichermaßen als Kohl- wie als Salatgemüse. Chinakohl ist eine Langtagspflanze und würde unter Einwirkung der langen Sommertage schnell Blüten bilden (schießen). Der Anbau wird daher im Spätsommer oder Herbst vorgenommen. Die gekräuselten Blätter sind im Außenbereich des Kopfes hellgrün und im Innenbereich weißlich. Die Blätter wachsen bis zu 60 cm hoch und schließen sich zu einem spitzen Kopf.
Der Standort soll sonnig sein. Chinakohl benötigt gut gedüngten Boden. Da er sehr krankheitsanfällig ist, besonders gegen die wurzelverdickende Kohlhernie, sollte er nicht mehrmals hintereinander auf dasselbe Beet gepflanzt werden. Bei Trockenheit bilden sich die Köpfe nicht zufriedenstellend aus. Chinakohl muß reichlich gegossen werden, wenn man eine gute Ernte erzielen will.
Man sät in Reihen von 40 cm Abstand und vereinzelt oder verpflanzt später auf einen Abstand von 30 cm.

Grünkohl

Brassica oleracea var. sabellica
Kohlsorte, die keine Köpfe bildet; längliche, dunkelgrüne Blätter sind vom Rand her stark gekräuselt; verschiedene Sorten; wegen seiner Unempfindlichkeit gegen Frost bis in den Winter zu ernten; sonniger Standort; normaler Gartenboden; Pflanzabstand 50 cm.

Kohlrabi

Brassica oleracea var. gongylodes
Kohl, dessen Sproß sich zu einer fleischigen Knolle verdickt; roh und gekocht zu verzehren; verschiedene Sorten in grüner und blaugrüner Färbung; sonniger Standort; keine besonderen Bodenansprüche; bei Trockenheit wässern, sonst werden die Knollen holzig; Pflanzabstand 35 cm.

Rosenkohl

Brassica oleracea var. gemmifera
60–120 cm hoch wachsende Pflanzen, in deren Blattwinkeln sich aus Seitenknospen die Röschen entwickeln; frostunempfindlich; Ernte im Winter möglich; bei schwacher Röschenbildung Pflanzen entspitzen; sonniger Standort; weniger nährstoffhaltige Böden; Pflanzabstand 60 cm.

Rotkohl

Brassica oleracea var. capitata
Blaurot gefärbter Kopfkohl (Blaukraut); bildet feste Köpfe mit viel Blattmasse; verschiedene Sorten mit unterschiedlichen Kulturzeiten; sonniger Standort; mittelschwerer Boden mit gutem Nährstoffvorrat; bei Trockenheit reichlich wässern; Pflanzabstand 50 cm.

Weißkohl

Brassica oleracea var. capitata
Grüner Kopfkohl, der fest und schwer wird; für den Verzehr kleinere Köpfe heranziehen; weniger fest ist der „Spitzkohl" mit länglich-spitzen Köpfen; Gewicht hängt auch von der Kulturdauer ab, jederzeit zu ernten; wird roh, gekocht oder als Sauerkraut verzehrt; sonniger Standort; mittelschwerer Boden mit gutem Nährstoffvorrat; bei Trockenheit wässern; Pflanzabstand 40 cm.

Wirsingkohl

Brassica oleracea var. sabauda
Kopfkohl mit stark gekräuselten Blättern; auch als *Welschkohl* oder *Savoyerkohl* bekannt; durch die Kräuselung bleibt der Kopf locker und ist weniger schwer als z. B. der Weißkohl; verschiedene Sorten für unterschiedliche Kulturzeiten; sonniger Standort; gedeiht auch auf ärmeren Böden; braucht nicht soviel gewässert zu werden wie anderer Kopfkohl; Pflanzabstand 60 cm.

Zierkohl

Brassica oleracea var. acephala
Im Zierkohl entfalten sich alle Farbtönungen, die Kohl hervorbringen kann. Es gibt einfarbige und mehrfarbige Spielarten. Neben Grün, das meist an den Außenblättern auftritt, gibt es rötliche und blaurote Farbtöne sowie gelbliche und weiße.
Die Blätter des Zierkohls sind stark gekräuselt. Sie bilden zwar dichte Rosetten, die sich jedoch nicht zu Köpfen schließen. In der Form steht er etwa zwischen Grünkohl und Wirsingkohl. Die Wuchshöhe ist abhängig von der Sorte und beträgt 30–80 cm.

Zierkohl wird wie späte Kohlsorten angebaut. Die Ausfärbung tritt erst im Herbst auf. Er stellt einen ungewöhnlichen Gartenschmuck dar. Auch zum Dekorieren von Tischen wird er gern benutzt.
Zierkohl ist genießbar. Er wird wie Kopf- oder Grünkohl zubereitet und ist ein schmackhaftes Gemüse.
Der Standort soll sonnig sein, der Boden nährstoffreich. Der Pflanzabstand beträgt 40 cm.

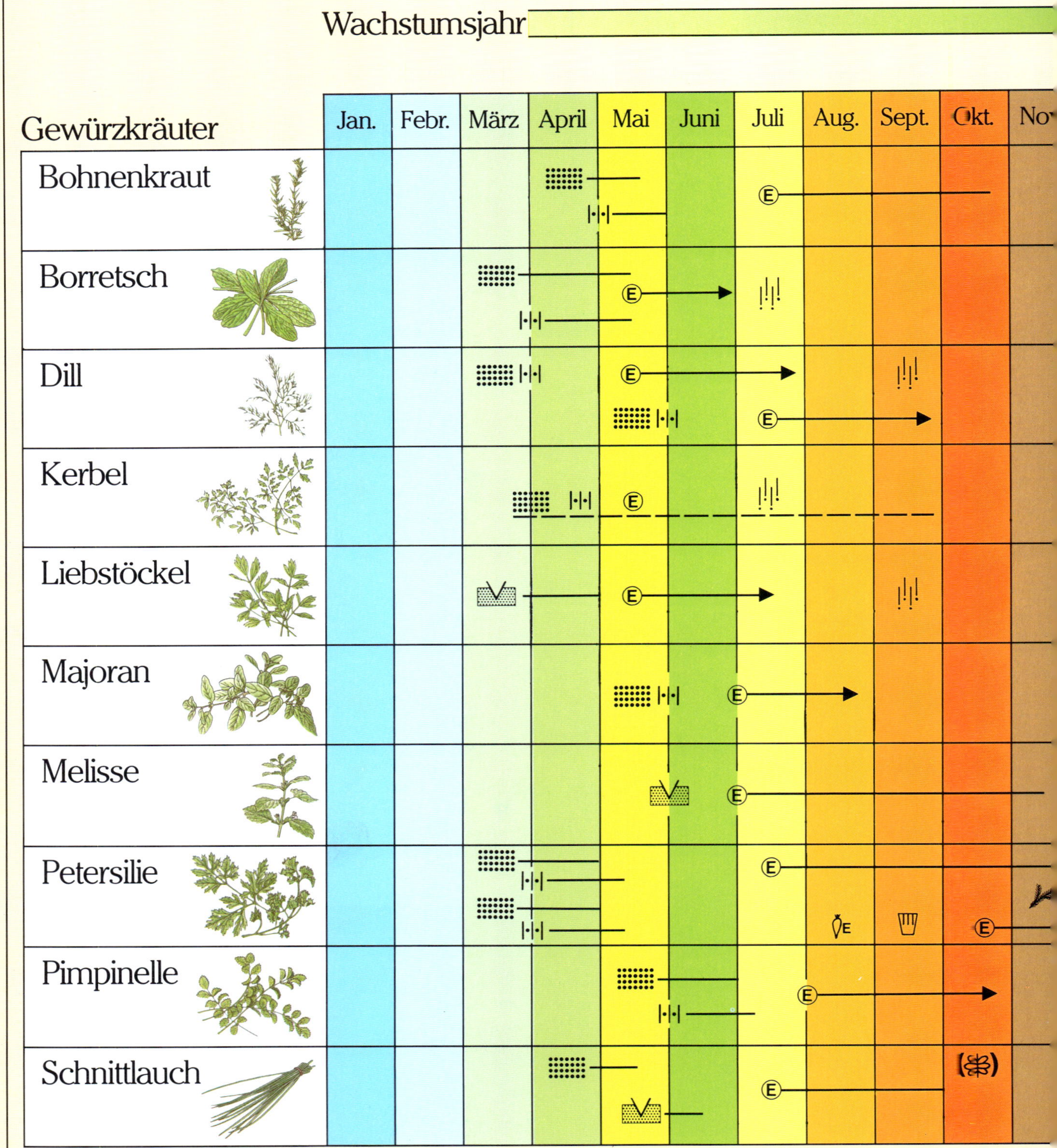
Wachstumsjahr
Gewürzkräuter
Jan.
Febr.
März
April
Mai
Juni
Juli
Aug.
Sept.
Okt.
Bohnenkraut
Borretsch
Dill
Kerbel
Liebstöckel
Majoran
Melisse
Petersilie
Pimpinelle
Schnittlauch

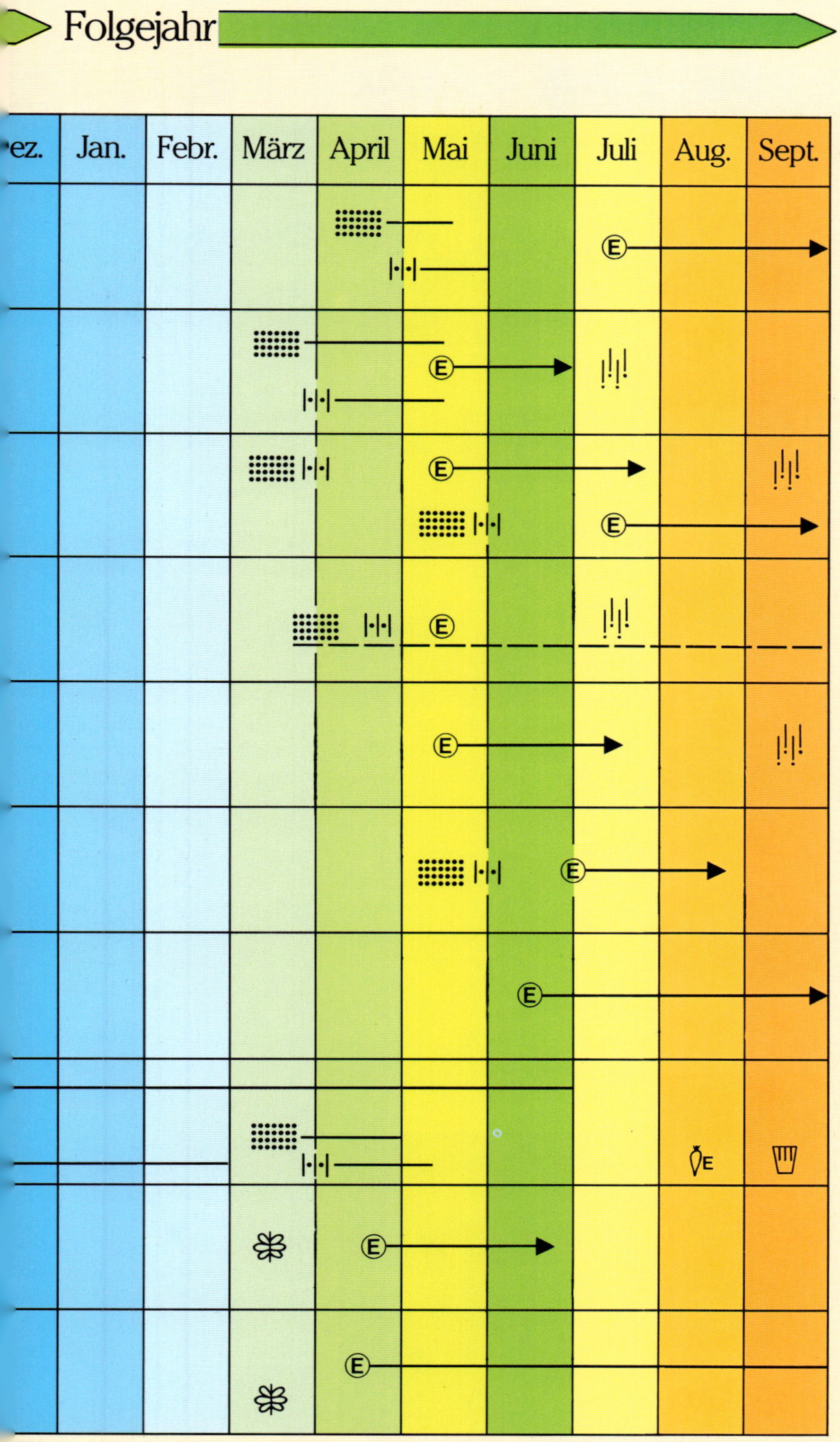

Zeichenerklärung

- = säen ins Freiland
- = pflanzen
- = vereinzeln
- Ⓔ = ernten
- ---- = Folgekultur in 3wöch. Abstand
- = Selbstaussaat
- E = Wurzeln ernten
- = treiben in Töpfen
- = teilen und pflanzen
- = Winterabdeckung
- ( ) = kann, muß nicht
- → Verwendungstabelle S. 84

Bohnenkraut

Satureja hortensis
Einjähriges Kraut mit blaßvioletten Blüten; Büsche mit kleinen, länglich-spitzen Blättern; sehr aromatisch; Wuchshöhe 30 cm; Ernte von jungen Trieben oder blühendem Kraut; zum Trocknen geeignet, hält das Aroma gut; sonniger Standort; leichter, durchlässiger Boden; Reihenabstand 20 cm; vereinzeln.

Borretsch

Borago officinalis
Rauhhaariges Gewächs mit großen ovalen Blättern; gurkenähnlicher Geschmack (Gurkenkraut); wächst schnell zu einer reichverzweigten, sparrigen Pflanze mit schönen blauen Blüten aus; Wuchshöhe 50 cm; Sonne bis Halbschatten; leichte, etwas feuchte Böden; Reihenabstand 40 cm; vereinzeln.

Dill

Blühender Dill

Junger Dill

Anethum graveolens var. hortorum
Die feinverzweigten, fast fadenförmigen Blättchen des Dill sind ein vielgebrauchtes Gewürzkraut, das besonders im frischen Zustand verwendet wird. Dill kann auch getrocknet werden, doch ist die Würzkraft dann längst nicht mehr so gut. Zum Gurkeneinlegen werden die Blütendolden verwendet.

Das Laub der blühenden Pflanze ist würziger als das der jungen.
Dill wächst bis zu 100 cm hoch und blüht reichlich mit gelbgrünen Doldenblüten. Es gibt verschiedene Hochzuchtsorten.
Der Standort kann sonnig oder halbschattig sein. An den Boden selbst stellt Dill keine Ansprüche. Doch scheint es Unverträglichkeiten mit anderen Pflanzen oder mit dem Dill selbst zu geben. Wenn er an einer Stelle nicht gedeiht, sollte man die Kultur auf einem anderen Gartenstück versuchen. Er soll auch nicht immer an dieselbe Stelle gesät werden.
Der Reihenabstand ist 25 cm. Es muß vereinzelt werden. Bei Trockenheit muß gewässert werden.

Kerbel

Anthriscus cerefolium
Aus Südeuropa stammende einjährige Pflanze; Blätter ähnlich der der Petersilie; starke Würzkraft, jedoch nur frisch geerntet; schnellwüchsig; blüht und fruchtet nach wenigen Wochen; durch Folgesaaten ersetzen; halbschattiger Standort; leicht feuchter Boden; Reihenabstand 15 cm.

Liebstöckel

Levisticum officinale
Ausdauernde Pflanze (10 Jahre und länger); wächst zu umfangreicher Staude aus; muß durch Teilung nach einigen Jahren verkleinert werden; 1 Pflanze im Garten ausreichend; Blätter sehr würzkräftig; gelbliche Doldenblüten; Wuchshöhe 120 bis 200 cm; halbschattiger Standort; lehmiger Boden.

Majoran

Origanum majorana
Nicht winterharte mehrjährige Pflanze, die hier nur einjährig kultiviert wird; stark duftende Blätter; grüner Blütenstand mit schuppenförmigen Hochblättern und kleinen weißen Blüten; Wuchshöhe 20–50 cm; Ernte am besten vor der Blüte; auch zum Trocknen geeignet; sonniger Standort; lockerer Boden; Reihenabstand 30 cm.

Melisse

Melissa officinalis
Ausdauernde Staude, die 20 bis 30 Jahre alt werden kann und gelegentlich geteilt werden soll; hellgrünes Laub mit starkem, zitronenähnlichem Duft (Zitronenmelisse); Stengel wachsen bis etwa 80 cm heran; weißliche Blüten; sonniger Standort; lockerer Lehmboden; Pflanzabstand 40 cm.

Pimpinelle

Sanguisorba minor
Die ausdauernde Pflanze ist eine Kulturform des heimischen Kleinen Wiesenknopfes. Sie ist auch unter dem Namen *Bibernelle* bekannt, die jedoch in der Botanik eine andere Pflanzenart ist.
Pimpinelle bildet Rosetten mit gefiederten Blättern aus, deren Teilblättchen rundlich und gezähnt sind. Die Pflanze entwickelt sich zur Blütezeit zu einer Staude mit 60 cm hohen Stengeln, an denen die eigenartigen Blütenköpfe sitzen.
Die Blättchen können während der ganzen Vegetationszeit geerntet werden, auch während der Blütezeit. Voller und ertragreicher sind die Pflanzen jedoch, wenn man die Blütenstengel herausschneidet.
Man kann die Pflanzen aus Samen heranziehen oder ältere Stauden teilen. Standort sonnig; jeder Gartenboden; Pflanzabstand 30 cm.

Petersilie

Blattpetersilie

Petersilienwurzel

Petroselinum crispum
Von dem bekanntesten Gewürzkraut werden 2 Unterarten kultiviert: Schnittpetersilie und Wurzelpetersilie.
Die Schnittpetersilie *(ssp. crispum)* hat zwar auch eine kräftige Pfahlwurzel, bildet jedoch reichlich würziges Laub aus. Es gibt glattblättrige und krause Sorten. Die krausen sind zum Dekorieren beliebter, doch ist die Würzkraft der glatten stärker.
Die Wurzelpetersilie *(ssp. tuberosum)* wird wegen ihrer dickfleischigen, würzigen Wurzel gezüchtet. Natürlich lassen sich auch ihre Blätter zum Würzen mitverwenden.
Schnittpetersilie ist winterhart und kann das ganze Jahr über frisch aus dem Garten geerntet werden. Um an die Petersilie unter einer Schneedecke heranzukommen, deckt man im Herbst ab. Im 2. Jahr treiben die Pflanzen zwar zu blühendem Kraut aus, man kann die Blättchen aber weiter ernten. bis sich die Pflänzchen der neuen Saat entwickelt haben.
Wurzelpetersilie wird im Spätsommer geerntet. Die Wurzeln schlägt man bis zum Verbrauch ein oder läßt sie in Töpfen treiben, um das Laub in der Küche ernten zu können.
Der Standort soll sonnig sein, der Boden humusreich und locker. Der Reihenabstand ist 30 cm. Man vereinzelt auf 2 bis 3 cm Pflanzenabstand, bei Wurzelpetersilie auf 5–7 cm.

Schnittlauch

Allium schoenoprasum
Ausdauerndes Zwiebelgewächs; bildet 15–30 cm hohe röhrenförmige Blätter, die je nach Sorte verschieden dick sind; darf bei der Ernte nicht zu stark zurückgeschnitten werden; zieht über Winter ein; sonniger bis halbschattiger Standort; lehmiger Boden; Pflanzabstand 20 cm.

Beerenobst

Wachstumsjahr

Beerenobst	Jan.	Febr.	März	April	Mai	Juni	Juli	Aug.	Sept.	Okt.	N
Brombeere 							Ⓔ				
Erdbeere 											
Garten-heidelbeere 							Ⓔ				
Himbeere 											
Johannisbeere, rot 											
Johannisbeere, schwarz 											
Jostabeere 											
Kiwi 											Ⓔ
Kultur-preiselbeere 									Ⓔ		
Stachelbeere 											

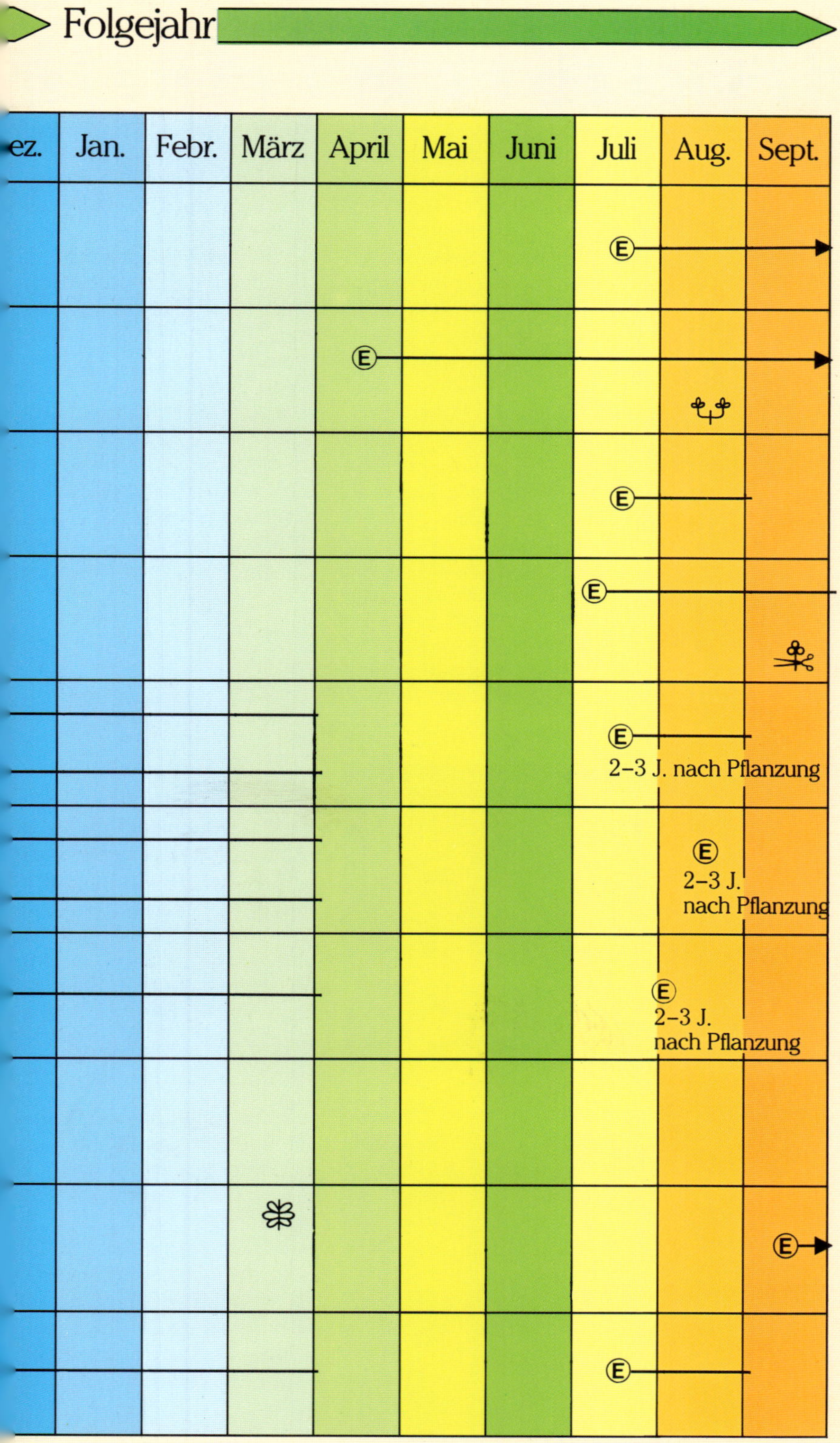

Zeichenerklärung

= pflanzen

= zurückschneiden

Ⓔ = Ernte

= abgeerntete Zweige herausschneiden

= Ableger pflanzen

= teilen und pflanzen

Brombeere

Rubus discolor
Es gibt viele Brombeerarten, von denen Rubus discolor am häufigsten in Gärten angebaut wird, und zwar in verschiedenen Sorten. Viel geworben wird für die dornenlose Brombeere. Sie hat zwar naheliegende Vorteile bei den Pflegemaßnahmen, doch erreicht das Aroma nicht das der dornigen Brombeeren. Auch treiben aus verletzten Wurzelstücken der dornenlosen Brombeere doch wieder bedornte Ruten.
Die Wuchshöhe der Brombeeren kann bis zu 6 m erreichen. Zur Kultur im Garten muß der Strauch geschnitten werden (→ S. 65).
Da die Pflanzen nicht völlig winterhart sind, kommt es an ungeschützten Plätzen manchmal zu Frostschäden. Sie sind aber bei der üppigen Wuchskraft ohne Bedeutung.
Brombeeren entwickeln ihr volles Aroma nur, wenn die Früchte ganz ausreifen können. Es soll also nicht zu früh geerntet werden. Der Ertrag ist bei den heutigen Sorten hoch, und man kann bis spät in den Herbst hinein noch nachernten.
Der Standort soll in voller Sonne sein. Die Bodenansprüche sind gering. Der Pflanzabstand beträgt 4 m, bei dornenlosen Brombeeren 3 m.
Wenn Brombeeren nicht ausreifen und die Früchte klein bleiben, sind die Pflanzen von der Brombeermilbe befallen, die man mit bienenungefährlichen Insektiziden bekämpft.

Erdbeere

Fragaria x ananassa
Buschige Stauden mit dreiteiligen, gezähnten Blättern; Wuchshöhe etwa 40 cm; reichverzweigte Blütenstände, die nach Fruchtansatz zum Boden herabhängen; viele Sorten, auch kletternde, mit unterschiedlichen Geschmacksqualitäten und Erntezeiten; vollsonniger Standort; humusreicher Boden; bei Trockenheit wässern; Pflanzabstand 40 cm. → S. 67.

Gartenheidelbeere

Vaccinium corymbosum
Im Gegensatz zu den Waldheidelbeeren in Kultur bis 2 m hohe Sträucher; Früchte in Trauben; farbloser Saft; bequem zu ernten; sonniger bis halbschattiger Standort; windgeschützt; saurer Boden notwendig, sonst kümmern die Pflanzen und bekommen gelbe Blätter (Chlorose); viel Torfbeimengung; mit Regenwasser gießen; Kalk und kalkhaltiges Gießwasser vermeiden. → S. 72.

Himbeere

Rubus idaeus
Ausläufer treibender Beerenstrauch mit zahlreichen feinen Dornen an den Ästen (Ruten); Wuchshöhe etwa 150 cm; mehrere Sorten; wuchernde Pflanzen werden durch Anbinden und Schnitt (→ S. 78) in Form gehalten; sonniger Standort; humusreicher Boden; Pflanzabstand 50 cm.

Johannisbeere, rot

Ribes rubrum
Reichverzweigter Strauch von 1–3 m Höhe; Beeren in Trauben; mehrere Sorten; auch die weiße Johannisbeere gilt als Sorte der roten; Sträucher müssen geschnitten werden (→ S. 80); Sonne und Halbschatten; leichte Böden; anspruchslos; Pflanzabstand 1,5 m.

Johannisbeere, schwarz

Ribes nigrum
Verzweigter Strauch von 2–3 m Höhe; Beeren schwarz, in Trauben, von herbem Geschmack; als vitaminreiches Obst sehr begehrt; flachwurzelnd, bei der Bodenbearbeitung nicht tief hacken; Schneiden der Sträucher notwendig (→ S. 80); Sonne und Halbschatten; anspruchslos; bevorzugt lehmige Böden; Pflanzabstand 2 m.

Jostabeere

Ribes-Hybride
Neuzüchtung durch Kreuzung von schwarzer Johannisbeere und Stachelbeere; Wuchs kräftiger und höher; Beeren schwarz-blau, in der Größe zwischen Stachelbeere und Johannisbeere; wohlschmeckend; in Trauben zu 3 oder mehr Stück herabhängend; Sonne bis Halbschatten; normaler Gartenboden; Pflanzabstand 2,5 m.

Kiwi

Actinidia arguta
Die in Neuseeland und Australien kultivierten großfrüchtigen Kiwis, von denen die im Handel befindlichen Früchte stammen, lassen sich im hiesigen Klima kaum kultivieren. Dagegen gedeiht eine andere Art, die nur stachelbeergroße Früchte hervorbringt, recht gut und ist verhältnismäßig frostunempfindlich. Diese Früchte schmecken ebenfalls sehr gut. Der Geschmack ist ähnlich dem der Feigen. Sie sind reich an Vitamin C.
Die Kiwi ist eine Schlingpflanze, die 4–5 m hoch wächst. Sie besitzt sommergrüne, glänzende Blätter mit roten Stielen. Die Pflanzen sind zweihäusig, d. h., auf einer Pflanze wachsen nur männliche Blüten und auf einer anderen nur weibliche. Eine Befruchtung kann nur eintreten, wenn beide Geschlechter nebeneinanderstehen. Darum muß stets eine weibliche und eine männliche Pflanze zusammengepflanzt werden.
Trotz der Unempfindlichkeit sollten Kiwis in geschützter Lage gepflanzt werden, z. B. zum Beranken einer Laube oder Hauswand. Besondere Pflege und Schnitt sind nicht erforderlich.

Kulturpreiselbeere

Vaccinium vitis-idaea
Zwergstrauch von 30 cm Höhe; mit derben, wintergrünen Blättern; verschiedene Zuchtsorten der heimischen Preiselbeere; scharlachrote, in Trauben hängende Beeren; Standort sonnig bis halbschattig; Boden muß sauer sein, viel Torf einarbeiten; Pflanzabstand 40 cm.

Stachelbeere

Ribes uva-crispum var. sativum
Stacheliger Strauch mit kleinen gelappten Blättern; Sorten mit grünen, roten, gelben oder weißen Beeren; Wuchshöhe 1–3 m; Schnitt erforderlich (→ S. 106); sonniger bis halbschattiger Standort; normaler Gartenboden; verträgt keine Staunässe; Pflanzabstand 1,5 m.

Wachstumsjahr

Kern- und Steinobst		Jan.	Febr.	März	April	Mai	Juni	Juli	Aug.	Sept.	Okt.	N…
Apfel											√ —	—
Aprikose				√	✿			Ⓔ —	—	—		
Birne											√ —	—
Mirabelle											√ —	—
Pfirsich				√	✿			Ⓔ —	—	—		
Pflaume											√ —	—
Quitte				√		✿ —	—				√ Ⓔ	
Reneklode											√ —	—
Sauerkirsche												[illegible]
Süßkirsche												[illegible]

Folgejahr

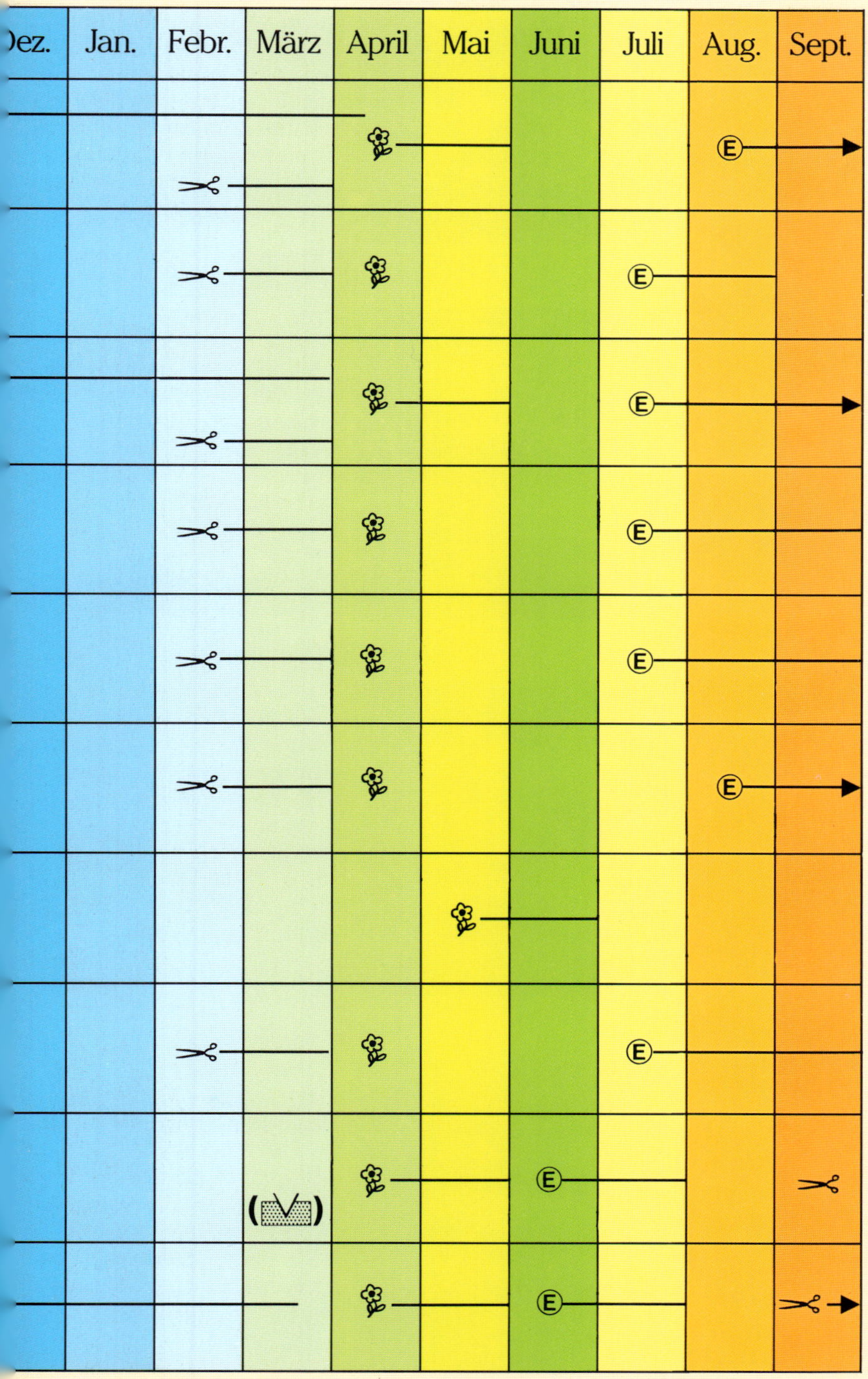

Zeichenerklärung

= pflanzen, wenn kein Frost oder Schnee

= Blütezeit

(E) = Ernte

= Schnitt → Obstbaumschnitt S. 91

( ) = kann

(E) → = Ernte bis Oktober

Apfel

Malus sylvestris var. domestica
Der Apfel ist noch heute, wie seit alten Zeiten, die bedeutendste Obstart. Er spielt im Erwerbsobstbau und im Garten eine so große Rolle, daß man um ständige Neuzüchtungen bemüht ist. Die Sortenvielfalt ist entsprechend groß.

Alte Apfelbaumsorten erreichten eine Wuchshöhe von 10 m. Neue Sorten wachsen häufig nur noch so hoch, daß man ohne Benutzung einer Leiter ernten kann.

Die Vermehrung von Apfelbäumen erfolgt durch Pfropfen von Zweigen der gewünschten Edelsorte auf bestimmte Unterlagen, ein mehr oder weniger langes Stammstück, das selbst nach bestimmten Qualitäten ausgewählt wird.

Apfelblüten sind an einem Baum meist selbst unfruchtbar. Man muß daher Bäume verschiedener Sorten zusammenpflanzen (Tabelle → S. 58). Spezialbetriebe pfropfen bereits verschiedene zusammenpassende Edelreiser auf eine Unterlage und erhalten damit einen „Familienbaum“, der allein stehen kann.

Apfelbäume gedeihen gut an sonnigen Standorten. Sie sind für gemäßigtes Klima geeignet. In sehr kalten Gebieten wachsen sie schlecht. Die Bodenansprüche sind gering. Nur sehr leichte Sandböden und Tonböden, die Staunässe bedingen, sind nicht geeignet. → S. 57.

Aprikose

Prunus armeniaca
Obstgehölz in Busch- oder Halbstammform; Sortenvermehrung durch Veredelung; bei günstigen Kulturbedingungen reichtragend; nur in wärmeren Gebieten in sehr geschützten Lagen anzubauen; humusreicher, lockerer Boden; Pflanzweite 5–6 m; nicht schneiden, nur auslichten.

Birne

Pyrus communis
Obstbaum, der bis zu 20 m hoch werden kann, heute aber niedriger gezüchtet wird; Veredelung auf Sämlingen oder Quittenunterlage; wenige Sorten; sonniger Standort; Gebiete mit Spätfrostgefahr ungeeignet; tiefgründiger, lockerer Boden; verträgt keine Staunässe; Pflanzabstand 3–4 m. → S. 62.

Mirabelle

Prunus domestica ssp. syriaca
Beliebte und viel angebaute Pflaumensorte mit kleinen runden, gelblichen Früchten; alte Sorten 8–10 m hoch, neue 2 bis 3 m; anspruchslos gegenüber dem Standort, gedeiht aber besser in warmen Gebieten; nicht für schwere, nasse Böden geeignet; Pflanzabstand 5 m.

Pfirsich

Prunus persica
Ursprünglich bis 8 m hoher Baum oder Strauch; in den neuen Sorten nur noch 80–120 cm hoch; empfindliches Steinobst mit auch in Mitteleuropa gedeihenden Sorten; Standort sonnig und warm; Kalkböden und Staunässe für die Kultur ungeeignet; Pflanzabstand 4 m.

Pflaume

Prunus domestica ssp. domestica
Steinobst mit größeren, eiförmigen oder kleineren, länglichen Früchten; diese als *Zwetschen* bekannt und am meisten angebaut; viele Sorten, manche sind selbstfruchtbar; bei der Sortenwahl darauf achten und evtl. mehrere Exemplare zusammenpflanzen; sonniger und geschützter Standort; normaler Gartenboden; Pflanzabstand 4–5 m. → S. 94.

Quitte

Cydonia oblonga
Ähnelt im Aussehen dem Apfelbaum; als Strauch oder Baum 3–8 m hoch; große weiße oder rötliche Blüten; nach der äußeren Form werden Apfel- oder Birnenquitten unterschieden; Oberfläche der Früchte zunächst behaart; zur Verwendung voll ausreifen lassen; gut gelierende Marmeladenfrucht; sonniger Standort; frostempfindlich; lockerer Boden, genügsam; Pflanzabstand 4 m.

Reneklode

Prunus domestica ssp. italica
Pflaumenunterart mit kleineren, rundlichen, meist grünlichen Früchten; werden jetzt meist als Hoch- oder Halbstammformen gezüchtet; selbstunfruchtbar; mit anderen Sorten der Pflaumen zusammenpflanzen; sonniger, geschützter Standort; normaler Gartenboden; Pflanzabstand 5 m.

Sauerkirsche

Prunus cerasus
Baum mit 6–10 m Wuchshöhe, jetzt in niedrigeren Sorten kultiviert; bekannteste Sorte 'Schattenmorelle'; manche Sorten sind selbstunfruchtbar; besser selbstfruchtbare auswählen, sonst verschiedene pflanzen; sonniger bis halbschattiger Standort; normaler Boden; staunässeempfindlich; Pflanzabstand 4 m. → S. 101

Süßkirsche

Prunus avium
Die Süßkirschen sind aus der heimischen Vogelkirsche hervorgegangen, deren Stamm als Unterlage für die Veredelung verwendet wird. Neuerdings benutzt man auch Zierkirschen als Unterlage.

Süßkirschbäume erreichen eine Wuchshöhe von 20 m und breiten sich mit ihren Ästen weit aus. Durch Schnitt versucht man, sie in gartengeeigneter Form zu halten. Die Zucht schwachwachsender Sorten ist schon erfolgreich.

Alle Süßkirschensorten sind selbstunfruchtbar. Sie müssen mit anderen zusammengepflanzt werden, doch vertragen sich nicht alle Sorten untereinander, und man muß bei der Auswahl darauf achten.

Der Standort der Süßkirschen muß sonnig und warm sein. Sie gedeihen nicht in Gegenden mit rauhem Klima. An den Boden stellen sie höhere Ansprüche als Sauerkirschen. Er soll tiefgründig und kalkfrei sein. Steinigen Untergrund dagegen vertragen die Süßkirschen. Der Pflanzabstand beträgt 6–8 m.

Lexikon

abhärten, vorkultivierte Pflanzen an die Witterung im Freien gewöhnen.
Sämlinge von Kulturpflanzen werden bereits im zeitigen Frühjahr in Anzuchtkästen im Zimmer, in Gewächshaus oder Frühbeet vorkultiviert. Dadurch soll die Vegetationszeit verlängert werden. Doch müssen die in geschützten, meist recht warmen Räumen gezüchteten Pflänzchen eines Tages ausgepflanzt werden und unter wesentlich rauheren Bedingungen weiterwachsen.
Diese Umgewöhnung darf nicht plötzlich, sondern muß allmählich erfolgen. Man bringt die Anzuchtschalen an warmen Tagen ins Freie und nimmt sie nachts noch in den geschützten Raum zurück. Erst nach einigen Tagen sind die Pflänzchen so abgehärtet, daß sie sich nicht mehr „erkälten".
Auch Frühbeete und Folientunnel werden nicht plötzlich und endgültig geöffnet, sondern zunächst einmal nur an warmen Tagen.
Nicht abgehärtete vorkultivierte Pflanzen bekommen einen Wachstumsschock oder gehen ganz ein, wenn sie plötzlich ins Freie gesetzt werden.

Ableger, Form der vegetativen Pflanzenvermehrung.
Verschiedene Pflanzen bilden Ausläufer, an denen sich vollständige, neue Pflanzen entwickeln. Natürlicherweise breitet sich die Mutterpflanze dadurch horstartig im Umkreis aus.

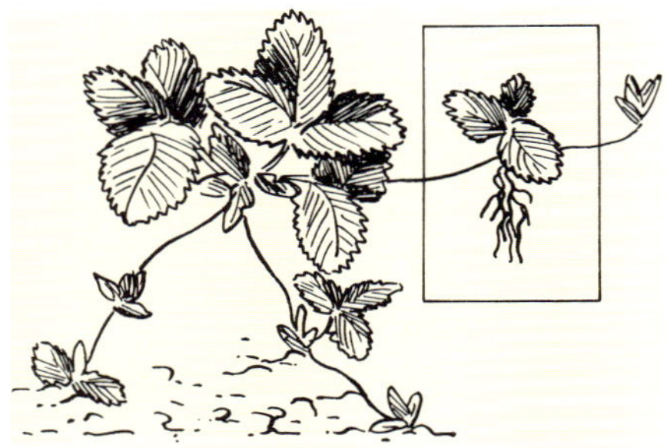

Die jungen Pflanzen an den Ausläufern können abgetrennt und einzeln eingepflanzt werden. Sie wachsen ungestört weiter und schließlich zu einer neuen Mutterpflanze heran, die selbst wieder Ausläufer bildet. Man nennt die auf diese Weise vermehrten Pflanzen A. Sie sind vor allem von Erdbeeren bekannt.

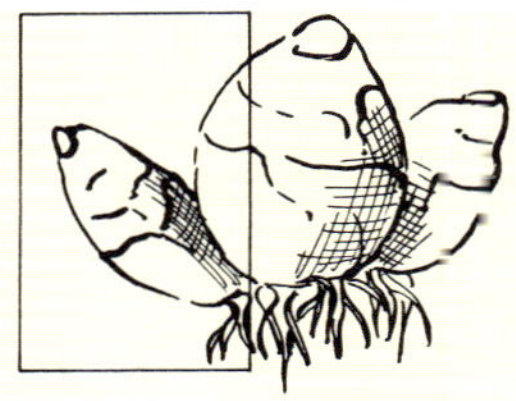

Ähnlich erfolgt die Ausbreitung von Zwiebelpflanzen durch Brutzwiebeln. Werden diese bei der Mutterpflanze belassen, so entsteht auch hier bald ein dichter Horst (z. B. bei Schneeglöckchen). Zur Vermehrung gräbt man die Zwiebeln aus, trennt die Tochterzwiebeln ab und pflanzt sie neu ein.

Ameisen, staatenbildende Insekten.
Im Garten kommt vor allem die <u>Rasenameise</u> *(Tetramorium caespitum)* vor. Sie baut ihre Nester unter und über der Erde. Obwohl A. keinen Schaden an Pflanzen anrichten, sind sie im Garten doch manchmal lästig. Durch ihre Bauten unterhöhlen sie die Steinplatten von Terrassen o. ä., die dann absinken. Durch Tür- und Fensterritzen dringen sie auch ins Haus ein und fressen an süßen Nahrungsmitteln. In solchen Fällen muß man sie wohl bekämpfen, und zwar möglichst durch Vernichtung des ganzen Nestes. Geeignete Mittel sind im Fachhandel erhältlich.
Sonst aber können A. im Garten geduldet werden, auch wenn sie u. a. von den süßen Ausscheidungen der Blattläuse leben. Sie pflegen die Blattläuse regelrecht und verschleppen sie auf andere Pflanzen. Trotzdem ist der Blattlausbefall nicht ursächlich auf A. zurückzuführen.

anbinden, Anwachsschutz frisch gepflanzter Bäume.
Ein Pfahl, der kräftig genug ist, um den Stamm eines Baums festzuhalten, wird vor dem Einpflanzen des Baums in die Erde geschlagen. Wenn man den Pfahl erst nach dem Pflanzen in den Boden treibt, können

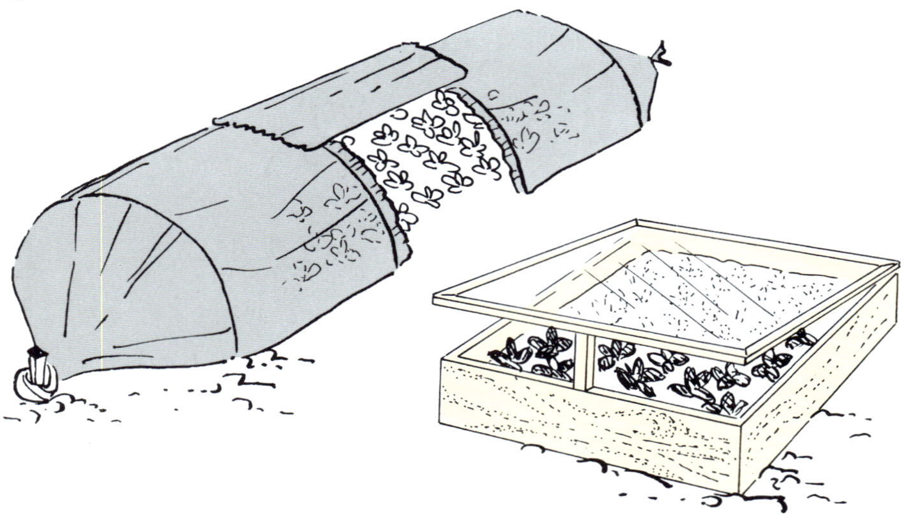

die Wurzeln leicht beschädigt werden. In Ausnahmefällen kann man es jedoch tun, denn ein nicht angebundener Baum ist noch stärkeren Beschädigungen ausgesetzt.
Nachdem der Baum neben dem Pfahl gepflanzt wurde, befestigt man ihn durch kreuzweises Umschlingen mit Sackleinen. Dabei wird abwechselnd der Stamm und der Pfahl umwickelt, bis zwischen ihnen ein Polster entstanden ist. Zum Schluß bindet man die Enden zusammen.
Einfacher ist das Anbinden mit einem Baumband aus Kunststoff. Die Reibung zwischen Stamm und Pfahl wird durch einen Steg verhindert. Die Befestigung geschieht mit einer Schnalle.
Frisch gepflanzte Bäume sollen angebunden sein, solange ihre Wurzeln noch nicht endgültig angewachsen sind. Die Bewegungen durch den Wind übertragen sich bis auf die Wurzeln und würden sie ohne Stütze immer wieder losreißen. Später entfernt man den Pfahl. Bleibt er länger am Baum stehen, so muß die Verbindung gelockert werden, damit sie beim Wachstum nicht einschnürt.

Anemone, s. S. 22.

Anzuchtschale, Schale, in der Pflanzen im zeitigen Frühjahr herangezogen werden.
Da die A. im Zimmer steht, muß sie eine glasklare Abdeckhaube haben, die die Sämlinge vor der trockenen Zimmerluft schützt.
Die A.n gibt es in verschiedenen Größen aus billigem Plastikmaterial. Für die Benutzung auf der Fensterbank sind lange, schmale Formen vorteilhaft.
Bei Gebrauch muß die Abdeckung der A. mehr oder weniger geschlossen werden. Bei starker Sonneneinstrahlung wird die Verdunstung so groß, daß sich viel Kondenswasser bildet. Es kommt auch leicht zum Wärmestau, und die Pflänzchen können von Pilzkrankheiten befallen werden. Um dies zu vermeiden, wird die Abdeckung etwas geöffnet.
Zum Abhärten der herangezogenen Pflanzen stellt man die A. im späteren Frühjahr tagsüber ins Freie. Wenn es warm genug ist, kann die Abdeckung dann zeitweise ganz entfernt werden.

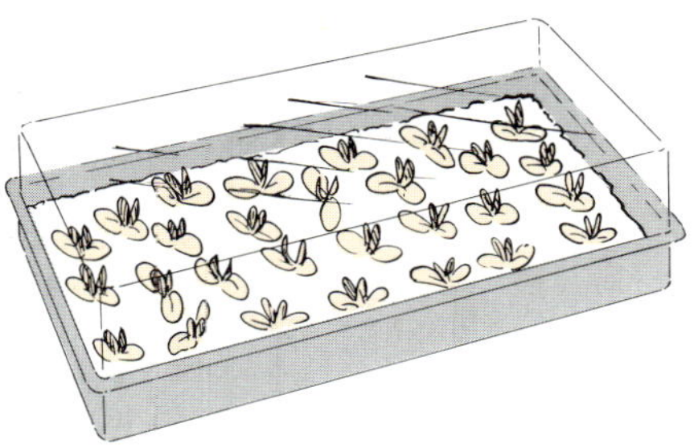

Apfel *(Malus sylvestris var. domestica)*, Kernobst (s. S. 54).
Bei der Züchtung der Kultursorten sind die Befruchtungsbedingungen teilweise ungünstig geworden.
Zur Befruchtung muß der Blütenstaub auf die Narbe des Stempels gelangen. Vom Stempel aus bildet sich dann ein Pollenschlauch bis zur Samenanlage im Fruchtknoten. Darin wandert eine Samenzelle zur Eizelle, mit der sie verschmilzt.
Beim A., wie auch bei Birnen, Kirschen u. a. Obst, vertragen sich die Pollen nicht immer mit der Narbe, so daß keine Befruchtung eingeleitet werden kann.
Bei selbstfruchtbaren Sorten findet die Befruchtung statt, egal, ob der Blütenstaub aus derselben Blüte, aus einer anderen Blüte desselben Baumes oder aus einer Blüte eines anderen Baumes derselben Sorte stammt. Bei den selbstunfruchtbaren Sorten erfolgt eine Befruchtung nur mit Pollen einer anderen Sorte. Es gibt auch Sorten, die schlechte Pollenspender und daher überhaupt nicht zur Befruchtung geeignet sind. Andere dagegen sind gute Pollenspender (s. Tabelle S. 58/59).

Apfelwickler, → Obstmade.

Aprikose, s. S. 54.

Art, Ausgangspunkt für die Klassifizierung der Pflanzen.
Zu einer Pflanzenart zählt man die Individuen, die sich in allen wesentlichen Teilen gleichen. Viele Pflanzenarten haben sich im Laufe der Stammesentwicklung so weit stabilisiert, daß sie diese Bedingung erfüllen. Manche A.en sind dagegen von ihrem Erbgut her noch wenig gefestigt. Von diesen gibt es verschiedene Unterarten und Varietäten.
Ähnliche A.en werden zu einer Gattung zusammengefaßt und ähnliche Gattungen zu einer Familie. Die genaue Bezeichnung der Pflanzen erfolgt mit lateinischen oder latinisierten Namen. Alle A.en derselben Gattung erhalten denselben Gattungsnamen. Er wird stets groß geschrieben, z. B. Allium (Lauch).
Die Bezeichnung der A. wird durch einen 2. Namen angefügt, der stets klein geschrieben wird, z. B. Allium porrum (Porree), Allium cepa (Zwiebel).
Bei Unterarten oder Varietäten werden weitere Namen angehängt, meist mit der entsprechenden Klassifizierung (ssp. = subspezies, Unterart; var. = Varietät).

Aster, Sommerblume, s. S. 6.

Astschere, Werkzeug, → Schere.

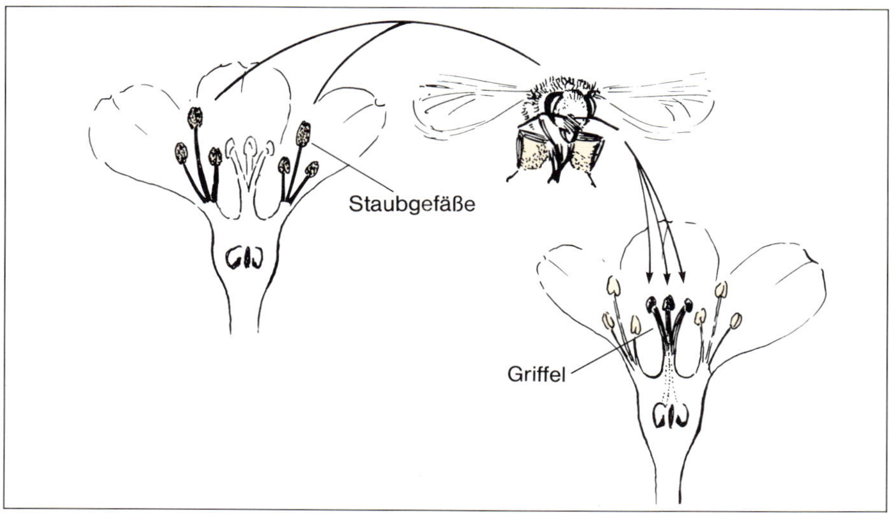

Apfelsorten

Name	Blütezeit	Pollenspender	Befruchtersorten
'Boskop'	früh	nein	'Cox Orange', 'Glockenapfel', 'Golden Delicious', 'James Grieve', 'Jonathan', 'Klarapfel'
'Cox Orange'	mittelfrüh	ja	'Glockenapfel', 'Golden Delicious', 'Goldparmäne', 'Ingrid Marie', 'James Grieve', 'Jonathan', 'Klarapfel'
'Glockenapfel'	mittelspät	ja	'Cox Orange', 'Golden Delicious', 'Goldparmäne', 'James Grieve', 'Jonathan', 'Klarapfel'
'Golden Delicious'	mittelfrüh	ja	'Cox Orange', 'Glockenapfel', 'Goldparmäne', 'Ingrid Marie', 'James Grieve', 'Jonathan', 'Klarapfel'
'Goldparmäne'	mittelfrüh	ja	'Cox Orange', 'Glockenapfel', 'Golden Delicious', 'Ingrid Marie', 'James Grieve', 'Jonathan', 'Klarapfel'
'Gravensteiner'	früh	nein	'Cox Orange', 'Golden Delicious', 'Goldparmäne', 'James Grieve', 'Jonathan', 'Klarapfel'
'Ingrid Marie'	mittelfrüh	ja	'Cox Orange', 'Glockenapfel', 'Golden Delicious', 'Goldparmäne', 'James Grieve', 'Jonathan'
'James Grieve'	mittelfrüh	ja	'Cox Orange', 'Glockenapfel', 'Golden Delicious', 'Goldparmäne', 'Ingrid Marie', 'Jonathan', 'Klarapfel'
'Jonathan'	mittelfrüh	ja	'Cox Orange', 'Glockenapfel', 'Golden Delicious', 'Goldparmäne', 'Ingrid Marie', 'James Grieve', 'Klarapfel'
'Klarapfel'	früh	ja	'Cox Orange', 'Golden Delicious', 'Goldparmäne', 'James Grieve', 'Jonathan'

Auslichten, Form des → Obstbaumschnitts.

auspflanzen, junge Pflanzen ins Freiland setzen.
In der Anzuchtschale, im Frühbeet oder auf einem Saatbeet im Freien herangezogene Pflanzen werden ausgepflanzt, wenn sie kräftig genug geworden sind. Dazu bereitet man die Pflanzlöcher in dem vorgesehe-

Erntezeit	Eigenschaften	Sonstiges
Oktober	mittelgroße, grünlichgelbe Früchte; festes Fruchtfleisch; säuerlich; rauhe Schale; Winterapfel, lagerfähig	empfindlich gegen Schorf
September	mittelgroße, goldbraune Früchte; weinartiger Geschmack, süß, saftig; Winterapfel, lagerfähig	hohe Klima- und Bodenansprüche; mehltau- und schorfanfällig; empfindlich gegen kupfer- und schwefelhaltige Spritzmittel
Ende Oktober	mittelgroße bis große, grüngelbe Früchte mit roter Sonnenseite; säuerlich; Winterapfel, sehr haltbar	–
Mitte – Ende Oktober	mittelgroße, goldgelbe Früchte, gerötete Sonnenseite; süß; Winterapfel, lagerfähig	warmer Standort, guter Boden; kupfer- und schwefelempfindlich
Anfang September	mittelgroße, goldgelbe Früchte, rot geflammt; würzig und süß; Winterapfel	gut düngen, stark beschneiden; blutlaus- und schorfanfällig
Ende August	mittelgroße bis große, gelbe Früchte, hellrot geflammt; saftig und würzig; Herbstapfel	nur für große Gärten geeignet, da der Baum eine große Krone bildet; schorf- und mehltauanfällig
Anfang – Mitte September	mittelgroße bis große, goldgelbe bis rote Früchte; weinartiger Geschmack; Winterapfel	–
Ende August	mittelgroße bis große, grüngelbe Früchte mit roten Streifen; saftig, edelwürzig; Herbstapfel	schorfunempfindlich
Ende September – Mitte Oktober	mittelgroße, leuchtendrote Früchte; angenehmer Geschmack, säuerlich; Winterapfel, gut lagerfähig	stark mehltau- und schorfanfällig
Ende Juli	mittelgroße bis große grünlichweiße Früchte; feinsäuerlich; druckempfindlich; Frühapfel	anfällig für Blutläuse

nen Abstand vor. Die Pflänzchen entnimmt man einzeln und achtet darauf, daß die Wurzeln nicht beschädigt werden.
Der ganze Wurzelballen wird nun in das Pflanzloch gehalten. Haben die Pflanzen lange, vergeilte Stengel, so werden sie etwas tiefer gesetzt, so daß noch ein Teil des Stengels in der Erde verschwindet.
Mit der Handschaufel wird lockere Erde um die Wurzeln herum aufgefüllt und dann mit den Händen festgedrückt. Danach werden die Pflanzen angegossen.
Die meisten Stauden lassen sich auch noch verpflanzen, wenn sie größer sind. Dies kann mit oder ohne Teilen (→ teilen) geschehen.

Bartnelke, Sommerblume, s. S. 6.

Basilikum *(Ocimum basilicum)*, Gewürzkraut.
B. ist eine einjährige Pflanze, die etwa 60 cm hoch wird. Sie hat hellgrüne Blätter. Der Stengel ist nur im oberen Teil verzweigt. Die Pflanze ist sehr empfindlich gegen kühle Witterung. Die Freilandaussaat kann erst ab Mitte Mai erfolgen. Günstig ist es, sich Pflanzen im Zimmer oder Frühbeet vorzukultivieren.

Anfangs wächst B. langsam. Es kommt bei Freilandaussaat erst im Herbst oder gar nicht mehr zur Blüte. Bei den vorkultivierten Pflanzen erscheinen die weißen Blüten im Sommer.
Basilikum wird am besten frisch geerntet verwendet. Roh würzt es weniger scharf als mitgekocht (s. Verwendungstabelle S. 84).
Der Standort soll sonnig und geschützt sein. Ein leichter, humusreicher Boden ist günstig. Der Pflanzabstand beträgt 20 cm.

Bäume pflanzen.
Die Kunst des Bäumepflanzens besteht im wesentlichen darin, die Wurzeln so in die Erde zu bringen, daß die meist beschädigten Teile schnell wieder nachwachsen und der Baum in seinem Wachstum möglichst wenig behindert wird.
Man hebt eine genügend große Pflanzgrube aus, in die als erstes der Stützpfahl eingerammt wird. Dann bekommt der Baum den notwendigen → Pflanzschnitt.
Nun legt man eine Latte über den Grubenrand, die anzeigt, wie hoch das Erdreich wieder aufgefüllt wird.
Bei Ballenpflanzen wird das Ballentuch jetzt entfernt. Man hält den Baum in der richtigen Höhe, die man durch die Latte festlegt, in das Pflanzloch. Die Wurzeln werden mit lockerer Erde bedeckt. Durch gelegentliches Schütteln verteilt sich die Erde gleichmäßig dazwischen. Wenn die Grube wieder aufgefüllt ist, tritt man das Erdreich fest, und der Baum steht jetzt, ohne daß er gehalten werden muß. Schließlich wird er noch am Pfahl angebunden (→ anbinden).
Die Hauptpflanzzeit beginnt im Oktober und kann bis in den Winter ausgedehnt werden, solange der Boden nicht gefroren ist.

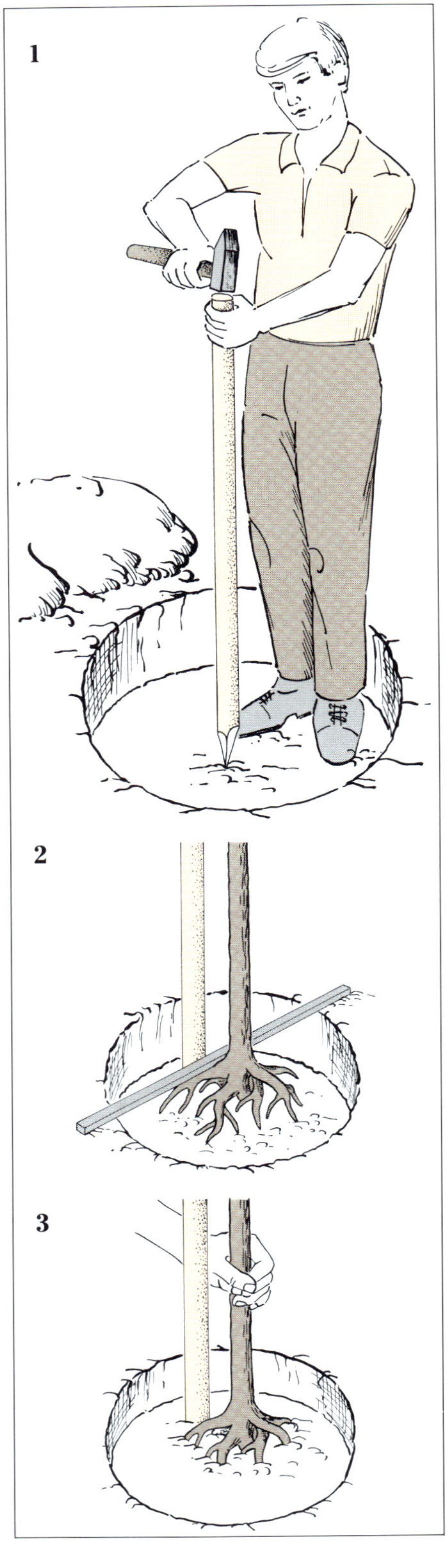

Baumsäge, Bügelsäge mit auswechselbarem Sägeblatt.
Starke Äste lassen sich nicht mit der Schere schneiden. Besonders bei Verjüngungsarbeiten an älteren Obstbäumen ist eine geeignete Säge erforderlich.

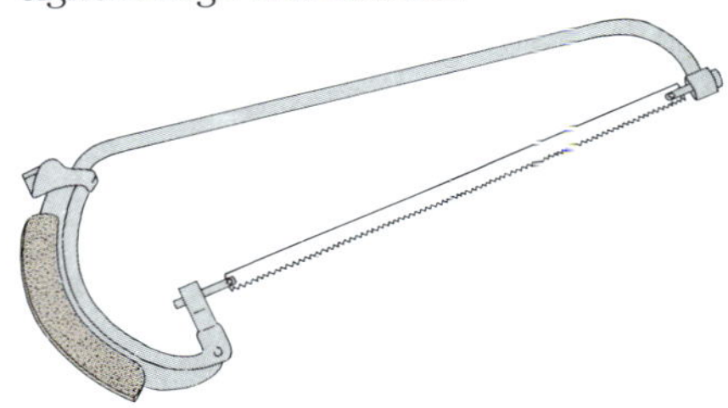

Die Zähnchen des Blattes müssen ausreichend verschränkt sein, damit die Säge im frischen Holz nicht steckenbleibt. Feine Zähnchen ergeben einen sauberen Schnitt. Da die Wunden jedoch mit der Hippe nachgeschnitten werden sollen, kann man sich die Arbeit erleichtern, wenn man ein Sägeblatt mit gröberen Zähnen wählt.

Baumwachs, Mittel aus Harzen, Leinöl, Wachsen und anderen Stoffen zum Verschluß von Wunden und Veredelungsstellen an Holzgewächsen.

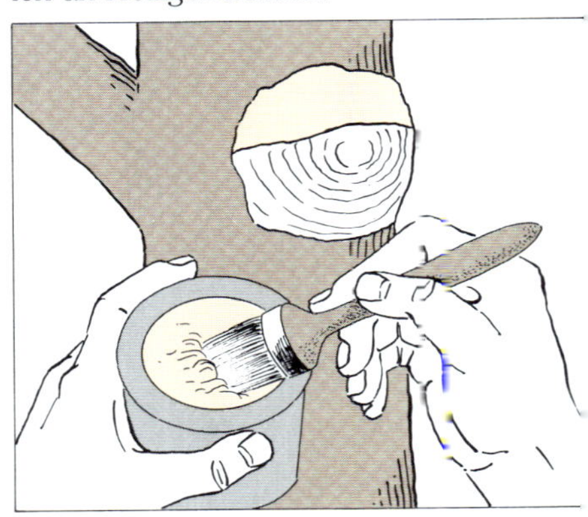

B. verträgt sich sehr gut mit der lebenden Substanz des Baumes und fördert die Kallusbildung, die Überwucherung der Wunde mit neugebildetem Rindenmaterial.
Bei größeren Wunden wird durch die Verwendung von B. das Eindringen von Bakterien verhindert. Durch Bakterien könnte das Holz in Fäulnis übergehen, ehe sich die Wunde geschlossen hat.

Beet, allseits zugängliches Gartenstück, auf dem bestimmte Pflanzen angebaut werden.
Die B.e im Gemüsegarten sind oft mehrere Meter lang und durch getretene Wege zugänglich. Im Ziergarten grenzen die Blumenbeete meist an Rasenflächen oder Dauerwege. Eine geeignete Abgrenzung erleichtert die Pflege der Blumenbeete sehr (→ Beetkante).
Bei der Anlage der B.e kann man gerade Kanten durch Spannen einer Pflanzschnur vorzeichnen. Zur Abgrenzung runder B.e stellt man sich einen Zirkel aus Bindfaden her und verfährt, wie in der Zeichnung gezeigt. Entsprechend können auch ovale (ellipsenförmige) B.e angelegt werden.

Beet

Beetkante, Begrenzung der Beete.
Die Befestigung der B.n erleichtert die Gartenarbeit sehr. Bei Beeten, die an Rasenkanten grenzen, werden von Zeit zu Zeit die sich ausbreitenden Grashorste abgestochen. Dadurch erhält das Beet wieder seine Form und Abgrenzung. Ebenso müssen natürlich vom Beet auf den Rasen wuchernde Pflanzenteile beseitigt werden.
Eine Befestigung der B. mit *Natursteinen* macht das Kantenstechen überflüssig. Wohl wachsen Gras und Pflanzen auch über die Steine, aber man kann sie mit der Grasschere leicht zurückschneiden oder ausrupfen.

Beetkanten mit Naturstein, Kunststein und Wellplastik

Billiger und leichter zu verlegen sind B.n aus *Kunststein,* denn die Betonsteine haben jeweils die gleiche Größe. Sie lassen sich genau aneinanderpassen. Damit kommen allerdings unnatürliche Elemente in den Garten.
Die einfachsten und billigsten B.n sind *Wellplastikstreifen* (Rasenkantenstreifen). Es gibt sie in verschiedenen Breiten. Die breiteren wählt man, wenn man die Ausbreitung von Pflanzen mit wuchernden Wurzelstöcken (z. B. Lampionblume) eindämmen möchte. Plastikkanten sehen auch unnatürlich aus. Damit sie möglichst wenig zu sehen sind, gräbt man sie so tief ein, daß sie nur noch einige Zentimeter über den Boden herausschauen.

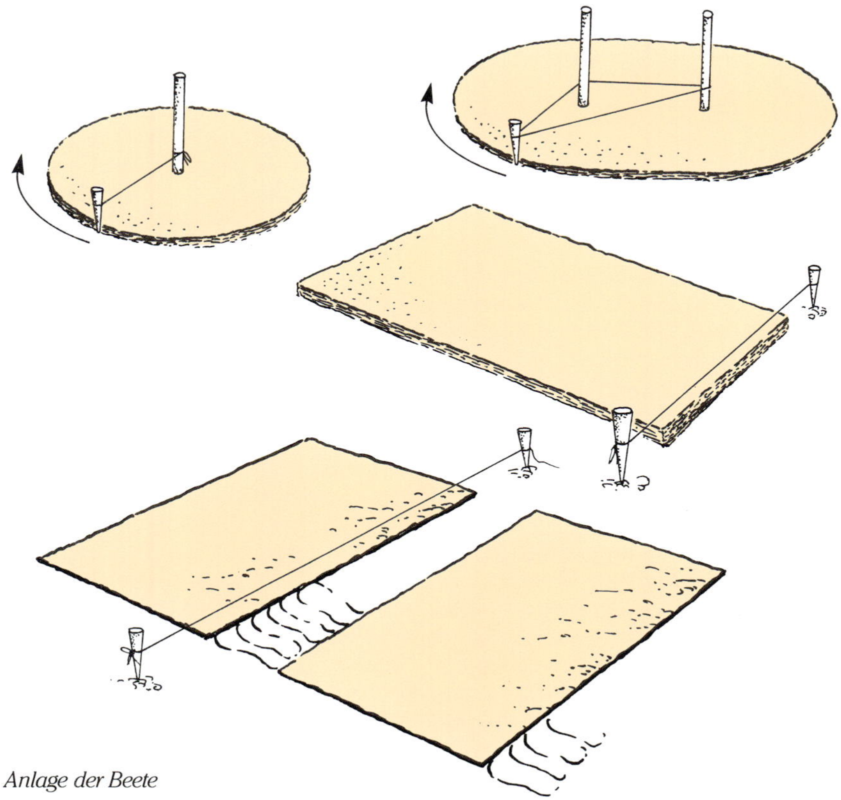
Anlage der Beete

beregnen, mit künstlichem Regen bewässern.
Eine gleichmäßige Bewässerung erreicht man mit automatischen *Beregnern,* die an den Gartenschlauch angeschlossen werden. Sie verspritzen das Wasser gleichmäßig in die Luft, und es regnet in erwärmten Tröpfchen auf die Pflanzen herunter.
B. kommt besonders bei der Rasenpflege in Frage, aber auch Gemüsekulturen gedeihen besser, wenn sie bei Bedarf beregnet werden.
Beim B. gilt wie beim Gießen, daß seltener reichlich gewässert werden soll anstatt häufig nur oberflächlich.

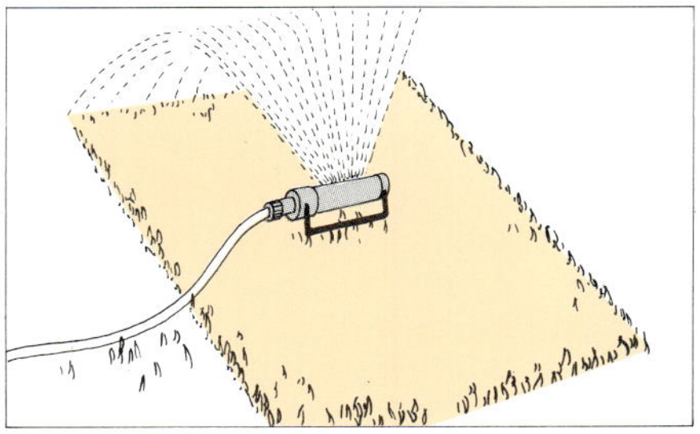

Bergkiefer, → Kiefern.

Besenginster, s. S. 26.

Besonnung, Intensität und Dauer der Sonneneinstrahlung auf einen Pflanzenstandort.
Die Berücksichtigung der B. im Garten spielt für die Bepflanzung eine wesentliche Rolle (→ Kleinklima). Es gibt Pflanzen, die so sehr an schattige, halbschattige oder sonnige Standorte angepaßt sind, daß sie an einem ihnen nicht entsprechenden Platz nicht gedeihen.
Einen vollbesonnten Standort kann man durch seine bewußte Anlage ideal gestalten. So werden z. B. Steingärten vorwiegend nach Süden geneigt eingerichtet.

Bibernellrose, → Parkrose.

Birne *(Pyrus communis)*, Kernobst (s. S. 54).
B.n sind in der Kultur anspruchsvoller als Äpfel. Viele Mißerfolge sind durch ungünstige Bodenverhältnisse bedingt. Der Boden muß tiefgründig und durchlässig sein. Entsteht Staunässe, so ist dies ebenso nachteilig für den Birnbaum wie zu große Trockenheit. In beiden Fällen werden viele Früchte abgeworfen, ehe sie reif sind.
Da Birnensorten selbstunfruchtbar sind, kann es sein, daß einzelne Bäume im Garten keine Früchte ansetzen. Es gibt jetzt für Einzelpflanzungen schon „Familienbäume" (s. Apfel, S. 57).

Birke *(Betula pendula)*.
Der 10–25 m hoch werdende Baum wird gern in Gärten angepflanzt. Seine weiße, papierdünne Rinde, die sich in Fetzen vom Stamm löst, und die dazwischen auftretenden schwarzen Borkenteile sind sehr wirkungsvoll. Im Mai erfreut man sich an dem frischen, hellgrünen Laub und den langen Blütenkätzchen.
Die B. ist schnellwüchsig. In jungen Jahren wächst sie etwa 1 m im Jahr. Bei älteren Bäumen sind die herabhängenden Zweige charakteristisch.
Lästig werden im Herbst manchmal die großen Mengen des abgeworfenen feinen Laubes, das der Wind bis weit in die Nachbargärten hineinweht.
B.n sind anspruchslos und gedeihen in jedem Boden. Ihre Wurzeln wachsen

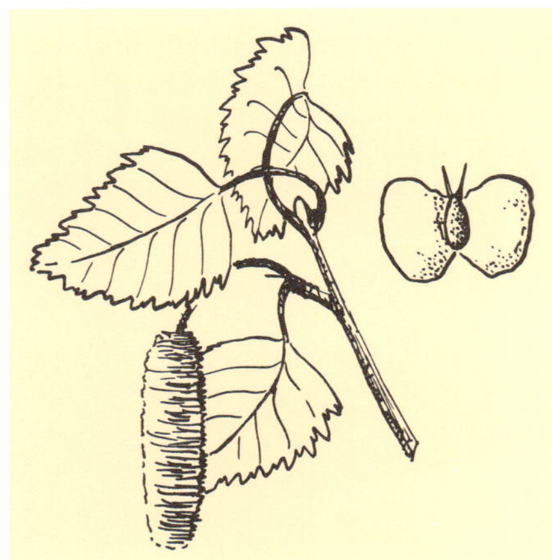

feuchten Bereichen entgegen. Man soll sie deshalb nicht in der Nähe von Abwasserleitungen pflanzen. Die Wurzeln durchdringen feinste undichte Stellen und verursachen dann ein Verstopfen der Leitung.

Blattläuse, am meisten gefürchtete Schadinsekten.
B. kommen in zahlreichen Arten vor. Es gibt geflügelte und ungeflügelte Tiere. Sie stechen die Pflanzen an und saugen den Saft aus. Dabei übertragen sie meist auch Virus-, Bakterien- und Pilzkrankheiten. Massenvermehrungen treten häufig an Pflanzen auf, die durch ungünstige Einflüsse geschwächt sind. Eine Stickstoffüberdüngung kann indirekt dazu beitragen, denn die Pflanzen wachsen dann zu schnell und haben zu wenig Abwehrkraft. Auch Witterungseinflüsse spielen eine Rolle.

Die Bekämpfung mit Insektiziden wirkt nur vorübergehend und kann einen Neubefall nicht verhindern, es sei denn, man wiederholt die Behandlung häufiger. Natürliche Feinde der B. sind u. a. Marienkäfer und Florfliegen. Sie bzw. ihre Larven ernähren sich von Blattläusen.

bleichen, Pflanzenteile im Dunkeln kultivieren (→ Chicorée, Spargel).
Man kann bleiche Pflanzenteile erzeugen, wenn man durch Abdunkeln die Bildung des Blattgrüns einschränkt oder unterbindet. Beim Bleichspargel läßt man z. B. die fleischigen Sprosse durch eine angehäufelte Sandschicht wachsen und erntet, sobald die Spitzen ans Licht kommen.
Chicorée dagegen läßt man zunächst bei Licht wachsen, schneidet bei der Ernte die grünen Blätter ab und läßt die Pflanzen im Dunkeln aus den rübenartigen Wurzeln erneut austreiben.
Auch durch Zusammenbinden von rosettenartig wachsendem Blattgemüse, z. B. Chinakohl oder Endivien, erhält man Teile, die wenig oder kein Licht bekommen und daher bleich werden.

Blumenkohl, s. S. 42.

Blumenwiese, besondere Form der Wiese.
Die Anlage einer B. gehört in den Bereich des → Naturgartens.
Am sichersten kann man eine Wiese im Garten heranziehen, wenn man den Rasen nur noch zweimal im Jahr mäht, und zwar mit der Sense. Die Gräser bilden dann ihre Blütenstiele aus und bestocken nicht mehr so sehr wie im Rasen. Dadurch stehen sie weniger dicht, und andere Pflanzen haben Gelegenheit, zwischen ihnen aufzuwachsen. Im Laufe der Jahre stellt sich von selbst eine standortgerechte Pflanzengesellschaft ein.
Man kann zwar versuchen, durch Ausbringen bestimmter Blumensamen die Ansiedlung gewünschter Arten zu begünstigen. Doch gelingt dies selten mit sicherem Erfolg. Die im Handel erhältlichen Wiesenblumensamenmischungen ergeben nur in den ersten 1–2 Jahren eine reichblühende Wiese. Später wird sie immer artenärmer und muß neu angelegt werden.
Eine B. läßt man in sonst kaum zu nutzenden Gartenteilen entstehen. Wenn sie sich natürlich entwickeln kann, werden sich auch genügend Blumen ansiedeln. Wenn sich allerdings Samenunkräuter (wie Disteln) zu sehr ausbreiten, muß man regulierend eingreifen. Die B. ist sonst der Ausgangspunkt für eine ständige Verunkrautung des übrigen Gartens.

Boden, das Substrat, in dem die Pflanzen des Gartens wachsen und gedeihen.
Das Bestreben des Gärtners ist es, einen möglichst einheitlichen B. zur Verfügung zu haben. Daher arbeitet er die natürlichen Böden entsprechend mit Humus und Mineralzusätzen auf.

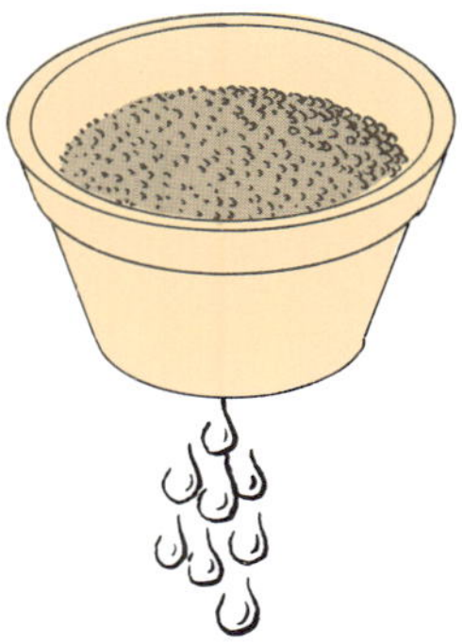

Sandboden: Durch die sehr lockere Struktur versickert das Regenwasser leicht. Er reagiert schwach sauer, besitzt also einen niedrigen pH-Wert. Sandboden ist die Grundlage für Heidegärten. Durch Humus-(Kompost-)zusätze und Lehm- (Steinmehl-)beigaben wird der B. verbessert.
Lehmboden: Als Lehm bezeichnet man ein Gemisch aus Ton und feinem Sand. Reine Lehmböden sind „schwere" Böden. Sie halten die Feuchtigkeit lange, reißen aber beim Austrocknen leicht ein. Dadurch werden die Wurzeln beschädigt. Verbesserung durch Kompost- und Sandzusätze.

Kalkboden: Natürliche Kalkböden sind meist rissig und klüftig und dadurch wasserdurchlässig. Zusammen mit Lehm kommen sie als Kalkmergel vor und sind für den Garten günstig. Verbesserung durch Kompostzusätze. Kalkgehalt im B. ist für viele Pflanzen sehr wichtig. Kalkarme Böden werden durch Kalkzusatz verbessert.

Bodendecker, Pflanzen, die den Boden mehr oder weniger lückenlos bewachsen. Natürlicherweise wächst auf dem Boden eine geschlossene Pflanzendecke. Sie schützt vor Austrocknen, Verdichtungen u. a. Für die Kultur der Nutzpflanzen wird dagegen ein offener Boden benötigt, auf dem den empfindlichen Gewächsen keine Konkurrenz durch die stärkeren Unkräuter entsteht (→ Sukzession).

Dennoch ist für den Nutzgarten und den Ziergarten eine möglichst geschlossene Bodendecke anzustreben. Im Nutzgarten geschieht dies beim Älterwerden der Gemüsepflanzen, wenn sie sich durch kräftigen Wuchs ausgebreitet haben und die Lücken zwischen ihnen kleiner geworden sind. Bei Dauerbepflanzungen plant man schon bei der Anlage so, daß die Pflanzen möglichst lückenlos zusammenstehen, sobald sie ausgewachsen sind. Kommt es darauf an, große Flächen geschlossen zu bepflanzen, dann bevorzugt man Arten, die sich weit ausbreiten, die sogenannten Bodendecker.

Bodenprofil, Schichtung der mehr oder weniger dicken Bodendecke auf dem anstehenden Gestein.
Das Bodenleben, bedingt durch Wurzeln der Pflanzen, Bakterien und tierische Lebewesen, spielt sich fast ausschließlich im Oberboden ab. Er besteht aus dem Mutterboden und einer Übergangsschicht.
Der *Mutterboden* erhält aus der Rotteschicht der Oberfläche ständig neues organisches Material, das besonders durch die Tätigkeit der → Regenwürmer in die Tiefe befördert wird.
An der Oberfläche wirken sauerstoffliebende (aerobe) Bakterien, darunter sauerstoffliehende (anaerobe) Bakterien. Sie sterben bei einer willkürlichen Umschichtung (Umgraben) weitgehend ab und erneuern sich nur langsam. Die Erhaltung der Schichtenfolge ist deshalb auch bei der Lockerung des Bodens bis in große Tiefen notwendig. Der Mutterboden ist zwischen 10 und 30 cm dick.
Die darunterliegende, vor allem mineralstoffhaltige Schicht ist je nach Standort unterschiedlich mächtig.
In den humusfreien *Unterboden* ragen nur noch die Wurzeln einiger Baumarten hin-

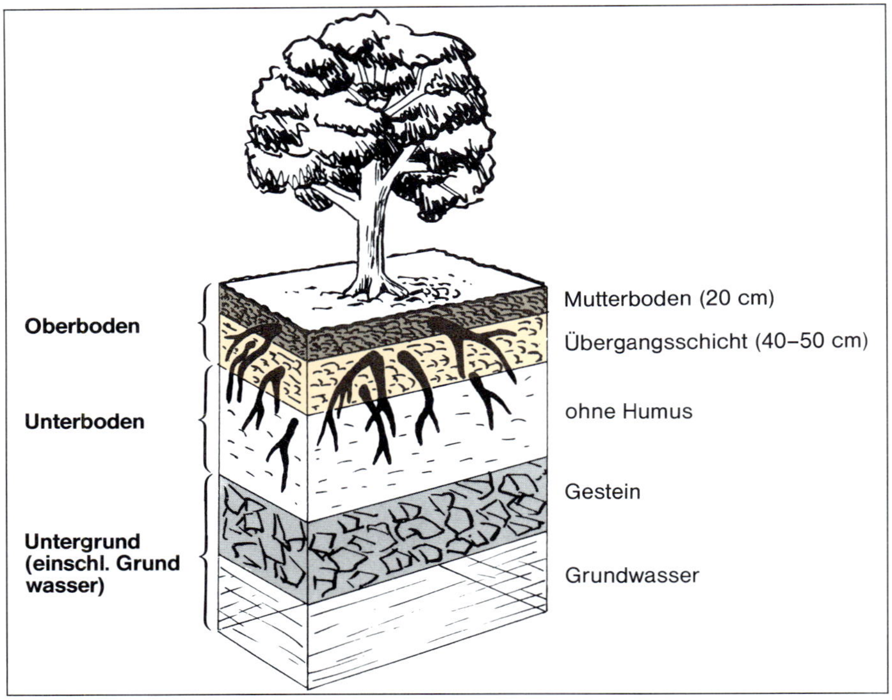

Bodenprofil

ab. Es folgen in der Tiefe grundwasserführende Schichten oder anstehendes Gestein. Letzteres kann auch stellenweise sehr oberflächennah vorkommen. Dann ist es meist direkt von einer Mutterbodenschicht bedeckt.

Bodenuntersuchung, chemische Analyse des Mineralstoffgehalts im Boden.
Man entnimmt an mehreren Stellen des Gartens Bodenproben, die man einen Spatenstich tief ausgestochen hat. Die oberste Schicht von 3–4 cm entfernt man, da hier die Beschaffenheit durch den Pflanzenwuchs noch stark beeinflußt ist. Die verschiedenen Proben werden vermischt und ein Teil davon in einen Plastikbeutel gefüllt. Diesen etikettiert man und schickt ihn an das nächste Landwirtschafts- oder Gartenamt (im Fachhandel zu erfragen).
Nach dem Analysenergebnis läßt sich ein spezieller Düngeplan zur Beseitigung von Mangelerscheinungen aufstellen.
Mit etwas Geschick kann man die chemische Bodenanalyse auch selbst durchführen. Die notwendigen Chemikalien und Gerätesätze sind allerdings nicht ganz billig. Die Anschaffung lohnt sich jedoch in einer Interessentengemeinschaft.

Bodenverdichtung, feste Schichtung der Bodenteilchen ohne Hohlräume für den Luftzutritt.
Die Pflanzen brauchen bis in den Wurzelbereich hinein Luftzutritt. Dieser ist nur bei einer lockeren Struktur möglich. Darum greift man zu Bearbeitungsmaßnahmen, die den Boden ständig lockern.
Ein belebter, humusreicher Boden ist natürlicherweise locker und porös. Dennoch können Umstände eintreten, durch die es zu einer Verdichtung kommt. In sehr regenreichen Sommern verschlämmen besonders schwere Böden leicht. Durch häufiges Betreten wird der Boden dicht und fest. Man legt daher im Gemüsegarten möglichst wenige Wege an und betritt das Land besser an unterschiedlichen, gerade nicht bewachsenen Stellen.
Die stärkste Verdichtung erfährt der Boden durch das Befahren mit schweren Baumaschinen. Die Grundstücke in Neubaugebieten weisen daher häufig stark verdichtete Stellen auf.

Bohne *(Phaseolus vulgaris)*, Fruchtgemüse (s. S. 30).
Buschbohnen und Stangenbohnen werden geerntet, solange sie noch junge und zarte Früchte haben. Wenn die Früchte durch Heranwachsen der Samen dick werden, sind sie nicht mehr als grüne B.n geeignet. Sie können dann ausreifen und als Samen geerntet oder als getrocknete Hülsenfrüchte verwendet werden.
Man erntet die grünen B.n möglichst oft hintereinander. Dadurch werden die Pflanzen zur Nachbildung von Blüten angeregt, und man erreicht noch eine 2. Ernteperiode. Die Nachbildung von Blüten wird als Remontieren bezeichnet.
Grüne B.n dürfen nicht roh verzehrt werden, da sie giftig sind. Beim Kochen wird das Gift zerstört.

Bohnenkraut, s. S. 46.

Borretsch, s. S. 46.

Botrytis, → Grauschimmel.

Breitwegerich *(Plantago major)*, Tretunkraut.
Die großen, breitovalen Blätter sind 5- bis 7nervig. Sie bilden eine Rosette, die dem Boden dicht anliegt. Die unscheinbaren Blüten stehen in einer langen Ähre dicht zusammen. An den gelblich-weißen Staubblättern treten die violetten Staubbeutel hervor. Die Blütezeit ist von Juni–Oktober, die Wuchshöhe beträgt 10–30 cm.
Die ausdauernde Pflanze wird durch reichlich gebildete Samen verbreitet. Diese sind im feuchten Zustand etwas klebrig und werden durch Tiere und Menschen verschleppt, da sie an Füßen oder Schuhen hängenbleiben.

B. wächst an sonnigen und halbschattigen Standorten auf nährstoffreichen Böden. Bodenverdichtungen verträgt er gut. Da die Blattrosetten im Rasen das Gras verdrängen, sollten sie durch Ausstechen sorgfältig mit der Wurzel entfernt werden.

Brennessel, Große Brennessel *(Urtica dioica)*, Dauerunkraut.
Die ausdauernde Pflanze hat aufrechte, unverzweigte und vierkantige Stengel. Die großen Blätter sind am Rande grob gesägt. Blätter und Stiel sind mit kräftigen Brennhaaren besetzt. Die Pflanzen sind zweihäusig, also entweder nur mit männlichen oder nur mit weiblichen Blüten ausgestattet. Die Blütezeit ist von Juni–Oktober, die Wuchshöhe beträgt 30–150 cm.

Die Samen werden weit verbreitet. Im näheren Umkreis erfolgt die Ausbreitung außerdem durch die verzweigten Wurzelstöcke.
Die B. wächst bevorzugt auf stickstoffreichen Böden, also z. B. in der Nähe von Komposthaufen. Auch in Hecken breitet sie sich oft aus. Sie ist schwer zu beseitigen, da das ganze Wurzelsystem entfernt werden muß.
Vielfach wird aus B.n ein Aufguß oder eine Jauche bereitet, die im natürlichen Pflanzenschutz von Nutzen sein soll. Eine ungeziefertötende Wirkung konnte jedoch nicht sicher nachgewiesen werden. Daß die Brennesselpräparate das gesunde Gedeihen der Kulturpflanzen begünstigen, ist durchaus möglich. Dadurch entsteht evtl. auch eine größere Schädlingsresistenz.

Brokkoli, s. S. 42.

Brombeere *(Rubus discolor)*, Beerenobst (s. S. 50).
Brombeerpflanzen entwickeln sich sehr üppig. Sie müssen an einem stabilen Drahtgerüst aufgebunden werden. Man baut es

aus 2,5 m hohen Pfählen und 4 waagerecht dazwischen gespannten Drähten. Zum Pflanzen werden B.n auf 40–60 cm eingekürzt. Je Pflanze beläßt man 4–5 Haupttriebe. Die Nebentriebe werden auf 2–3 Knospen zurückgeschnitten.
Alte, abgetragene Triebe werden entfernt, indem man die B.n. vom Gerüst losbindet und umlegt. Dann schneidet oder sägt man die alten Triebe heraus und bindet die jungen wieder auf. B.n tragen am zweijährigen Holz.

Chicorée *(Cichorium intybus var. foliosum)*, Blattgemüse (s. S. 38).
Der zapfenförmige, gebleichte Ch. wird durch einen zweiten Austrieb der möhrenartigen Wurzel gewonnen. Man gräbt die Wurzeln im Oktober oder November aus, schneidet die Blätter 2–5 cm über dem Wurzelhals ab und lagert sie wie Möhren im Keller ein. Zum Treiben werden nach Bedarf Wurzeln in geeignete Gefäße (Eimer) in feuchten Sand, Torf oder Sägemehl eingesetzt. Sie stehen dabei dicht an dicht; die Wurzelhälse bleiben frei. Bei 16–18°C läßt man sie im Dunkeln treiben. Zur Ernte werden die bleichen Zapfen von den Wurzeln geschnitten.

Chinakohl, s. S. 42.

Chlorose, Gelbsucht der grünen Blätter. Ch. ist eine Störung bei der Blattgrünbildung. Sie geht auf Eisenmangel zurück, der im Chemismus des Bodens begründet ist. Von einer Gelbsucht, die durch Infektion hervorgerufen wird, läßt sich die Eisenmangelchlorose dadurch unterscheiden, daß bei dieser die Blattadern und die angrenzenden Zonen noch grün bleiben.
Der Eisenmangel betrifft nur das pflanzenverfügbare Eisen. Durch viel Kalk wird es für manche Pflanzenarten blockiert, z. B. Rhododendron oder Heidekraut. Mit Torf- und Humuszuführung läßt sich die Ch. beheben.
Wenn stark standortgebundene Pflanzen an den falschen Platz gepflanzt werden, leiden sie auch leicht an Ch. Viele vertragen z. B. stauende Nässe nicht. Das Umpflanzen an den passenden Standort oder eine entsprechende Bodenbearbeitung schaffen meist Abhilfe.

Christrose, Staude, s. S. 14.

Container, Plastikbehälter zur Anzucht von Pflanzen.
Kleine Töpfchen bekommt man meist zu mehreren in Platten. Die größeren, runden oder vierkantigen werden als Einzelcontainer verwendet.

In C.n herangezogene Pflanzen haben einen gut ausgebildeten Wurzelballen. Das ist beim Auspflanzen vorteilhaft. Im Handel angebotene vorkultivierte Pflanzen werden heute meist in C.n verkauft. Darin können sie über längere Zeit ohne Schaden aufbewahrt und auch transportiert (verschickt) werden.
Eine besondere Form von C.n ist korbförmig. Durch die Öffnungen können die Wurzeln austreten. Sie sind aber auch gegen Wühlmausfraß weitgehend geschützt, so daß man die Pflanzen in gefährdeten Gärten mit den C.n auspflanzen kann, wenn diese groß genug sind.

Dahlie, s. S. 22.

Dauerhumus, Form des → Humus.

Dauerunkräuter, schlecht zu beseitigende Wildpflanzen, die sich durch Ausläufer und Wurzelstöcke vermehren.
Im Gegensatz zu den meist einjährigen Samenunkräutern sind die D. mehrjährig. Sie vermehren sich durch über- oder unterirdische Teile vegetativ. Daher ist ihre Beseitigung schwierig. Abgerissene oder abgestochene Teile wachsen leicht wieder an und bilden schnell kräftige Pflanzen aus. Ihre sorgfältige Entfernung ist notwendig. Dazu lockert man den Boden am besten mit einer Grabgabel, um die unterirdischen Teile möglichst vollständig und unverletzt aus dem Erdreich holen zu können.
Zu den D.n gehören → Brennessel, → Giersch, → Löwenzahn.

Dill, s. S. 46.

Dränage, System von Rohren und Gräben zur Entwässerung des Bodens.

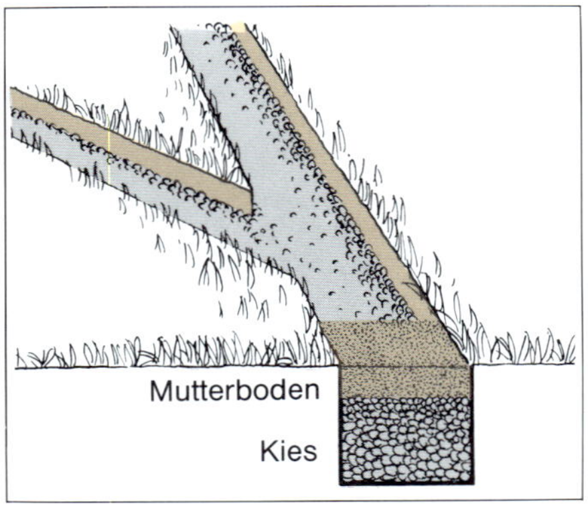

In Gärten mit hohem Grundwasserstand sind D.maßnahmen (Trockenlegungsmaßnahmen) erforderlich. Heute verlegt man meist kräftige, durchlöcherte Kunststoffschläuche, die an die Kanalisation angeschlossen werden. Dabei ist die Hilfe von Fachleuten zu empfehlen.
In weniger schwierigen Fällen kann man selbst etwa 35 cm tiefe Gräben ziehen. Diese füllt man zu 3/4 mit Kies aus, der dann mit Mutterboden abgedeckt wird.

düngen, die Nährstoffreserven des Bodens ergänzen.
Im Nutzgarten werden dem Boden gewöhnlich mehr Nährstoffe durch das Heranwachsen und Ernten der Früchte entzogen als durch Verrotten abgestorbener Pflanzenteile zurückkommt. Dieser Verlust muß wieder ausgeglichen werden. Bei genügender Menge an Kompost kann evtl. auf eine zusätzliche Düngung verzichtet werden. Meist aber müssen auch nährstoffhaltige Substanzen in den Boden gebracht werden (→ Naturdünger, Mineraldünger, Volldünger, Spezialdünger).

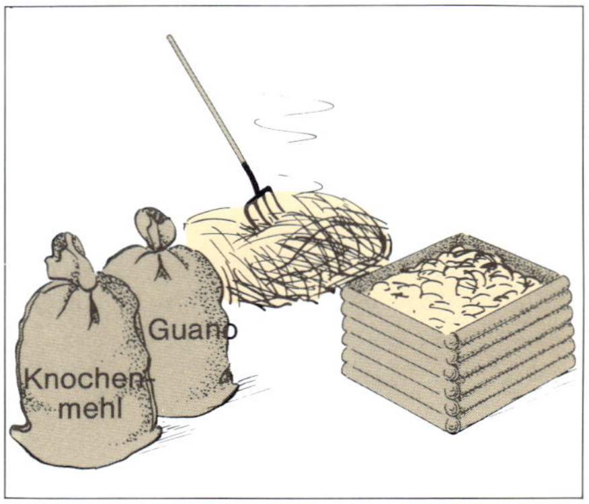

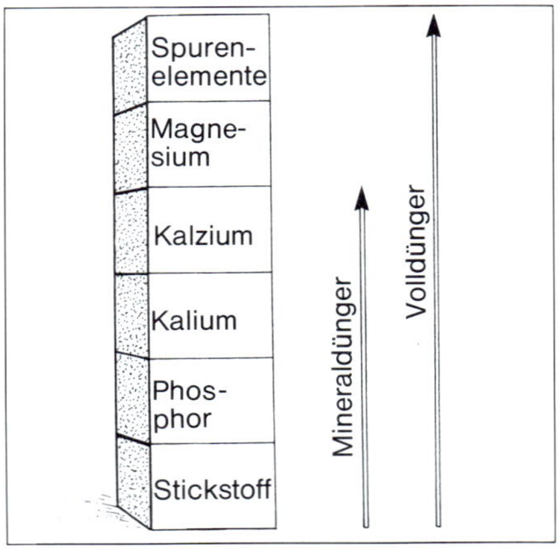

Dunkelkeimer, Samen, die ohne Lichteinwirkung keimen.
Die meisten Gartenpflanzen sind D. Nach der Aussaat deckt man die Pflanzen so weit mit Erde ab, daß kein Licht an sie herankommen kann.
Als Faustregel gilt: Die Dicke der bedeckenden Erdschicht soll dem Durchmesser des Samens entsprechen. Das bedeutet, daß z. B. Bohnen verhältnismäßig tief gelegt werden, Radieschensamen dagegen weniger tief. Die Keimlinge der kleinen Samen müßten sonst einen ziemlich weiten Weg bis zur Oberfläche zurücklegen. Das würde sie schwächen. Beim Radieschen hätte dies zu Folge, daß die Knollen länger und dünner würden als die der flach ausgesäten.

Edelwicke, Sommerblume, s. S. 6.

Eibe *(Taxus baccata)*, fruchttragender Nadelbaum.
E.n werden bis zu 15 m hoch. Sie sind zweihäusig, d. h., männliche und weibliche Blüten befinden sich an getrennten Pflanzen. Die männlichen stehen als kugelige Kätzchen an den Zweigspitzen, die weiblichen wachsen knospenartig an vorjährigen Trieben. Aus den weiblichen Blüten werden die Samen gebildet, die von einer roten Scheinbeere umhüllt sind.

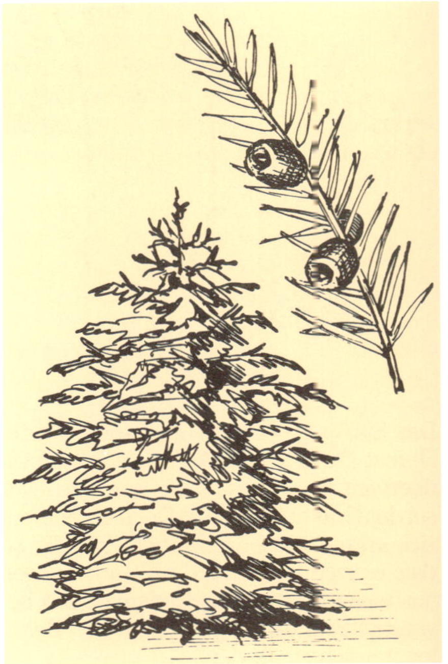

Die Nadeln sind dunkelgrün und weich. An den Seitenästen stehen sie zweireihig, an den senkrechten spiralig. Alle Teile der E. außer dem roten Fruchtfleisch sind giftig. E.n wachsen sehr langsam. Sie vertragen einen Formschnitt, der am besten im späten Frühjahr ausgeführt wird. Dann bilden sie reichlich neue Triebe, sogar am Stamm. Auch einzeln stehende E.n werden gern geschnitten, damit ihr Wuchs dichter wird. Die Bodenansprüche sind verhältnismäßig gering. Gut geeignet sind kalkreiche, auch flachgründige Böden. Der Standort kann sonnig oder schattig sein.

Eierpflaume, Steinobst, → Pflaume.

Einjähriges Rispengras *(Poa annua)*, Tretunkraut.
Die büschelig wachsende Pflanze bildet Horste. Die Halme sind aufstrebend und verzweigt. Oft wurzeln sie an den unteren Knoten. Die Blätter sind 2–5 mm breit und frischgrün. Die Blüten stehen in ausgebreiteten Rispen, die meist nach einer Seite gewendet sind. Das Gras blüht fast das ganze Jahr über. Die Wuchshöhe beträgt 5 bis 25 cm.

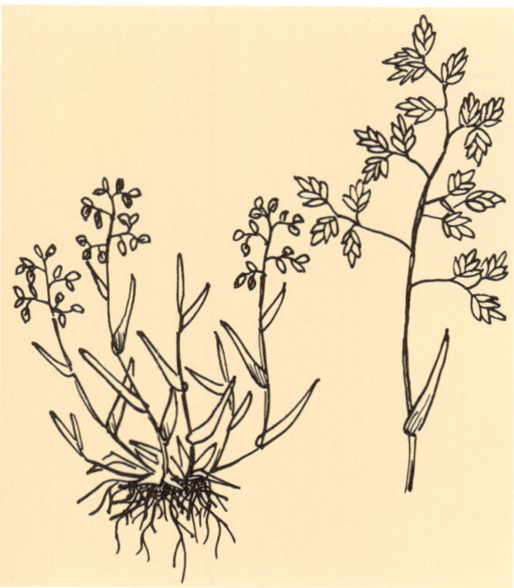

Das Einjährige R. keimt im Frühjahr oder Herbst. Die im Herbst keimenden Pflanzen überwintern, und es hat den Anschein, als sei das Gras ausdauernd. Doch erneuert es sich immer wieder. Es ist trittbeständig, so daß es sich besonders auf Gartenwegen ausbreitet. Es wächst auf jedem Boden, bevorzugt aber nährstoffreiche, durch Betreten verdichtete Böden.

Die Beseitigung ist schwierig, da auch kleine verbleibende Teile wieder zu Pflanzen auswachsen. Außerdem samt sich das Gras reichlich aus, und die zarten Keimpflänzchen sind anfangs kaum zu erkennen.

einziehen, die Blätter mancher Pflanzen sterben nach der Blütezeit ab.
Pflanzen, die e., besitzen meist einen kräftigen Wurzelstock oder andere unterirdische Speicherorgane, die durch die Photosynthese der Blätter mit neuen Nährstoffen versorgt werden. Ist das geschehen, folgt eine Ruhezeit, in der keine oberirdischen Teile vorhanden sind. Nach der Ruhezeit, die in Mitteleuropa den Winter mit einschließt, treiben die vorgebildeten Blätter schnell hervor. Zwiebelgewächse sind typische Pflanzen, die einziehen.

Eissalat, s. S. 38.

Endivie, s. S. 38.

entgeizen, Nebentriebe entfernen.
Als „Geiz" wird ein unerwünschter Nebentrieb bezeichnet. Vor allem bei Tomaten werden die Geize entfernt, die in den Blattachseln heranwachsen. Man läßt nur wenige Fruchttrauben am Haupttrieb ausreifen, damit diese groß und kräftig werden. Entgeizt wird, sobald sich neue Nebentriebe gebildet haben. Da dies während der ganzen Vegetationszeit geschieht, genügt einmaliges Entgeizen nicht.

entspitzen, die Spitze des Haupttriebs entfernen.
Durch das Entspitzen wird die Pflanze zur Bildung von Seitentrieben angeregt. Dies macht man sich vor allem bei Blumen zunutze, die nach dem Entspitzen buschiger und voller wachsen.

Erbse *(Pisum sativum)*, Fruchtgemüse (s. S. 30).
Die Erbsensorten werden in 3 Gruppen eingeteilt:
Als *Schalerbsen* (Pahlerbsen) bezeichnet man Sorten mit glatten, runden Körnern und mäßigem Zuckergehalt. Sie haben eine Vegetationszeit von 55–65 Tagen und liefern hohe Erträge.
Markerbsen zeichnen sich durch runzelig-geschrumpfte Körner aus, die in unreifem Zustand rundlich-abgeplattet sind. Ihr Zuckergehalt ist höher. Die Vegetationszeit beträgt 55–70 Tage.
Die *Zuckererbsen* haben runde Körner und besitzen einen sehr hohen Zuckergehalt. Sie können mit Hülsen verzehrt werden. Ihre Vegetationszeit beträgt 65–80 Tage.

Erdbeere *(Fragaria x ananassa)*, Beerenobst (s. S. 50).
Erdbeerbeete werden für 3–4 Jahre angelegt. Danach pflanzt man an einer anderen Stelle des Gartens neu. Im Spätsommer schneidet man die Erdbeerstauden auf etwa 8 cm Höhe zurück, damit sie zum Neuaustrieb angeregt werden. Ausläufer, die nicht zur Vermehrung durch Ableger verwendet werden sollen, werden entfernt, damit die Stauden ihre Kraft besser zur Fruchtbildung nutzen können. Wenn Ableger verwendet werden sollen, achte man darauf, daß sie kräftig und gut bewurzelt sind. Man gewinnt sie von Pflanzen, die wenige Ausläufer treiben. Diejenigen, die sehr viele Ausläufer bilden, tragen weniger Früchte, und dies wiederholt sich bei den aus Ablegern gewonnenen Jungpflanzen.

Erdflöhe, springende Käferchen von 2–3 mm Größe.
Es gibt verschiedene Arten von E.n, u. a. gelb-schwarz gestreifte und blauschwarz gefärbte. Sie fressen vor allem an Radieschen, Rettich und jungen Kohlpflanzen. Bei Keimpflanzen und frühen Stadien der Jungpflanzen können sie sogar Kahlfraß hervorrufen. Später tritt der Schaden als Lochfraß in Erscheinung.

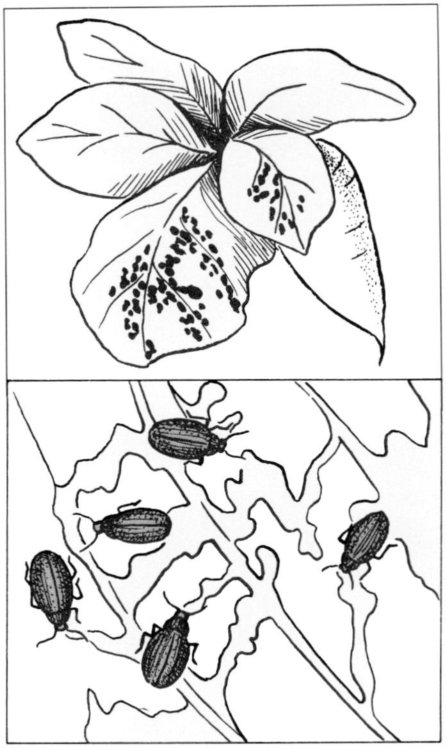

Die E. treten massenhaft bei Trockenheit auf. Es hilft meist schon, die Beete, auf denen die gefährdeten Pflanzen stehen, feucht zu halten. Insektizideinsatz ist höchstens zur Rettung von Keimpflanzen erforderlich.

Etikett, Hinweisschildchen.
Zum Markieren von Saatreihen und ausgepflanzten Sämlingen benutzt man Plastiketiketten. Es sind verschiedene Sorten im Handel erhältlich. Einfache E.en kann man sich auch leicht selbst aus leeren Joghurtbechern oder Tragegriffen von Waschpulverpackungen zurechtschneiden.
Zur Beschriftung nimmt man einen Filzstift mit wetterfester Farbe oder einen Fettstift. Die Etikettierung ist wichtig, um in der Keimzeit Kulturpflanzen vom Unkraut unterscheiden zu können. Wenn die Pflanzen groß genug und eindeutig erkennbar sind, können die E.en wieder entfernt werden, denn sie sind nicht unbedingt eine Zierde im Garten.

Fächerrechen, Gartengerät, → Rechen.

Feldsalat, s. S. 38.

Fenchel *(Foeniculum vulgare)*, Gewürzkraut, Heilpflanze.
Der Gewürzfenchel ähnelt im Aussehen sehr stark dem → Dill. Er bildet mit diesem Bastarde, wenn blühende Pflanzen beider Arten nebeneinanderstehen. Dies muß man beachten, wenn man aus selbstgewonnenem Samen Nachzuchten erzielen will.
F. ist ausdauernd, aber nicht völlig winterhart. In ungünstigen Lagen müssen die Wurzeln der im Herbst abgeschnittenen Pflanzen abgedeckt werden. Man kann die Wurzeln auch ausgraben, im Keller in Sand eingeschlagen überwintern und im Frühjahr wieder auspflanzen.
Die Aussaat erfolgt im Frühjahr oder Herbst ins Freiland. Junge Pflänzchen sind winterhart. Die Stauden werden bis zu 2 m hoch. Die Blütezeit ist von Juli–September.

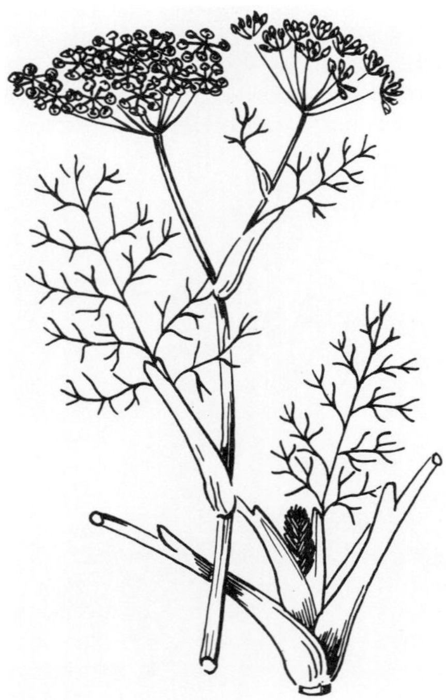

Man verwendet die frischen Blättchen als Salatbeigabe (s. Verwendungstabelle S. 84) und die Früchte als Gewürz oder zur Bereitung von Tee gegen Husten oder zur Beruhigung.
F. gedeiht gut an sonnigen oder halbschattigen Standorten und auf tiefgründigem, durchlässigem Boden. Der Pflanzabstand beträgt 30 cm.

Fichten, in Gärten häufige Koniferen.
Die Gemeine Fichte *(Picea abies)*, die als Waldbaum heimisch ist, wird 40–50 m hoch. In Gärten werden nur kleinwüchsige oder zwergwüchsige Sorten angepflanzt. Sie stellen keine großen Ansprüche an den Boden. Nur Staunässe vertragen sie nicht. Die Nadeln sind dunkelgrün und werden 15–20 mm lang. Die Blütezeit ist im Mai.

Gemeine Fichte

Serbische Fichte

Aus den Gebirgen von Jugoslawien stammt die Serbische Fichte *(Picea omorica)*. Sie wird 20–30 m hoch und selten als Ursprungsart, häufiger jedoch in kleiner bleibenden Sorten in Gärten gepflanzt. Die Serbische Fichte braucht tiefgründigen Boden, der möglichst lehmhaltig sein soll. Die Nadeln sind 10–20 mm lang, oberseits glänzend dunkelgrün und an der Unterseite blauweiß. Sie blüht ebenfalls im Mai. Ihre Zapfen sind wesentlich kleiner und dunkler als die der Gemeinen Fichte. Da sie widerstandsfähig gegen Industrie- und Autoabgase ist, wird sie gern in Gärten angepflanzt.

Fichtenläuse, Koniferenschädlinge.
Nadelgehölze können von verschiedenen Schädlingen befallen werden. Unter ihnen sind die F. hervorzuheben.
Die Sitkafichtenlaus *(Liosomaphis abietinum)* schädigt vor allem Blaufichten und Sitkafichten, indem sie den Saft aus den Nadeln saugt. Dies macht sich durch Vergilben und Nadelfall bemerkbar.

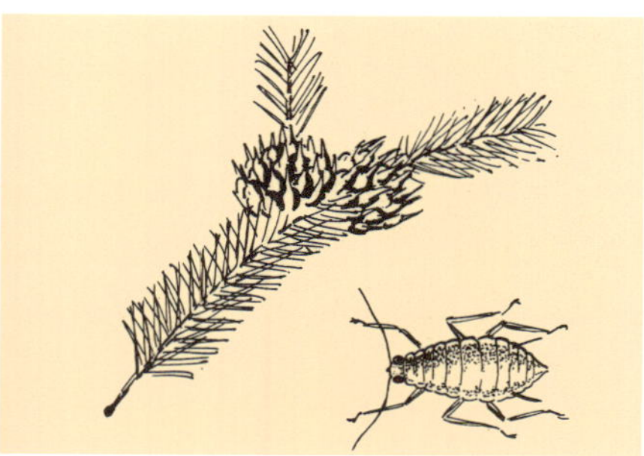

Die Gelbe Fichtengallenlaus *(Sacchinphantes abietis)* bildet an Fichten ananasförmige Gallen. Daneben gibt es noch andere Fichtengallenlausarten, die unterschiedliche Gallen bilden.

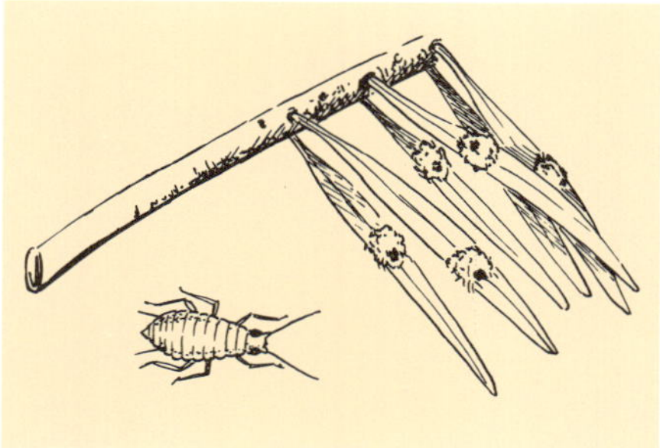

Wolläuse saugen im Frühjahr oder zeitigen Sommer an den Nadeln. Man erkennt die Wolläuse an den weißen Wachsfäden, von denen sie bedeckt sind. Bekannt ist vor allem die Douglasienwollaus *(Giletteela coweni)*.

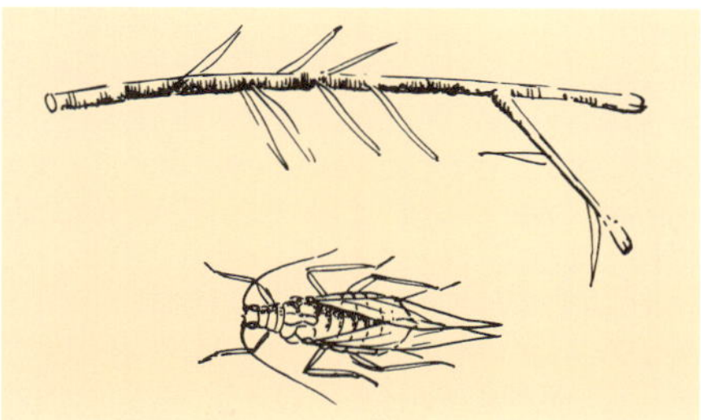

Bei stärkerem Befall kann eine Bekämpfung durch Spritzen von geeigneten Insektiziden notwendig werden.

Fleißiges Lieschen, s. S. 19.

Flieder, s. S. 26.

Floribundarosen, → Rose.

Folien, lichtdurchlässige dünne Kunststoffbahnen zum Abdecken früher Kulturen im Garten. Wichtig ist, daß sie eingestanzte Luftlöcher besitzen, denn unter einer luftdichten Folie kommt es leicht zu Fäulnisbildung.
Eine Weiterentwicklung der Abdeckfolien sind die *mitwachsenden Folien.* Sie sind mit zahlreichen, gegenseitig versetzten Einschnitten versehen, so daß die heranwachsenden Pflanzen sie bis zu einer gewissen Höhe mitschieben können. Wenn sie sich nicht mehr weiter dehnen, müssen sie allerdings auch entfernt werden. Die vielen Schlitze bewirken eine gute Belüftung, ohne daß der Abdeckschutz wesentlich geringer wäre als bei den nur gelochten F. Durch die mitwachsenden F. dringt auch Regen- oder Gießwasser ein, so daß sie zum Wässern nicht entfernt werden müssen.
Abdeckfolien werden an den Beeträndern mit Erde oder Steinen beschwert, damit sie nicht vom Wind fortgeweht werden können.
Ähnlich wie die F. verwendet man Abdeckhauben für Tomaten oder andere empfindliche Pflanzen. Nur wird damit jede Pflanze einzeln eingehüllt und kann so im Herbst vor frühen Frösten geschützt werden.

Folientunnel, über Drahtbügeln tunnelartig aufgespannte Plastikfolie. Sie läßt sich über ganze Beete spannen, also großflächig verwenden. Der F. dient bereits vielfach als Frühbeetersatz.

Zur Arbeit an den Pflanzen und zur Regulierung der Belüftung läßt sich der Tunnel leicht anheben. Er schützt gegen kalten Wind, gegen Schnee und Regen und gegen Austrocknung. Die Strahlungswärme der Sonne staut sich unter ihm, so daß es immer wärmer ist als in der nicht abgedeckten Umgebung. Wenn es draußen allerdings allgemein wärmer ist, soll man ihn bald entfernen, damit darunter kein Hitzestau entsteht, der den Pflanzen schadet. Das etwas mühsame Aufspannen der Folie entfällt bei Tunneln aus Hartfolie, die nur über die Kulturen gestülpt werden. Sie sind allerdings auch erheblich teurer. Ein Kompromiß sind Tunnel aus Wellplastik.

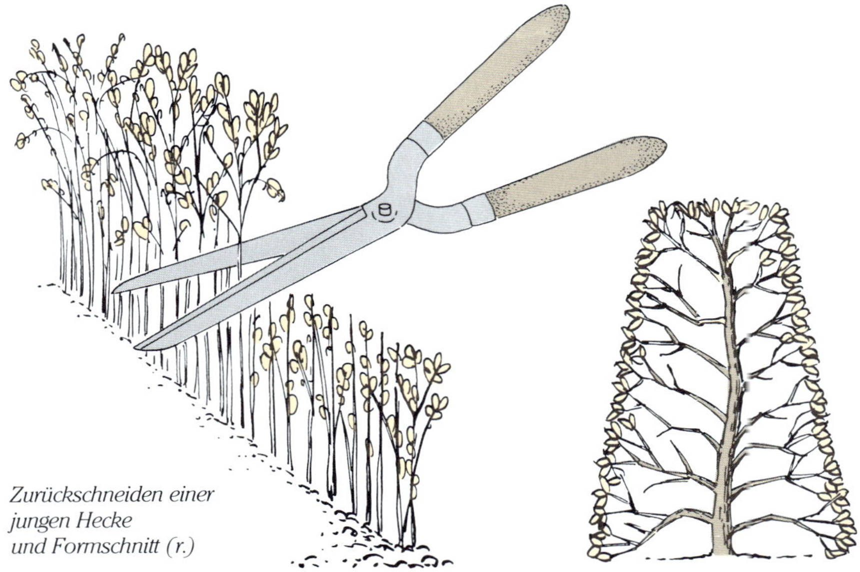

Zurückschneiden einer jungen Hecke und Formschnitt (r.)

Formhecke, Hecke, die durch regelmäßigen Schnitt in einer bestimmten Form gehalten wird.
Beim Pflanzen einer F. werden die Jungpflanzen aus der Baumschule auf etwa die Hälfte zurückgeschnitten. Man erreicht dadurch eine kräftigere Verzweigung der Gehölze und eine größere Dichte im unteren Teil der späteren Hecke. Frischgepflanzte Heckengehölze müssen so lange regelmäßig und ausreichend gewässert werden, bis sie angewachsen sind. Sonst trocknen sie durch den Wind leicht aus und verdorren.
Im Folgejahr schneidet man den Neuzuwachs der Hecke um ⅓ bis ½ zurück, und das geschieht weiter, bis die endgültige Höhe erreicht ist. Dann erfolgen 2–3 Schnitte im Jahr. Die ausgewachsene Hecke

schneidet man nach oben konisch zu. So erhalten auch die unteren Teile Licht und verkümmern nicht.
Es gibt zahlreiche heckengeeignete Gehölze, die einen regelmäßigen Formschnitt vertragen. Gern gepflanzt werden immer wieder Hainbuche, Liguster oder Buchsbaum.
Der Formschnitt wird mit der Heckenschere durchgeführt. Mit motorgetriebenen Schneidegeräten kann der frische Zuwachs gekürzt werden. Holzige Bereiche schneiden diese Geräte meist nicht ordnungsgemäß. Sie verletzen die Zweige, so daß diese von Hand nachgeschnitten werden müssen.
F.n sind beliebt zur Abgrenzung von Grundstücken. Sie können den Zaun ersetzen.

Forsythie, s. S. 26.

Franzosenkraut, Kleinblütiges Knopfkraut *(Galinsoga parviflora)*, Samenunkraut.
Die Pflanze wächst meist aufrecht und ist mehrfach verzweigt. Die eiförmigen, spitz auslaufenden Blätter sind gezähnt. In ihren oberen Teilen ist die Pflanze kurz und spärlich behaart. Die gestielten Blütenköpfchen stehen doldenartig zusammen. Die Mitte des Blütenköpfchens besteht aus gelben Scheibenblüten (dem „Knopf“). Sie werden umrahmt von weißen Zungenblüten. Die Blütezeit dauert über die ganze Vegetationszeit an (Mai–Oktober). Die Wuchshöhe beträgt 10–80 cm.

Die einjährige Pflanze stammt aus Peru und ist in Europa verwildert. Sie ist ungewöhnlich fruchtbar. Auf sandigen Lehmböden gedeiht sie besonders gut. Das F. kann bis zu 3 Generationen im Jahr hervorbringen. Da es ständig neue Blüten bildet, ist die Ausbreitung sehr stark. Man muß es konsequent beseitigen, damit es sich nicht zu sehr vermehren kann.

Frostgare, Erzielung der Krümelstruktur des Bodens durch Frosteinwirkung.
In der klassischen Gartenbearbeitung wurde das Gartenland im Herbst umgegraben;

die unzerkleinerten Schollen blieben offen liegen und konnten durchfrieren. Tatsächlich sprengt das in den Bodenporen vorhandene Wasser beim Gefrieren, bei dem es sich als Eis ausdehnt, die verfestigten Bodenteilchen voneinander. Beim Auftauen und während der Schneeschmelze schlämmen sie jedoch weitgehend wieder zusammen, so daß der Erfolg verhältnismäßig gering ist.
Durch das häufige Umgraben werden dagegen die Bodenorganismen empfindlich gestört. Da dies nachteilig ist, soll man auf das herbstliche Umgraben weitgehend verzichten. Eine Bodenlockerung mit dem Sauzahn im Herbst und im Frühjahr ist jedoch wichtig.

Frostkeimer, Samenarten, die zur Keimung in gequollenem Zustand die Einwirkung von Kälte benötigen.
Es muß jedoch nicht ausdrücklich Frost sein; Temperaturen nahe 0°C reichen aus. So keimen sie auch nach ausgesprochen milden Wintern.
Samen von Pflanzen, die F. sind, sät man schon im Herbst. Sie keimen dann im Frühjahr. Man kann die Samen aber auch im Frühjahr aussäen. Dazu muß man sie zuvor in einer Schale mit Wasser quellen lassen, sie dann aus dem Wasser nehmen und für einige Tage in den Kühlschrank legen. So ist der Erfolg auch bei der Frühjahrsaussaat gewährleistet. Eine Kältebehandlung der trockenen Samen bleibt ohne Wirkung.
Andererseits vertragen Samen kälteempfindlicher Pflanzen (z. B. Bohnen) im gequollenen Zustand keinen Frost mehr. Deshalb muß man mit der Aussaat bis in den Mai warten.

Frostspanner, Raupen von Schmetterlingen als Schadinsekten.
Die Raupen des Kleinen Frostspanners *(Cheimatobia brumata)* sind etwa 25 mm lang und grün mit dunklen Rückenstreifen, die des Großen Frostspanners *(Hibernia defoliaria)* etwa 35 mm lang, an der Oberseite rotbraun und an der Unterseite hellgelb.
Den Namen haben die Insekten von der Fortbewegungsart ihrer Raupen erhalten. Diese bewegen sich spannend fort, d. h., sie halten sich mit den Vorderbeinen fest und schieben mit den Hinterbeinen nach, so daß sich die Körpermitte aufwölbt. Die Raupen fressen an Knospen, Blüten und jungem Laub von Kern- und Steinobst.
Sie verpuppen sich im Boden, und im Herbst nach den ersten Frühfrösten schlüpfen die Schmetterlinge aus. Die Weibchen besitzen nur Flügelstummel und sind flugunfähig. Zur Eiablage klettern sie am Stamm hinauf.
Die sicherste Bekämpfung ist immer noch das Abfangen der Weibchen mit Leimringen. Diese werden Ende September/Anfang Oktober an den Stämmen der Bäume angebracht. Sie müssen dicht anliegen, so daß die Tiere nicht darunter durchschlüpfen können.

Fruchtwechsel, jährlich wechselnde Nutzung des Gemüsegartens durch verschiedene Pflanzen.
Der F. richtet sich nach den Nährstoffansprüchen der Gemüsearten:
1. Schwachzehrer (z. B. Erbsen, Bohnen, Salatgemüse). Sie benötigen nur etwas Kompostbeimischung zum Boden oder geringe Mengen eines Volldüngers.
2. Mittelzehrer (z. B. Wurzelgemüse, wie Möhren, Radieschen, Kartoffeln). Ihr Nährstoffbedarf wird durch 2 oder 3 Volldüngergaben oder reichlich Kompost befriedigt.
3. Starkzehrer (z. B. Kohlsorten). Sie wachsen auf frisch gedüngtem Land, auch wenn Stalldünger verwendet wurde. Mittel- und Schwachzehrer können nicht auf frisch mit Stalldünger gedüngtes Land gepflanzt werden. Meist wird man Starkzehrern reichlich organischen Handelsdünger, Volldünger und Kalk geben.
Entsprechend wird der Gemüsegarten in 3 Bereiche eingeteilt, die den Anforderungen gemäß aufgedüngt werden. In jedem Folgejahr wird in der Weise gewechselt, daß die Schwachzehrer auf den Bereich der Mittelzehrer und die Mittelzehrer auf den Bereich der Starkzehrer des Vorjahres gepflanzt werden. Der ehemalige Bereich der Schwachzehrer wird stark aufgedüngt und entsprechend genutzt.
So entsteht eine Fruchtfolge in dreijährigem Rhythmus. Sie ermöglicht eine optimale Bodennutzung und wirkt der Ausbreitung von Krankheitskeimen entgegen.

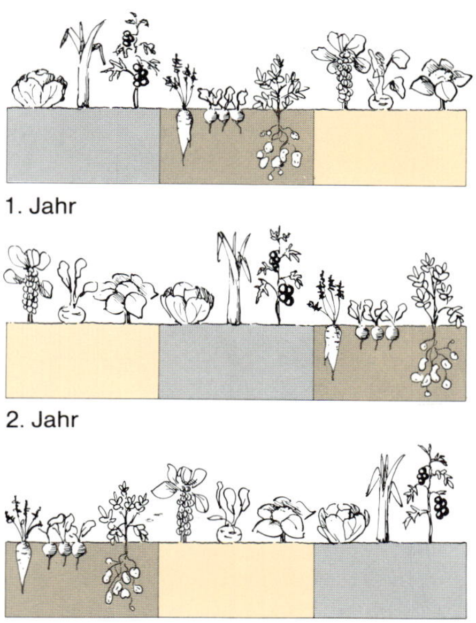

Frühbeet, zur Anzucht junger Pflanzen angelegtes abgedecktes Beet.
Das *kalte F.* ist ein mit Brettern eingerahmtes Beet, das sich leicht mit einem oder mehreren hochklappbaren Fenstern abdecken läßt. Man erzielt auch im kalten F. ein so günstiges Kleinklima, daß in dem geschützten Kasten frühe Anzuchtkulturen möglich sind.

Das *warme F.* ist aus dem einstigen Mistbeet hervorgegangen. Bei diesem nutzte man die bei der Verrottung von vornehmlich Pferdemist entstehende Wärme zur „Beheizung". Da Mist kaum noch zu beschaffen ist, hat man nach anderen Möglichkeiten gesucht, ein F. warm zu halten. Anstelle des Mistes eignet sich eine Packung aus Laub, die man unter die Frühbeeterde schichtet. Als Abschirmung gegen die Bodenkälte haben sich auch Styropor- (Poresta-)platten bewährt. Sehr gute Dienste leisten elektrisch beheizte Platten oder kunststoffbeschichtete Drähte, die durch einen Thermostat gesteuert werden. Allerdings fallen dabei neben den Anschaffungskosten laufend hohe Stromkosten an.

Fuchsie, s. S. 19

Fungizide, pilztötende Pflanzenschutzmittel.
Es gibt F., die nur gegen bestimmte Pilzkrankheiten wirken sowie Mittel mit breitem Anwendungsbereich. Wenn der Einsatz von F. im Garten unumgänglich erscheint, sollte man sich beim Kauf im Fachgeschäft unbedingt genau beraten lassen und sich bei der Anwendung exakt an die Vorschriften halten.
Durch →Mischkultur, →Fruchtwechsel, Wahl resistenter (= nicht anfälliger) Sorten und geeignete Pflegemaßnahmen kann man vielen Pflanzenkrankheiten vorbeugen, so daß der Einsatz von F. nicht nötig wird. Mittlerweile bietet der Fachhandel auch einige pilzhemmende Mittel auf pflanzlicher Basis an, z. B. Schachtelhalm- und Knöterichextrakte

Futterhäuschen, geschützter Platz für die Winterfütterung der Vögel im Garten. Ein F. soll den Vögeln die Möglichkeit bieten, in Notzeiten geeignetes Futter zu finden.

Die Winterfütterung soll nur erfolgen, wenn die Vögel wirklich in Not geraten, z. B. bei starkem Schneefall. Auf keinen Fall soll man die Tiere überfüttern. Das läßt sie bequem werden, so daß sie nicht mehr nach Insekten oder Samen suchen.
Der Futterplatz ist gewissenhaft sauber zu halten, denn bei dem starken Besuch werden Krankheiten (z. B. Salmonellen) leicht übertragen.
Mit der Winterfütterung lockt man sich unter Umständen die Vögel heran, die im Sommer den Obstgarten plündern. Auch das ist zu bedenken.
Winterfütterung soll sein, aber mit Vernunft und nicht aus falsch verstandener Tierliebe.

Gänseblümchen *(Bellis perennis)*, Tretunkraut.
Die Blätter des G.s sind eiförmig bis spatelförmig und am Rand oft leicht gekerbt. Sie stehen in einer dem Boden meist dicht anliegenden Rosette zusammen. Die Blütenköpfe stehen einzeln am Ende blattloser Stiele. Die inneren gelben Scheibenblüten sind von weißen Zungenblüten umgeben, die manchmal rötliche Spitzen haben. Die Blütenköpfe wenden sich dem Licht zu. Nachts und bei Regenwetter schließen sie sich.
G. blühen von Februar–November, bisweilen ganzjährig. Die Wuchshöhe beträgt bis zu 10 cm. Die ausdauernde Pflanze besitzt einen kriechenden Wurzelstock und vermehrt sich reichlich durch Samen. Sie wächst an sonnigen Standorten auf nährstoffreichen Böden.

G. breiten sich manchmal im Rasen so stark aus, daß ihre Blattrosetten das Gras verdrängen. Sie sind trittfest und werden beim Rasenmähen nicht erfaßt, weil die Rosetten unter der Schnitthöhe stehen. Während Einzelpflanzen durch Ausstechen zu beseitigen sind, kann ein massenhaftes Vorkommen im Rasen nur durch Unkrautvernichtungsmittel bekämpft werden. Es ist jedoch zu überlegen, ob dessen Einsatz wirklich erforderlich ist.

Gänsedistel *(Sonchus asper)* Samenunkraut.
Am glatten, hohlen Stengel befinden sich die dunkelgrünen, stachelig gezähnten Blätter. Der Blattgrund umfaßt beiderseits den Stengel. Dieser ist vom Grunde an verzweigt. Die gelben Blütenköpfe bestehen nur aus Zungenblüten. Die Blütezeit ist von Juni–Oktober. Die einjährige Pflanze erreicht eine Wuchshöhe von 30–100 cm. Sie bevorzugt nährstoffhaltige Lehmböden.

Wenn die Früchte mit Haarkrone ausreifen können, werden sie weit verweht und tragen zur starken Ausbreitung des Unkrauts bei. Man jätet möglichst vor der Blüte und Fruchtbildung.

Gartenheidelbeere *(Vaccinium corymbosum)*, Beerenobst (s. S. 50).
Obwohl die heimische Heidelbeere *(Vaccinium myrtillus)* ebenfalls im Garten angepflanzt werden könnte, verzichtet man wegen des geringen Ertrags auf diese Art, deren Beeren in den Wäldern gern geerntet werden. In den Gärten ist die nordamerikanische Blueberry (Gartenheidelbeere) günstiger. Sie liefert an den hohen Pflanzen großen Ertrag. Die in ihrer Heimat bis zu 4 m hohen Sträucher erreichen bei uns nur eine Höhe von etwa 2 m.

Gartenkresse *(Lepidium sativum)*, scharf schmeckendes Gewürzkraut.
Die G. ist eine schnellwüchsige Pflanze, die 30–50 cm hoch wird. Stengel und Laub sind frischgrün und leicht bläulich gefärbt.

Man läßt sie nur etwa handhoch wachsen und erntet dann das frische Kraut. Um stets das beliebte Würzkraut für Salate u. a. zur Verfügung zu haben, sind mehrere Folgesaaten erforderlich. Erntet man nicht rechtzeitig, dann wachsen die Pflanzen bis zur Blüte aus. Die kleinen weißen Kreuzblüten stehen in Rispen zusammen. Man kann solche aufgeschossenen Pflanzen bis zur Samenreife stehenlassen und erhält dadurch reichlich neuen Samen.
Im Freien keimt die Kresse in wenigen Tagen, in Saatschalen im Zimmer meist schon am folgenden oder übernächsten Tag. In Zimmerkultur bleiben die Keimpflanzen abgedeckt, bis sie die Samenschalen abgeworfen haben. Werden sie zu trocken, dann können sie sich nicht von ihnen befreien.

Gartenplan, Plan für die Anlage eines Gartens.

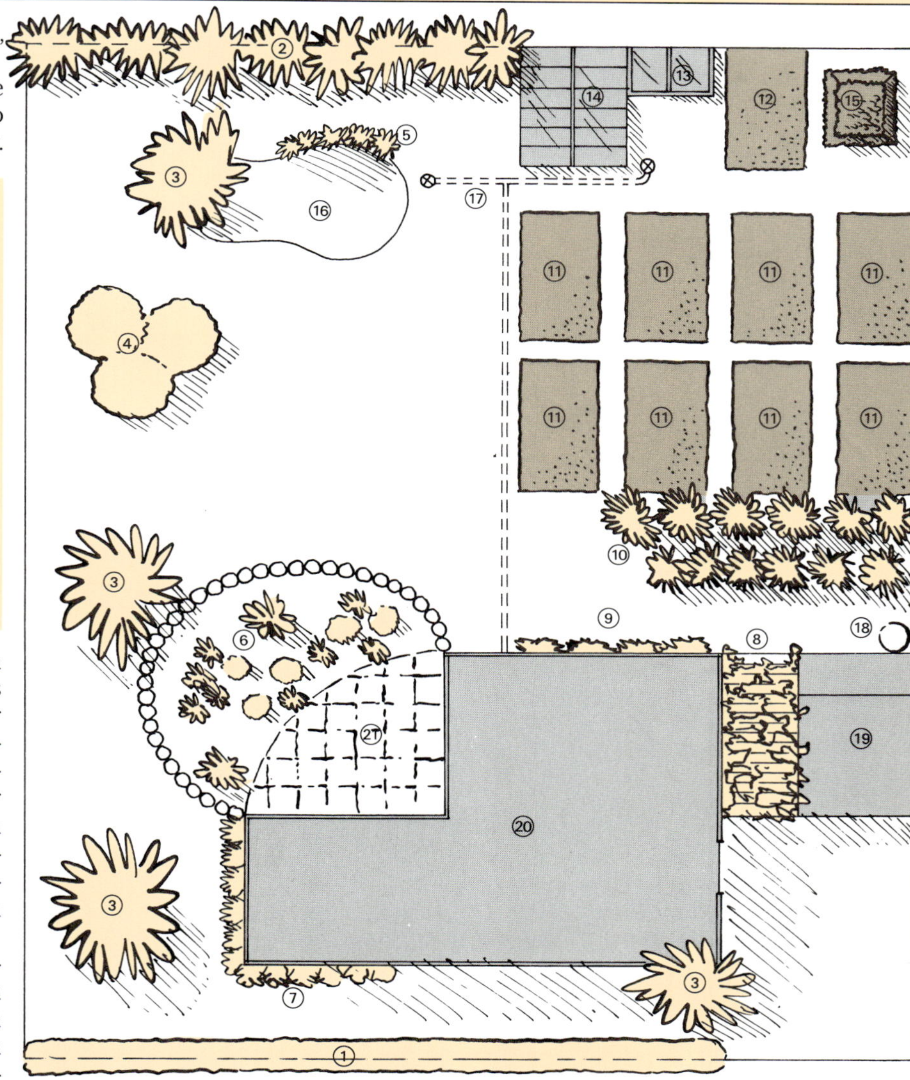

① Formhecke
② Naturhecke
③ Laubbäume
④ Koniferen
⑤ Sumpfpflanzen
⑥ Steingartengewächse
⑦ Rabatte
⑧ Pergola
⑨ Spalier
⑩ Obststräucher
⑪ Gemüsebeete
⑫ Saatbeet
⑬ Frühbeet
⑭ Gewächshaus
⑮ Kompostmiete
⑯ Gartenteich
⑰ Wasserleitung
⑱ Regentonne
⑲ Garage + Geräteraum
⑳ Wohngebäude
㉑ Terrasse

Besonders die Anlage kleinerer Hausgärten erfordert eine sorgfältige Planung. Auf dem begrenzten Raum müssen vor allem die dauerhaften Anlagen und Pflanzungen zweckmäßig zueinander angeordnet sein. Man zeichnet sich darum einen maßstabgerechten G. Die Lage des Hauses, die Nachbargrundstücke und die Himmelsrichtungen sind zu berücksichtigen. Stauden, Sträucher und Bäume werden bereits in den notwendigen Pflanzabständen eingetragen. Bei Stauden und Gehölzen ist besonders auf die spätere Wuchshöhe zu achten. Höhere Gewächse sollen niedrigere nicht überschatten, es sei denn, man pflanzt schattenliebende Arten. Wenn die frischen Pflanzungen noch zu leer erscheinen, setzt man für die ersten Jahre einjährige Pflanzen als Platzhalter ein. Das ist günstiger, als zu dicht stehende Gehölze eines Tages teilweise wieder zu entfernen.
Der Grenzabstand zum Nachbargrundstück muß beachtet werden. Gehölze, die weniger als 2 m hoch werden, sollen mindestens ½ m, solche, die über 2 m hoch werden, mindestens 2 m von der Grenze entfernt gepflanzt werden. Die nachbarrechtlichen Bestimmungen können örtlich davon abweichen. Man erfährt sie bei der Gemeindeverwaltung.
Wenn ein Gartenteich angelegt werden

soll, ist auch an die Verlegung einer Wasserleitung zu denken. Dasselbe gilt für die Aufstellung eines Gewächshauses.
Bei der Planung von Rasenflächen muß man die spätere Verwendung berücksichtigen. Einen Spielrasen für Kinder wird man an einer anderen Stelle anlegen als einen Schmuckrasen oder gar eine Wiese.
Auch die Pflegemaßnahmen müssen rechtzeitig bedacht werden. Wenn man wenig Aufwand haben will, sollte man möglichst gerade Linien mit einem geeigneten Abschluß wählen. Eine engere Verzahnung mit Blumenbeeten und Gehölzgruppen ist interessanter, doch braucht man dabei auch mehr Zeit für die Pflege.

Gartenschere, Werkzeug, → Schere.

gegenseitige Beeinflussung, günstige oder ungünstige Wechselwirkung zwischen verschiedenen Pflanzenarten *(Allelopathie)*.
Pflanzen scheiden über ihre Blätter Stoffe aus, die als Duft auf andere Pflanzen wirken. Durch den Regen werden Stoffe aus den Blättern ausgewaschen und gelangen in den Boden und an die Wurzeln. Schließlich scheiden auch die Wurzeln selbst Stoffe aus, auf die die Wurzeln anderer Pflanzenarten reagieren. Es gibt bestimmte Pflanzen, die nebeneinander nicht gedeihen, z. B. Kapuzinerkresse und Ringelblume. Wermut erzeugt einen Stoff, der das Wachstum vieler Pflanzenarten behindert, wenn er durch Auswaschen auf diese gelangt.
In der freien Natur regulieren sich die Pflanzengesellschaften so ein, daß unverträgliche Arten nicht nebeneinander aufwachsen. Die gegenseitig verträglichen bleiben übrig. Im Garten werden dagegen ständig von neuem Pflanzen nebeneinander gesetzt, von denen man oft noch gar nicht weiß, ob sie sich positiv, negativ oder gar nicht beeinflussen. Bekannte Beispiele sind in der Tabelle für → Mischkultur erfaßt.
Durch die Beachtung der gegenseitigen Beeinflussung kann man im Garten erfolgreicher arbeiten.

Gehölzstecklinge, vegetative Vermehrungsform bei Sträuchern.
Aus den zur Vermehrung vorgesehenen Sträuchern schneidet man sich junge Äste heraus, deren Holz jedoch schon hart ge-

worden ist *(Hartholzstecklinge)*. Mit einem scharfen Messer schneidet man die unverzweigten Äste in 25–30 cm lange Stücke. Das obere Ende wird über einem Auge oder Knoten, das untere unter einem Auge oder Knoten abgeschnitten. Aus manchen Ästen erhält man so mehrere Stecklinge.
Da die beste Zeit, Hartholzstecklinge herzustellen, der Oktober ist, sind die sommergrünen Sträucher meist schon ohne Blätter. Anderenfalls werden sie entfernt. Bei wintergrünen Sträuchern werden nur die Blätter an der unteren Hälfte der Stecklinge entfernt.
Die so vorbereiteten Stecklinge pflanzt man auf das Saatbeet. Sie sollen etwa zur Hälfte im Boden stecken. Im Laufe des kommenden Jahres bewurzeln sie und bilden neues Laub. Nach etwa 1 Jahr sind sie so weit herangewachsen, daß man sie verpflanzen kann.

Geländemodellierung.
Durch unterschiedliche Höhen und Tiefen kann man auch im kleinen Garten eine abwechslungsreiche Geländeform schaffen. Sie ist zwar in der Pflege etwas aufwendiger, aber als Möglichkeit für den Sichtschutz, als Anlage eines Steingartens u. a. sehr zu empfehlen.

Am einfachsten ist es, bei einem Neubau den Erdaushub dafür zu verwenden. Doch können G.en auch später noch mit dem vorhandenen Boden durchgeführt werden. Gibt der Garten das Material nicht her, so kann man sich Erde anfahren lassen.
Wenn sich die Veränderungen auf die Grundstücksgrenzen auswirken, muß vorher eine Einigung mit den Nachbarn erzielt werden.

Gelbe Fichtengallenlaus, → Fichtenläuse.

Gemeine Fichte, → Fichten.

Geranie, s. S. 19.

Giersch *(Aegopodium podagraria)*, Dauerunkraut.
Die aufrechten, verzweigten Stengel sind kantig, gefurcht und hohl. Die doppelt dreizählig gefiederten Blätter sind oberseits hellgrün und unterseits dunkler. Die Blütendolde trägt kleine weiße Blüten. Sie blühen von Mai–August. Die Wuchshöhe beträgt 30–100 cm.
Die ausdauernde Pflanze bildet bis zu 50 cm lange unterirdische Ausläufer, durch die sie sich stark vermehrt. Ihre reichlich entstehenden Samen werden weit verbreitet. G. breitet sich daher auf nährstoffhaltigen, etwas feuchten Böden, besonders an halbschattigen Stellen, stark aus. Aus den Ausläufern sprießen ständig neue Grundblätter hervor, so daß ein flächendeckender Bewuchs entsteht.

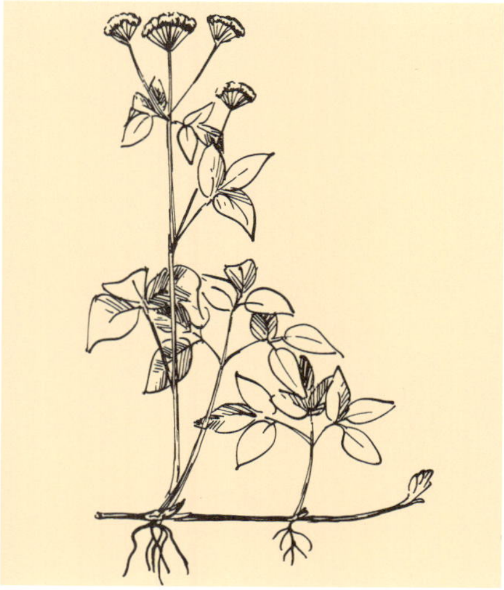

G. ist schwer zu beseitigen, da alle unterirdischen Teile sorgfältig entfernt werden müssen. Wenige zurückbleibende Ausläuferteile tragen schnell wieder zur Erholung des Bestandes bei. Eine langwierige, aber recht wirksame Methode ist das Aushungern. Dazu entfernt man regelmäßig alle oberirdischen grünen Teile. Ohne diese kann die Pflanze keine Photosynthese betreiben und geht allmählich zugrunde.

gießen, mittels einer Gießkanne mit Wasser versorgen.
Das Gießwasser soll möglichst dieselbe Temperatur haben wie die Luft. Man sammelt es daher in geeigneten Behältern im Garten, damit es sich erwärmen kann. Wasser vom Gemüsespülen in der Küche kann z. B. dazu verwendet werden. Auch Regenwasser sollte in einer Regentonne aufgefangen werden.

Mit der Gießkanne geht man am Beet entlang, während das Wasser durch die Brause hinausläuft. Für ein Beet mit wachsenden Pflanzen benötigt man je nach Trockenheit und Beetlänge 2–5 volle Kannen Wasser. Die beste Gießzeit sind die Abendstunden.
Das Angießen einzelner Pflanzen erfolgt ohne Brause. Die große Wassermenge, die dabei in den Boden eindringt, verdichtet diesen. Er muß möglichst bald durch Hacken wieder aufgelockert werden.

Gladiole, s. S. 22.

Goldmohn, Sommerblume, s. S. 6.

Grabgabel, Gerät zum Graben.
Die meist vierzinkige Gabel, aus festem Material gearbeitet, wird ähnlich verwendet wie ein Spaten. Man nennt sie auch *Spatengabel.* Mit ihr ist das Graben leichter, da der Boden nicht abgeschnitten, sondern abgestochen wird, also in seinem natürlichen Gefüge gelockert und abgehoben wird.
Beim Arbeiten mit der G. werden weit weniger Regenwürmer getötet als mit dem Spaten.
Mit der G. läßt sich der Boden auch lockern, ohne daß man ihn umgräbt. Dazu sticht man die Gabel ein, hebt den Boden etwas an und läßt ihn locker wieder herunterfallen, ohne ihn umzukippen.
Zum Umsetzen des Komposthaufens wird ebenfalls die G. benutzt.

Grasmischungen.
Es ist wichtig, die richtige Grassamenmischung für den späteren Verwendungszweck auszuwählen. Längst sind geeignete Sorten von Gräsern gezüchtet worden, die in entsprechenden Mischungen den verschiedensten Anforderungen gerecht werden. Es gibt Mischungen für Spielrasen, Zierrasen, für sonnige Standorte oder für Schatten u. v. a. Beim Einkauf sollte eine fachmännische Beratung in Anspruch genommen werden.

Grasschere, Werkzeug, → Schere.

Grauschimmel, Botrytis, schimmelartiger Belag auf Blättern, Stengeln und Früchten.
Der G. tritt in verschiedenen Arten an entsprechend verschiedenen Pflanzenarten auf. Besonders befallen werden Erdbeeren, Himbeeren, die Blätter von Tomaten, Salat und Sommerblumen.
Der G. kommt bei feuchter, kühler Witterung oder bei zu dichtem Stand der Pflanzen vor. Da vorwiegend geschwächte Pflanzen befallen werden, ist auf gute Beschaffenheit des Bodens in Struktur und Nährstoffgehalt zu achten.

Grauschimmelgefährdeten Erdbeeren schafft man mehr Belüftung durch Auslichten des Blattwerks. Auf der Erde liegende Früchte werden mit Holzwolle oder Stroh unterlegt. Die Bekämpfung mit Fungizid ist bei Früchten wegen der Wartezeit nicht mehr möglich. Bei Blättern kann man bei sehr starkem Befall zur Erholung der Bestände Fungizid anwenden. Bei trockener Witterung verschwindet der G. meist wieder. In trockenen Sommern tritt er kaum auf.

Grubber, Gerät zum Bearbeiten des Bodens, → Kultivator.

Gründüngung, Anbau bestimmter Pflanzen, die als Dünger untergegraben werden. Grüne Pflanzenteile verrotten schnell zu Nährhumus. Man kann dies ausnutzen, indem man schnellwachsende Pflanzenarten anbaut und beim Umgraben mit in den

Gründüngung (Lupinen)

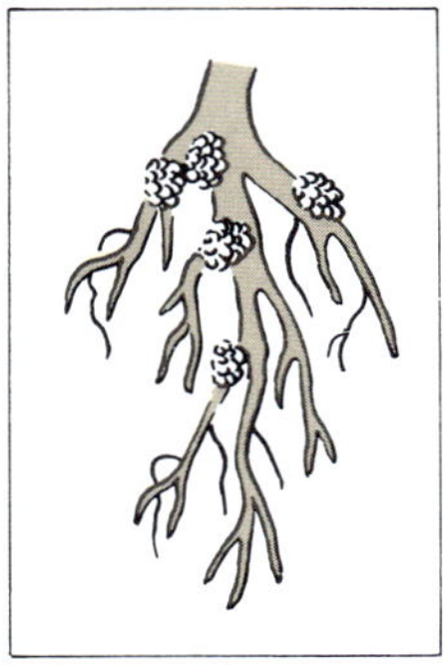

Knöllchen an den Wurzeln von Schmetterlingsblütlern

Boden einarbeitet. Schmetterlingsblütler (z. B. Lupinen) besitzen an ihren Wurzeln Knöllchen, die stickstoffsammelnde Bakterien beherbergen. Sie gehören zu den wenigen Pflanzen, die den Luftstickstoff direkt binden und nutzen können. Wenn man Lupinen als Gründüngungspflanzen anbaut, erhält man eine ausreichende Stickstoffdüngung des Bodens.
G. wird vor allem auf Böden in Neubaugebieten durchgeführt. In ständig genutzten Gärten sät man auf frühzeitig abgeernteten Beeten Gründüngungspflanzen aus. Man kann sie bis zum Frost stehen lassen. Sie sterben dann zwar ab, führen aber durch ihre Verrottung dem Boden Nährstoffe zu. Außerdem liegt der Boden während des Wachstums der Pflanzen nicht offen.

Grünkohl, s. S. 42.

Gurke *(Cucumis sativus)*, Fruchtgemüse (s. S. 30).
Die im Freiland kultivierten G. sind gut als Einlegegurken zu verwenden. Es sind kleinfrüchtige Sorten, die weniger anspruchsvoll sind. Frühzeitig geerntet, können sie auch roh verzehrt werden.
Die langen Salatgurken lassen sich nur im Gewächshaus kultivieren. Man läßt sie an Drahtgestellen bis zum Dach emporranken. Dann kappt man die Spitzen und regt dadurch die Bildung von Seitentrieben an. Es gibt F_1-Hybriden, die ohne Bestäubung Früchte bilden. Männliche Blüten sind also nicht erforderlich, werden auch nicht mehr gebildet.

Hacke, Gerät zum Bearbeiten des Bodens. Im Garten werden leichte H.n mit meist recht scharf gearbeiteten Blättern verwendet. Es gibt verschiedene Formen mit gekrümmtem Stielansatz oder einem breiten

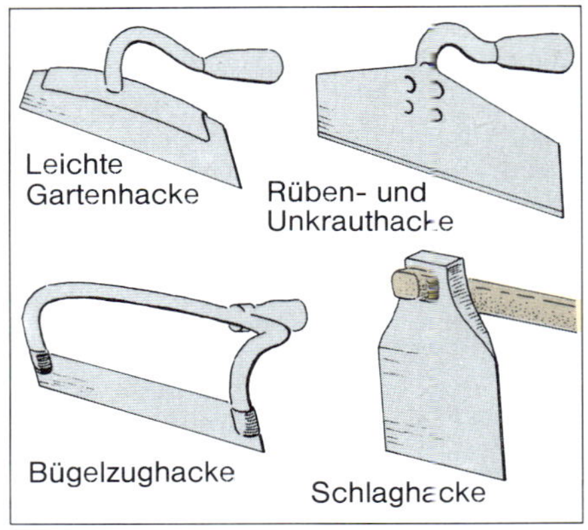

Bügel, der das Blatt hält. Mit der H. wird das Unkraut gejätet und der Boden gelockert, wobei man sie auch als Ziehhacke benutzen kann. Zum Anhäufeln verwendet man ebenfalls eine leichte Hacke.
Für die Arbeiten in schweren Böden benutzt man die Schlaghacke mit ihrem kräftigen Blatt.

hacken, den Boden mit der Hacke auflockern.
Besonders bei schweren Böden ist die Benutzung von *Schlaghacken* nicht zu umgehen, da mit ihnen kräftiger gehackt werden kann. Da man beim Arbeiten hinter der Hacke hergeht, tritt man den aufgelockerten Boden dabei wieder etwas fest. Man sollte deshalb, wo es möglich ist, die *Ziehhacke* benutzen. Damit wird der Boden gelockert, ohne daß man ihn wieder betreten muß. Ziehhacken, die oft nur einen oder mehrere Zinken mit schmalen Blättern haben, lassen sich tief in den Boden hineinziehen.
Durch das Hacken werden Risse, die im Boden entstanden sind, wieder geschlos-

sen und die Verdunstung dadurch herabgesetzt. Das wirkt sich günstig auf den Wasserhaushalt des Bodens aus und fördert Wachstum und Gedeihen der Kulturpflanzen.
Gleichzeitig wird beim regelmäßigen Hacken das Unkraut entfernt (→ jäten).

Häcksler, Gerät, mit dem Gartenabfälle so weit zerkleinert werden, daß sie zum Mulchen oder für den Kompost geeignet sind.
Ein H. ist mit Motor und rotierenden Messern – manche auch mit Schlagwerkzeug – ausgestattet.
Beim Erwerb eines H.s sollte man sich vorher von dessen Leistungsfähigkeit überzeugen. Er bringt nur wirklichen Nutzen im Garten, wenn er auch frische Zweige und dünne Äste vom Baum- und Heckenschnitt verarbeiten kann. Auch sollen die Abfälle in angemessener Zeit gehäckselt werden können. Kleine und billige Geräte schaffen dies nicht. Es ist darum zu überlegen, ob ein starkes (teures) Gerät in einer Interessengemeinschaft erworben werden sollte. In der Regel wird man sich für die Ausstattung mit Elektromotor entscheiden. Nur für Gärten, die keinen Stromanschluß haben, sind Geräte mit Benzinmotoren notwendig.
Das Aufarbeiten der Gartenabfälle mit dem H. ist in der heutigen Zeit, da Mist als Dünger kaum zu beschaffen ist, sehr wichtig. So wird dem Boden viel organische Masse wieder zugeführt, die sonst verloren wäre. Sie ist für die Humusbildung notwendig und kann durch Mineraldünger nicht ersetzt werden.

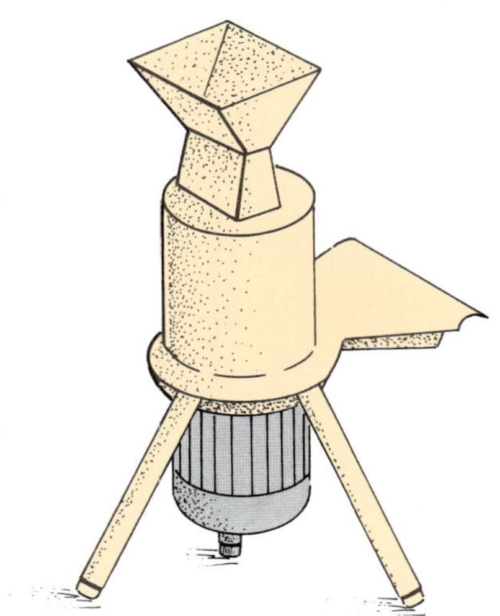

Handschaufel, Gerät zum Pflanzen.
Die H. (Handspaten oder Kelle) wird mit einer Hand benutzt. Sie ist vor allem beim Pflanzen vorteilhaft, da man mit der anderen Hand die Pflanze halten kann.

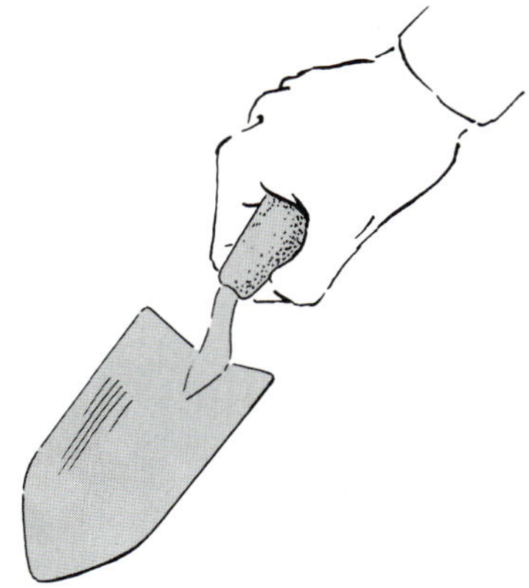

Beim Graben mit der H. kommt es leicht vor, daß mit dem Griff eine Hebelwirkung ausgeübt wird. Dadurch verbiegt sich dieser und bricht nach einiger Zeit ab, wenn das Gerät nicht stabil genug ist. Man sollte darum eine geschmiedete Ausführung vorziehen.

Harke, Gartengerät, → Rechen.

Hartholzstecklinge, junge Äste, → Gehölzsteckling.

Haselnuß, Lambertsnuß *(Corylus maxima)*.
Der in den Gärten angepflanzte Haselnußstrauch ist selten die bei uns wild vorkommende Waldhasel *(Corylus avellana)*. Meistens ist es die Lambertsnuß. Der Strauch wird 6–10 m hoch und gedeiht am besten in einer Hecke zusammen mit anderen Arten. Als Zierstrauch ist die rotblättrige Sorte der Hasel (Bluthasel) beliebt.
Will man Nüsse von den Sträuchern ernten, dann müssen mehrere verschiedene Sorten zusammengepflanzt werden, da die Hochzuchtsorten meist selbstunfruchtbar sind.
Die Blütezeit ist im Februar und März. Die männlichen Blüten bilden hängende Kätzchen (Lämmerschwänzchen), die weiblichen sind unscheinbar und wachsen einzeln in Knospen, aus denen winzige rote Fäden heraushängen.

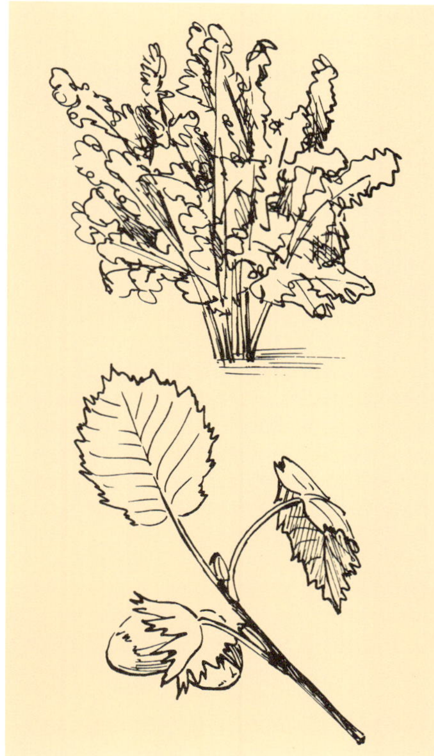

Die Bodenansprüche sind gering. Der Pflanzabstand soll mindestens 2 m betragen.

Heckenschere, Werkzeug, → Schere.

Heidebeet, Beet im → Heidegarten.

Heidegarten, besondere Form des Gartens.
Für Pflanzen, die einen sandigen, mageren Boden benötigen, sind nicht in jedem Garten die richtigen Voraussetzungen gegeben. Für sie muß ein besonderes *Heidebeet* angelegt werden. Das vorgesehene Beet oder Terrassenstück wird 30–40 cm tief ausgehoben und mit einem Gemisch aus Torf und Sand zu gleichen Teilen wieder aufgefüllt.
In das so vorbereitete Beet werden die Heidepflanzen gesetzt. Zum Anwachsen muß mit kalkfreiem Wasser gegossen werden, später meist nicht mehr. Das Heidebeet wird grundsätzlich nicht gedüngt. Humusbildende Pflanzenteile, z. B. darauf gefallenes Laub, müssen abgesammelt werden. Der pH-Wert soll etwa 4 betragen.

Heidekraut *(Calluna vulgaris)*, immergrüner Zwergstrauch (s. S. 14).
Voraussetzung für die Kultur von H. ist die Anlage eines → Heidebeetes. Wenn durch Laubanflug der Boden mit Nährstoffen angereichert wird, gedeiht das H. schlecht. Man muß dann den Boden teilweise erneuern. Einfacher ist das Freihalten des Beetes von humusbildenden Stoffen.
Alternde Heidekrautpflanzen, die nicht geschnitten wurden, werden groß und unförmig. Die Blühwilligkeit läßt immer mehr nach. Man kann das Schneiden teilweise dadurch ersetzen, daß man reichlich von den blühenden Stengeln zum Trocknen abschneidet. Sie halten sich lange ohne Wasser. Beliebt sind auch Heidekränzchen.
Die Wildform des H.s vermehrt sich durch Selbstaussaat. Die Sorten müssen durch Senker vermehrt werden.

Heister, Gehölze, die noch keine Krone ausgebildet haben, aber schon einen Leitstamm und Seitenäste besitzen. Sie sind meist 2–3 Jahre alt.

Herbizide, Unkrautvernichtungsmittel.
H. werden im Garten, sofern im Handel überhaupt erhältlich, nur zur Unkrautbekämpfung im Rasen eingesetzt. Man streut sie meist zusammen mit einem Rasendünger aus. Geeignete H. arbeiten auf Wuchsstoffbasis und wirken nur auf krautige (zweikeimblättrige) Pflanzen; diese wachsen sich regelrecht zu Tode, während die Gräser nicht geschädigt werden. Herbizidanwendung bedeutet aber auch für die Gräser eine Schwächung. Dies versucht man durch anschließende Düngung auszugleichen.
Da immer weniger Hobbygärtner Wert auf einen absolut unkrautfreien Rasen legen und andererseits „totgespritzte" Kräuter im Grün auch kein schöner Anblick sind, wird auf Einsatz von H. zunehmend verzichtet. Hartnäckige Unkräuter bekommt man auf Dauer am besten durch Ausstechen in den Griff.

Herbstaster *(Aster novae-angliae, Aster novi-belgii)*, horstbildende Staude (s. S. 14).
Man unterscheidet zwischen 2 Herbstasternarten, die sich in vielem ähnlich sind. Die Rauhblattaster *(Aster novae-angliae)* hat rauhe Laubblätter. Ihre Blütenköpfe schließen sich nachts und bei regnerischem Wetter. Dies wird von manchen Gartenfreunden als Nachteil empfunden. Sie bevorzugen die Glattblattaster *(Aster novi-belgii)*. Diese Art hat glatte, unbehaarte Laubblätter. Ihre Blütenköpfe schließen sich nicht.
Die Blütengröße und Farbe sind bei beiden Arten ähnlich. Es gibt Sorten in violetten und rosa Farbtönen.

Himbeere *(Rubus idaeus)*, Beerenobst (s. S. 50).
Zum Anbinden der H.n baut man ein Drahtgerüst, indem man zwischen 2 Pfosten 3 Drähte waagerecht spannt. Beim Pflanzen kürzt man die Triebe auf 20–30 cm.
H.n tragen an den Trieben, die sich im Vorjahr gebildet haben. Danach werden diese Triebe, die allmählich absterben, weggeschnitten. Schwache Neutriebe schneidet man ebenfalls heraus. Junge Pflanzen sollen 2–3, ältere 5–7 neugebildete Ruten behalten, die übrigen werden entfernt.

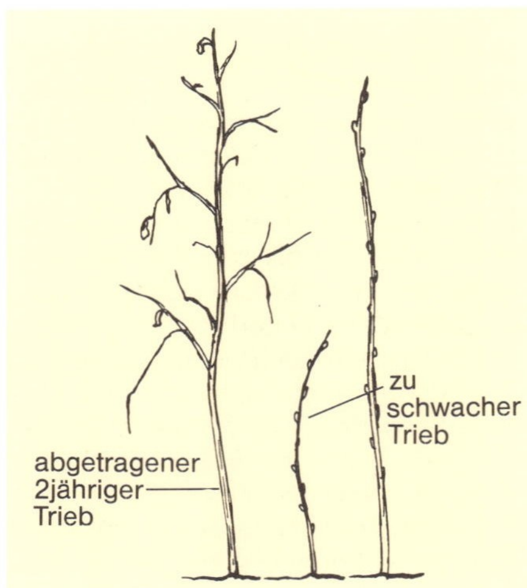

Hippe, Gartengerät, → Messer.

holländern, den Boden 2 Spatenstiche tief umgraben.
Da es darauf ankommt, daß Unterboden und Oberboden nicht miteinander vertauscht werden, wird jede Schicht für sich umgegraben, und zwar nach folgendem Schema:
1. Der Oberboden eines etwa 50 cm breiten Streifens wird spatentief ausgehoben und zur Seite geworfen.

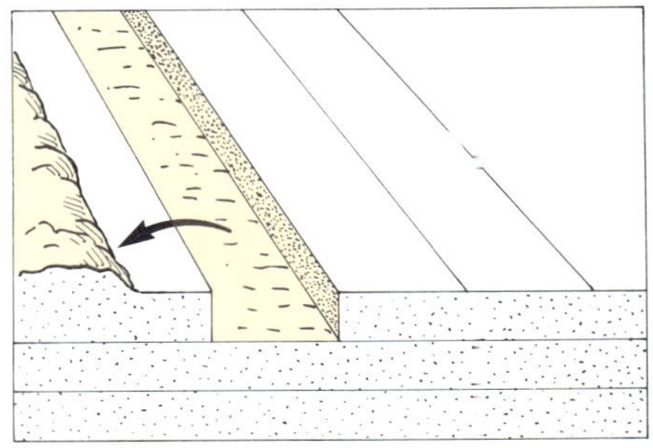

2. Nun gräbt man den Unterboden dieses Streifens um und lockert ihn dadurch. Dann wird der Oberboden eines 2. Streifens abgetragen und wie beim Umgraben auf den gelockerten Unterboden des 1. Streifens geworfen.

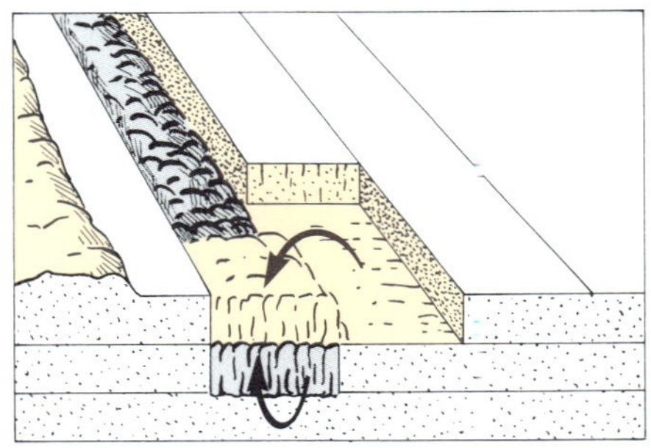

3. Danach wird der Unterboden des 2. Streifens umgegraben und der Oberboden eines 3. Streifens abgetragen. So verfährt man, bis das vorgesehene Gartenstück durch H. bearbeitet ist.

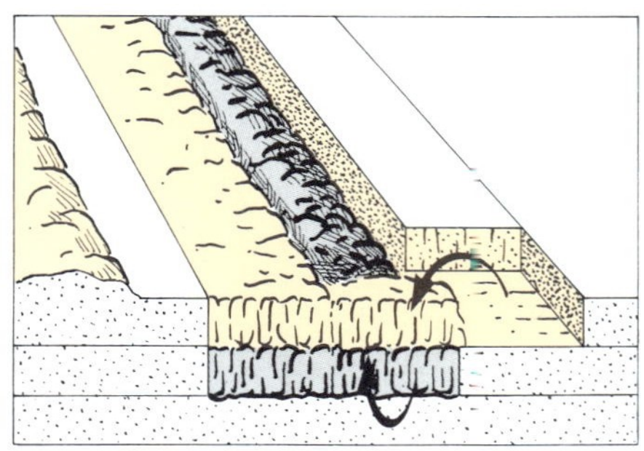

4. Zum Schluß wird die abgehobene Erde des 1. Streifens auf den letzten Streifen, dem ja der Oberboden fehlt, gebracht (evtl. mit der Schubkarre).
Das H. wird angewendet, wenn der Boden so tiefgehend verdichtet ist, daß er durch einfaches Umgraben nicht genügend ge-

lockert werden kann. Anzeichen dafür sind durch Staunässe kränkelnde Pflanzen besonders in schweren lehmigen und tonigen Böden („Untergrundkrankheit").

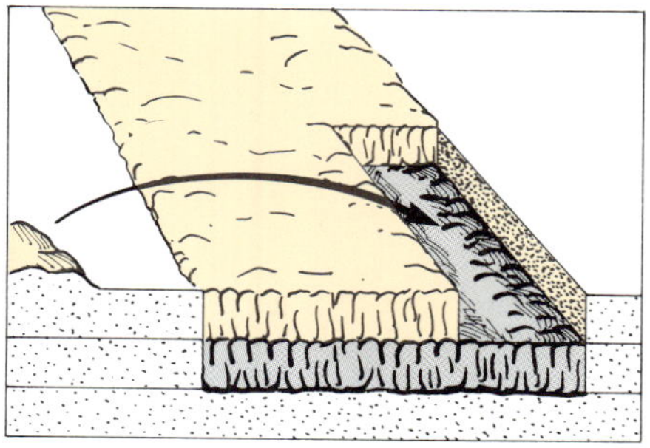

Holzpflaster.
Mit kesseldruckimprägniertem Holz können Wege befestigt werden, indem man kurze Stammstücke mit der Stirnseite (Schnittfläche) nach oben verlegt. Die Länge der H.-stücke richtet sich nach der Festigkeit des Untergrunds. Wenn dieser sandig und nachgiebig ist, sollte man 20 bis 30 cm lange Stücke verwenden. Ist der Weg bereits befestigt, oder wird er auf festerem Boden verlegt, dann genügen 10 bis 15 cm lange Stücke. Die Zwischenräume werden mit Sand aufgefüllt.

Holzrechen, Gartengerät, → Rechen.

Hügelbeet, besondere Beetform im Garten.
Die Gemüsekultur auf H.en findet immer mehr Anhänger. Sie stammt ursprünglich aus China. Sinn des H.s ist es, die fruchtbare Bodenschicht hügelartig anzuheben, um darunter einen luftigen und warmen Raum zu schaffen. Es eignet sich gut zur Verbesserung schwerer und verdichteter Böden. Man gräbt eine 25 cm tiefe und etwa 120 cm breite, beliebig lange Grube aus. In diese füllt man zuunterst kleingeschnittenes Astholz. Es wird mit Laub oder Stroh abgedeckt. Darauf folgt eine dicke Schicht eines guten Gartenerde-Kompost-Gemischs. Durch den Verrottungsprozeß im Inneren sinkt das H. im Laufe der Zeit ein. Es muß nach etwa 5 Jahren neu angelegt werden. Es ist üblich, das H. in Mischkultur zu bepflanzen. Dabei werden hochwachsende Pflanzen an die höchste Stelle und niedrigere an die Seiten gesetzt. Nachteilig wirkt sich allerdings aus, daß vom H. wesentlich

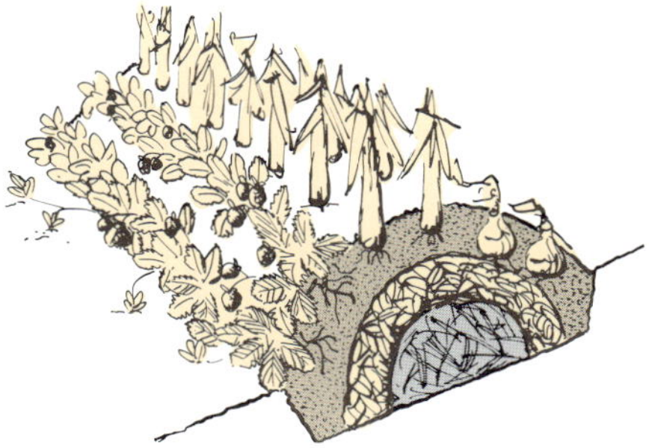

mehr Wasser verdunstet als von einem normalen, flachen Beet. Um hohe Erträge zu erzielen, muß deshalb entsprechend reichlich gewässert werden.
Verwendet man beim Aufbau eines H.s auch viele grüne Pflanzenabfälle, so entsteht bei der Verrottung zuviel Nährhumus. Dadurch kann es zu einer Stickstoffüberdüngung kommen.

Humus, durch Mikroorganismen entstandene Abbauprodukte von Pflanzenteilen.
Abgestorbenes Pflanzenmaterial verrottet; es wird durch die Tätigkeit von Bakterien, niederen Pilzen und tierischen Lebewesen zunehmend zerkleinert und in seine mineralischen Bestandteile zurückgeführt (mineralisiert). Man unterscheidet Rohhumus, Nährhumus und Dauerhumus.
Rohhumus: Die Verrottung ist im Gange, jedoch noch nicht bis zur Mineralisierung fortgeschritten. Mikroorganismen haben sich stark vermehrt und setzen ihre Tätigkeit verstärkt fort, auch wenn man den erst einige Monate alten Kompost auf das Gartenland ausbringt. Die Kompostsilos dienen vor allem der Rohhumusbildung. Durch ihr begrenztes Fassungsvermögen ist ein schneller Durchgang notwendig.
Nährhumus: Frische, grüne Pflanzenteile verrotten zu einem nährstoffreichen Kompost. Der Stickstoffanteil ist hoch, und deshalb düngt dieser Kompost stark.
Dauerhumus: Beim Verrotten holziger und strohiger Pflanzenteile entsteht ein Kompost mit hohem Kohlenstoffanteil, der weniger nährstoffreich ist. Durch die Huminsäuren ist er dunkel gefärbt. Diese binden sich mit Tonteilchen zu Ton-Humus-Komplexen, die Wasser und in Wasser gelöste Stoffe adsorbieren. Dauerhumus ist als Bestandteil guter Böden unerläßlich.

Hundsrose, → Parkrose.

Hybriden, Mischlinge verschiedener, nahe verwandter Pflanzenarten.
Nahe verwandte Pflanzenarten bastardieren häufig miteinander. Dies wird vielfach in der Pflanzenzucht genutzt. Wenn die Eltern der Bastarde eindeutig bekannt sind, wird dies im Namen durch ein Kreuzungszeichen ausgedrückt, z. B. Fragaria x ananassa (Erdbeere). Andernfalls weist man den Bastard im Namen aus, z. B. Iris-Barbata-Hybride (Schwertlilie, Bartiris).
Dabei wird nicht nach Art- oder Sortenbastarden unterschieden. Sortenbastarde haben häufig besonders günstige Eigenschaften. Sie müssen jedoch ständig neu durch Kreuzung aus den Elternsorten gezüchtet werden. Man bezeichnet sie als F_1-Hybriden.

Hygromull, vollsynthetischer Torfersatz.
Als H. werden Schaumstoffflocken bezeichnet, die Wasser und in Wasser gelöste Stoffe aufsaugen können. Dadurch sind sie ein Lockerungsmittel für schwere Böden, aber auch ein Nährstoffspeicher in Sandböden.
H. verwittert im Laufe der Jahre und muß dann ersetzt werden.

Igel, Insekten und Schnecken fressender Gartennützling.
Die Ansiedlung von I.n im Garten ist für die Bekämpfung von Insekten, Tausendfüßlern, Asseln und vor allem Schnecken sehr günstig. Man schafft den Tieren Unterschlupfmöglichkeiten in Reisighaufen, die z. B. unter einer Naturhecke liegen können. Der Gartenzaun soll eine oder mehrere Durchschlupfmöglichkeiten für die Tiere haben, denn ein Garten ist als Revier meist zu klein. Auch müssen Männchen und Weibchen zur Paarung zusammenkommen können. In der übrigen Zeit leben sie getrennt, und die Mutter kümmert sich allein um den Nachwuchs.

Insektizide, insektentötende Pflanzenschutzmittel.
Neben den – teils nicht unbedenklichen – chemischen I. bietet der Handel auch einige Mittel auf biologischer Basis an.
Chemische Präparate sollten nur in Notfällen zum Einsatz kommen. Dabei sollte man darauf achten, daß die Mittel selektiv (nur gegen den jeweiligen Schädling) wirken und daß sie bienenungefährlich sind.

Islandmohn, Sommerblume, s. S. 6.

jäten, Unkraut aus dem Boden entfernen. Junges Unkraut kann man aus lockeren Böden leicht herausziehen. Bei festeren Böden nimmt man die Ziehhacke zu Hilfe. Mit ihr trennt man die Pflanzen von ihren Wurzeln im Boden, um so das Nachwachsen zu unterbinden.

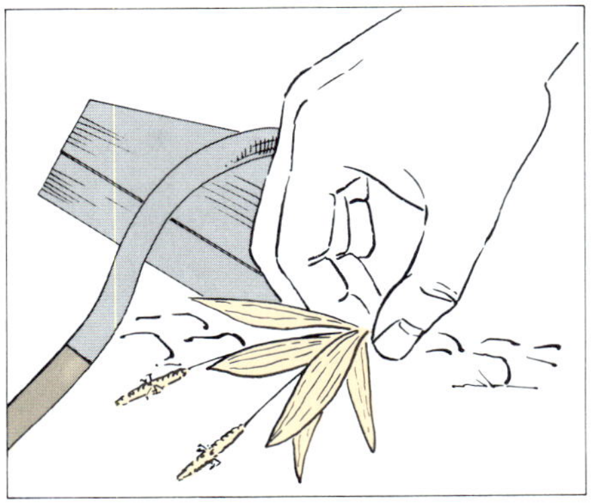

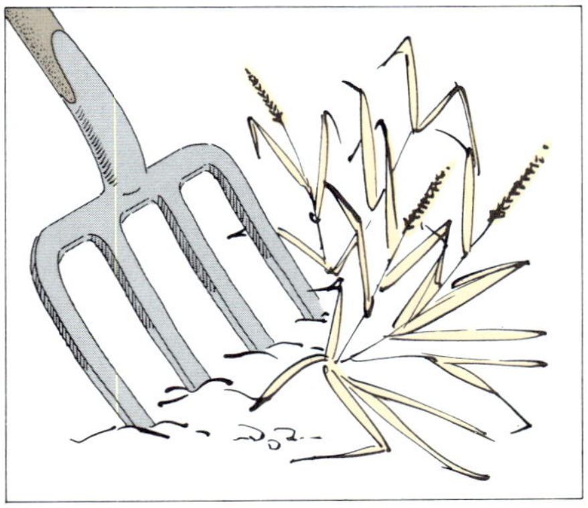

Bei ganz fest oder tiefsitzenden Unkräutern hilft ein altes Küchenmesser, mit dem die Pflanzen zwischen den Kulturpflanzen herausgestochen werden. Auf sehr harten, trockenen Böden oder Wegen benutzt man am besten eine Schlaghacke.

Unkraut, aus dessen Wurzelteilen sich neue Pflanzen entwickeln (wie z. B. Quecke), muß vollständig entfernt werden. Man lokkert den Boden mit der Grabgabel und sammelt sorgfältig alle Wurzelteile heraus. Diese kommen, ebenso wie blühende oder fruchtende Teile von Unkräutern, in den Mülleimer. Noch nicht blühende Unkräuter werden auf den Komposthaufen gegeben. Regelmäßiges Jäten des Unkrauts ist dort wichtig, wo Kulturpflanzen bedrängt werden. Diese können nur gedeihen, wenn sie genügend Raum und Nährstoffe zur Verfügung haben.

Johannisbeere, *(Ribes rubrum, Ribes nigrum)*, Beerenobst (s. S. 50).
Rote und Schwarze Johannisbeere werden beim Schnitt verschieden behandelt:
Die rote Johannisbeere bildet dauerhaftes Fruchtholz, das nicht entfernt werden darf, wenn man im folgenden Jahr Blüten und Früchte haben will. Der Schnitt der Büsche dient der Auslichtung und Formgebung. Man schneidet altes wie junges Holz so zurecht, daß sich die Zweige nicht berühren. Dagegen bildet die schwarze Johannisbeere kein Fruchtholz. Sie blüht und fruchtet jeweils an vorjährigen Trieben. Beim Schnitt entfernt man deshalb die abgetragenen Äste, damit die nachwachsenden Jungtriebe kräftig werden und Platz haben.

Schwarze Johannisbeere

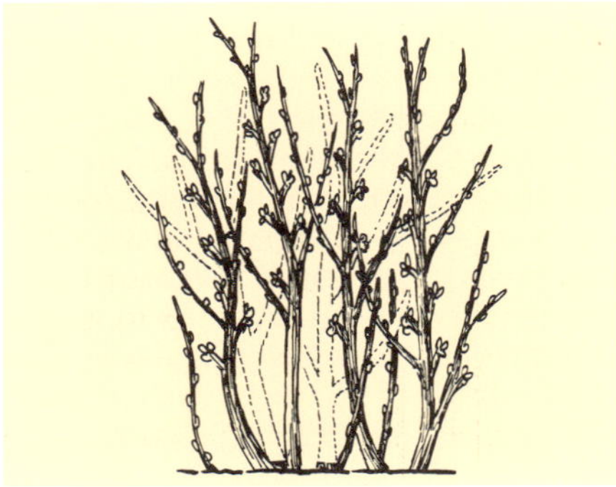

Rote Johannisbeere

Jostabeere, s. S. 51.

Kalkboden, → Boden.

Kapuzinerkresse *(Tropaeolum-Hybride)*, s. S. 7.
Die langstieligen Sorten überwuchern große Flächen. Sie sind als einjährige Bodendecker geeignet. Für Beet- und Balkonkastenbepflanzungen bevorzugt man die kurzstengeligen 'Nana'-Sorten.
Die Pflanze scheint die Nachbarschaft von Ringelblumen nicht zu vertragen. Sie kümmert dann.
Junge Blätter und Blüten der K. sind beliebt als Salatgewürz, da ihre Schärfe Abwechslung im Geschmack bringt. Die in Essig eingelegten Blütenknospen kann man wie Kapern verwenden. Blätter und Blüten sind reich an Vitamin C.

Kartoffel *(Solanum tuberosum)*, wichtiges Nahrungsmittel (s. S. 34).
Die K.n werden in der Landwirtschaft auch als Hackfrucht bezeichnet. Das heißt, daß eine mehrmalige Bodenbearbeitung notwendig ist. Zum erstenmal hackt man zwischen den Reihen, wenn die Triebe über der Erde erschienen sind und sich die ersten Blätter ausgebreitet haben Dabei wird der Boden gelockert und das Unkraut beseitigt.
Wenn die Pflanzen etwa 20 cm hoch sind, wird wieder gehackt, und der Boden dabei leicht zu den Pflanzen hingeschoben. Dadurch wird eine bessere Ausbildung von unterirdischen Trieben angeregt.
Ein letztes Mal hackt man, wenn die Pflanzen etwa 30 cm hoch sind. Dabei häufelt man endgültig an. Dadurch wird verhindert, daß sich bildende K.n ans Licht wachsen und grün werden. Der angehäufelte Damm soll eine Höhe von etwa 15 cm haben.

Kartoffelkäfer *(Leptinotarsa decemlineata)*, gelb-schwarz gestreifter Käfer.
K. und ihre roten Larven mit schwarzen Punkten können bei Massenbefall das Kraut der Kartoffelpflanzen ziemlich kahl fressen. Da in einem Jahr bis zu 3 Genera-

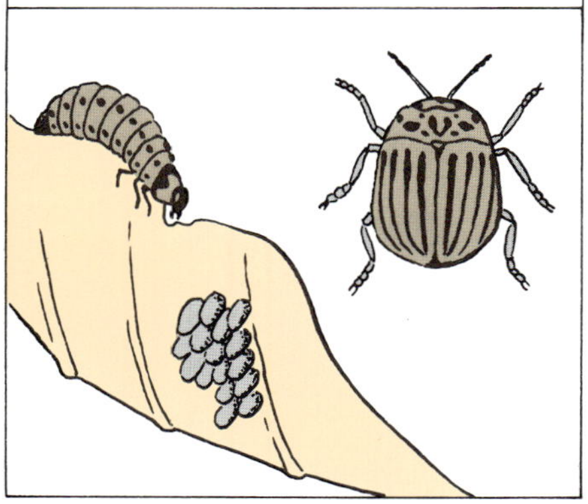

tionen des Käfers auftreten, ist die Vermehrung entsprechend stark.
In der Landwirtschaft werden K. mit Insektiziden bekämpft. Im Garten treten sie wegen der verhältnismäßig kleinen Anbauflächen selten so zahlreich auf, daß man auch hier Insektizide einsetzen müßte. Man kann die Käfer und Larven absammeln.
Gesunde und kräftige Pflanzen werden kaum oder gar nicht von K.n befallen. Der beste Schutz besteht darin, die Kartoffeln auf einen lockeren, humusreichen Boden zu pflanzen. Stickstoffreiche Mineraldünger sind zu vermeiden. Sie erbringen zwar höhere Erträge, die Pflanzen werden dabei aber getrieben. Dies begünstigt offensichtlich den Kartoffelkäferbefall.

Kerbel, s. S. 46.

Kerrie, s. S. 26.

Kiefer, häufige Konifere.
In Gärten werden nur Zwergformen der verschiedenen Kiefernarten verwendet, da die Ausgangsarten zu hoch werden.
Die Bergkiefer *(Pinus mugo)* wächst an kargen Stellen als kleiner, krüppelförmiger

Busch (Latsche). Unter guten Bedingungen wächst sie jedoch bis zu einer Höhe von 12 m heran und ist dadurch für die meisten Gärten ungeeignet. Es gibt aber auch von der Bergkiefer Sorten, die kleinwüchsig bleiben.
Die 20–50 mm langen Nadeln stehen zu 2 in einer kurzen Scheide am Zweig. Sie sind je nach Alter hell- oder dunkelgrün.
Die Bergkiefer gedeiht in jedem Gartenboden. Sie ist verhältnismäßig widerstandsfähig gegen Industrie- und Autoabgase.

Kieswege, Wege im Garten, die mit Kies aufgeschüttet sind.
Sie trocknen leicht ab und sind gut begehbar. Es ist allerdings schwierig, sie von Unkraut freihzuhalten, da es leicht zwischen den kleinen Steinen hindurchwächst. Man kann versuchen, dies zu verhindern, indem man eine robuste Plastikfolie unter dem Kies verlegt. Wenn der Untergrund jedoch nachgiebig ist und der Weg viel benutzt wird, dann wird die Folie bald zerstört.

Kiwi, s. S. 51.

Kleingewächshaus
Das K. ist aufwendiger gebaut als eine → Anzuchtschale. Es ist auch unter der Bezeichnung *Mini-* oder *Zimmergewächshaus* im Handel. Das Herstellungsmaterial ist robuster und damit haltbarer. Es ist für den Dauergebrauch gedacht, also kein Wegwerfartikel.
Oft ist es mit einer Bodenheizung ausgestattet, die elektrisch betrieben und durch einen Thermostaten gesteuert wird. Damit

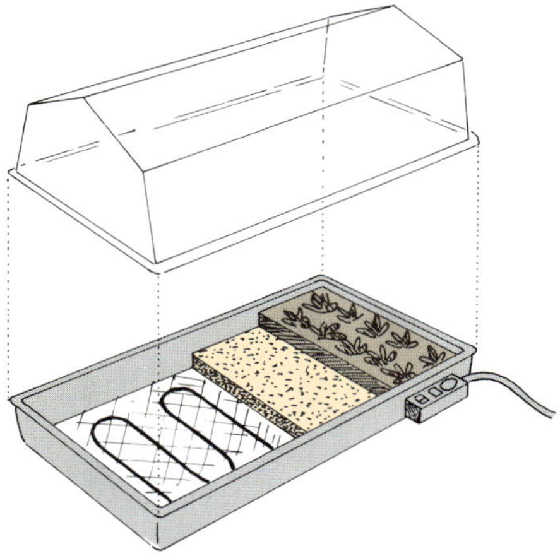

wird die Anzucht kleiner Mengen von Sämlingen unabhängig von der Zimmertemperatur. Es schadet den Pflänzchen nicht, wenn die Zimmertemperatur nachts sehr absinkt. Auch in ungeheizten Räumen kann man die Vorkultur betreiben.
Die gleichmäßige Bodentemperatur fördert das Wachstum sehr, so daß man schnell kräftige und gesunde Pflanzen erhält.

Kleinklima, unterschiedliche Witterungseinflüsse auf kleinem Raum.
Am gleichen Wohnort ist der Blühbeginn bestimmter Obstbäume in den einzelnen Gärten je nach ihrer Lage durchaus verschieden. An geschützten Stellen beginnen die Bäume früher zu blühen als an offenen, dem Wind ausgesetzten Stellen.
Auch innerhalb eines Gartens sind die Witterungseinflüsse unterschiedlich. Hecken halten den Wind ab, verursachen aber auch mehr Beschattung. Am Haus sind die Kleinklimabedingungen je nach Himmelsrichtung unterschiedlich. Die Nordseite wird am wenigsten von der Sonnenstrahlung betroffen. Es gibt erhebliche Temperaturunterschiede zur Südseite.
Hanglagen besitzen je nach Neigung und Himmelsrichtung verschiedenes K.; selbst zwischen Rasen- und Nutzgartenflächen ist es unterschiedlich. Die optimale Ausnutzung des K.s führt zu den besten Erfolgen im Garten.

Kletterpflanzen, Pflanzen, die ohne Stützen nicht in die Höhe wachsen können. Manche Pflanzen haben so schwache Stiele, daß sie nicht ohne Stütze stehen können. Sie besitzen Ranken als Organe zum Festhalten, oder sie umwinden die Stütze während des Wachstums mit ihren dünnen Stielen. In der freien Natur klettern diese Pflanzen meist an anderen, standfesten Pflanzen empor. Im Garten baut man für K. entsprechende Gerüste (→ Pergola, Spalier). Auch Zäune läßt man gern mit K. beranken.

Kletterrosen, → Rose.

Klima, für ein bestimmtes Gebiet charakteristischer Ablauf der Witterung.
Das K. wird durch Temperatur, Niederschläge, Luftfeuchtigkeit, Wind, Sonneneinstrahlung u. a. bestimmt.
In Mitteleuropa kommen unterschiedliche Klimazonen vor, deren Beachtung bei der Auswahl der Kulturpflanzen wichtig ist. Von größerer Bedeutung als die Jahresmittelwerte (z. B. die der Temperatur) sind die Extremwerte. So erfrieren zahlreiche empfindliche Pflanzenarten in ungewöhnlich kalten Wintern.
Die klimatischen Verhältnisse sind selbst in einem kleineren Gebiet unterschiedlich, sogar innerhalb eines Gartens (→ Kleinklima).

Knoblauch *(Allium sativum)*, Gewürzkraut.
K. ist eine zwiebelähnliche Pflanze, die bis zu 60 cm hoch wird und gelegentlich blüht. Die Zwiebel besteht aus zahlreichen kleinen Zwiebeln, die man *Zehen* nennt.
Knoblauchzehen werden gern zum Würzen der verschiedensten Speisen verwendet (s. Verwendungstabelle S. 84).
Zum Gedeihen benötigt K. eine warme, sonnige Lage und lockeren, humusreichen Boden. Man pflanzt die Zehen im April wie Steckzwiebeln. In klimatisch günstigen Gebieten kann man auch schon im Herbst pflanzen.
Die Ernte erfolgt, wenn das Laub zu welken beginnt. Man nimmt dann die Zwiebeln aus der Erde und bindet sie mit dem trockenen Laub zu Zöpfen zusammen, aus denen man nach Bedarf die Zehen entnimmt.
Der Pflanzabstand beträgt 15 cm bei einem Reihenabstand von 30 cm.

Knollenbegonie, s. S. 19.

Kohlrabi, s. S. 42.

Kohlweißling, Schadinsekt, dessen Raupen am Kohl fressen.
Es gibt 2 Arten des Schmetterlings, den Kleinen Kohlweißling *(Pieris rapae)* und den Großen Kohlweißling *(Pieris brassicae)*. Die Raupen der ersten Art sind einfarbig grün, die der zweiten gelbschwarz.
Die Raupen verursachen, wenn sie in größeren Mengen auftreten, erheblichen Fraßschaden. Sie werden abgesammelt und in heißem Wasser abgetötet. Insektizide wendet man nur an, wenn man den Befall so nicht unterbinden kann. Mischkulturen von Kohl und Sellerie, Tomaten oder Sammetblumen haben sich als günstig gegen den Befall mit Kohlweißlingsraupen erwiesen. Ein sicheres Mittel dagegen sind sie jedoch nicht.

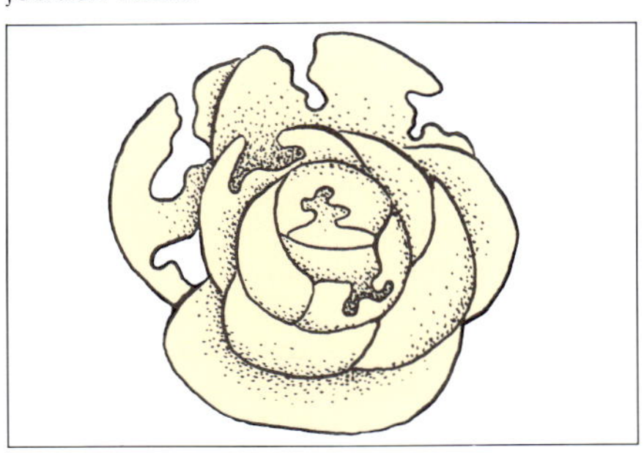

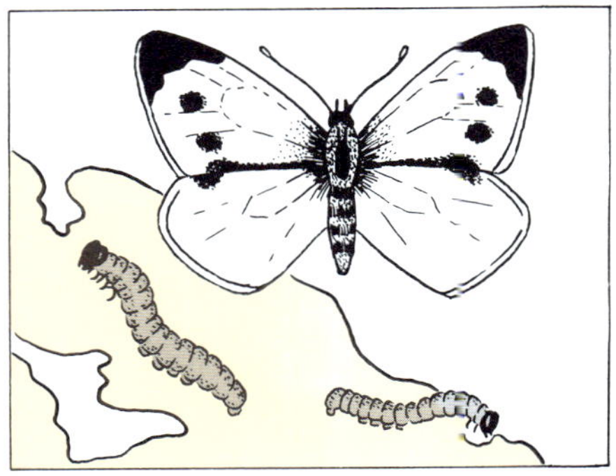

kompostierbares Material, Garten- und Haushaltsabfälle, die zum Kompostieren geeignet sind.
Kompostierbares Material muß durch die Bodenorganismen zersetzbar (mineralisierbar) sein (→ Humus). Alle organischen Gartenabfälle (Rasenschnitt, Laub u. a.) können dem Kompost zugeführt werden. Bei schwer verrottbaren Teilen (Baum- und Heckenschnitt) ist es notwendig, sie vorher zu zerkleinern (→ Häcksler).

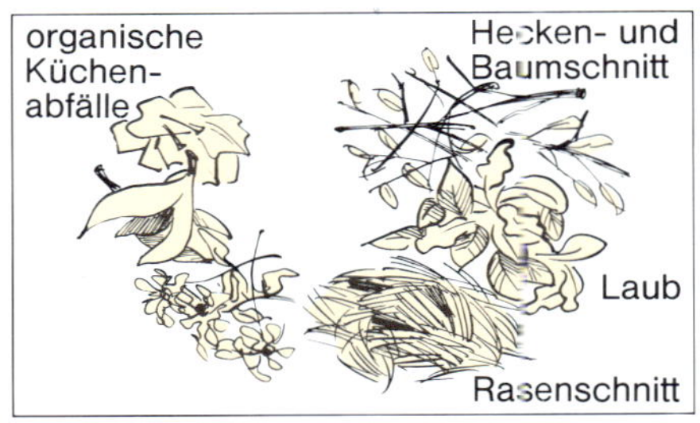

Auch Unkraut läßt sich gut kompostieren. Man soll es möglichst jäten, ehe es blüht oder Samen bildet. Aus den Blüten reifen meist noch Samen heran. Unkrautsamen behalten ihre Keimfähigkeit auch nach dem Verrotten der übrigen Pflanzenteile. Man braucht aber auch nicht kleinlich zu sein. Wenn man den richtigen Zeitpunkt zum Jäten verpaßt hat, ist sowieso schon viel Unkrautsamen in den Boden gelangt.
Aus der Küche eignen sich alle grünen Pflanzenteile, die nicht verwertet werden konnten. Mit Resten von Früchten sollte man sehr zurückhaltend sein. Orangenschalen verrotten z. B. sehr schlecht.
Speisereste gehören nicht auf den Kompost. Sie verrotten zwar, locken aber Ungeziefer an, das man dann mühsam vertreiben müßte. Eierschalen werden vielfach des Kalks wegen auf den Kompost gegeben. Sie verrotten jedoch nicht, und ihr Nutzen ist gering. Da die Eierschalen selbst in

gesiebtem Kompost noch unschön aussehen, verzichtet man besser darauf und deckt den Kalkbedarf durch gemahlenen Kalkdünger.

Kompostmiete, sachgerecht angelegter und gepflegter Komposthaufen.
Um gut verrotteten Nähr- oder Dauerhumus zu erhalten, ist die Aufbereitung des Materials in einer K. erforderlich.
An einer beschatteten Stelle im Garten legt man die Miete in etwa 1,5 m Breite und dem Bedarf entsprechender Länge an. Der Boden soll bereits aus humusreicher Gartenerde bestehen, aus der Regenwürmer und andere Bodenorganismen einwandern können. Auf tonigen Böden muß der Grund der Miete in der Mitte etwas aufgewölbt werden, damit durchsickerndes Wasser nicht gestaut wird.

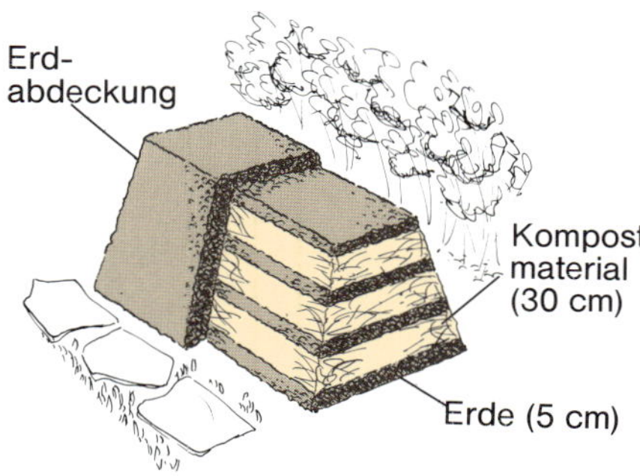

Nun schichtet man das zu kompostierende Material bis zu 30 cm Höhe auf. Wenn es noch nicht durch gejätetes Unkraut mit Erde durchmischt ist, gibt man zwischendurch immer etwas Gartenerde hinzu.
Wenn die Schicht im Laufe der Zeit aufgefüllt ist, streut man reichlich kohlensauren Kalk (Algenkalk o. ä.) darauf und deckt mit

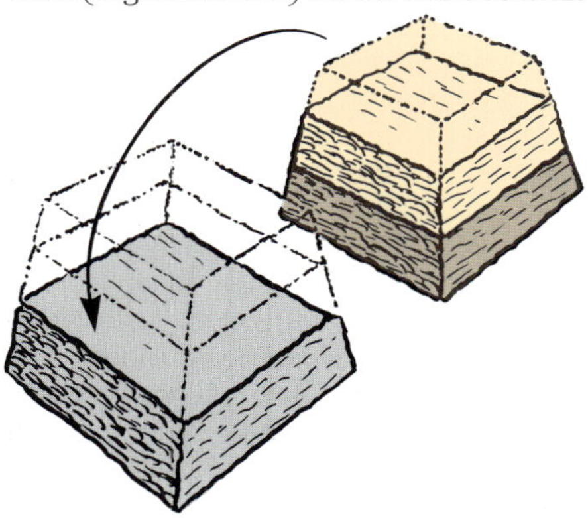

Umsetzen der Kompostmiete

Abdecken der Erde bei Regen

etwa 5 cm Erde ab. Darauf schichtet man noch zweimal 30 cm Kompostmaterial, das man jeweils entsprechend abdeckt. Die Seiten der K. legt man etwas schräg an. Hat der Haufen etwa 1 m Höhe erreicht, deckt man ihn rundherum mit Erde ab und legt für das weiter anfallende Material eine neue Miete an.
Nach 1 Jahr wird die Miete so umgesetzt, daß die oberste Schicht nach unten kommt. Dabei wird das verrottete Material gelockert. Wenn man genügend Platz zur Verfügung hat, kann man die Miete noch zweimal jeweils im Abstand von 1 Jahr umsetzen. Dann reift der Kompost gut aus und läßt sich zu feinkrümeliger Erde durchsieben. Bei Platzmangel kann der Kompost auch schon nach 2 Jahren auf die Beete ausgebracht werden.
Die K. soll während der gesamten Rottezeit feucht gehalten werden. Bei langanhaltender Trockenheit muß man sie entsprechend wässern. Andererseits schadet zuviel Nässe, so daß bei längerem Regenwetter die Miete mit einer Plastikfolie abgedeckt werden soll.

Kompostsilo, Behälter zur Bereitung von Rohhumus.
In kleinen Gärten verwendet man anstelle von Komposthaufen einen platzsparenden K. Dieser Behälter ist so konstruiert, daß die Gartenabfälle darin gesammelt werden können. Er ist seitlich mit Löchern oder Spalten versehen, durch die Luft eintreten kann.
Es gibt K.s aus imprägniertem Holz oder aus Metall. In Drahtgestellen trocknet der Inhalt zu leicht aus, vor allem, wenn es sich um Gestelle mit geringem Durchmesser handelt. Die Verrottung wird dadurch gehemmt.
Da das Fassungsvermögen der Silos gering ist, müssen sie häufig geleert werden. Die Verrottung ist dann nur bis zum Rohhumus (→ Humus) fortgeschritten. Doch kann man auch diesen schon im Garten ausbringen.

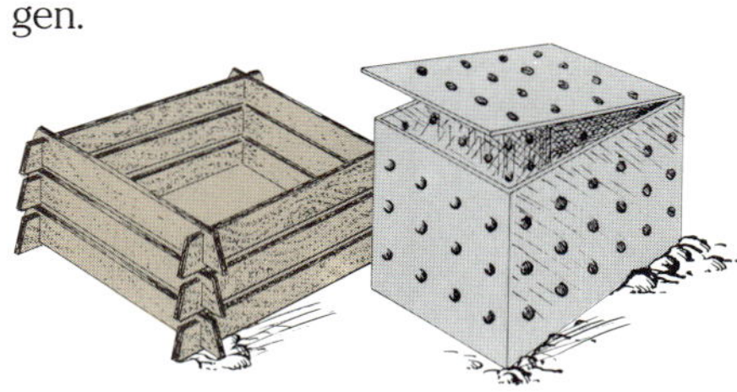

Praktisch ist die Verwendung von 2 K.s im Wechsel. Der eine wird aufgefüllt, während im anderen der Verrottungsprozeß weitergehen kann.

Koniferen, Nadelbäume.
Der Wortbedeutung nach sind die K. Zapfenträger. Man bezeichnet jedoch sämtliche Nadelgehölze als K. Die meisten Arten bilden Zapfen aus. Bei Eiben entsteht um den einzelnstehenden Samen eine leuchtendrote Fruchtwand, die man als Scheinbeere bezeichnet. Die blauen „Beeren" des Wacholders sind kleine Samenzäpfchen, deren dickfleischige Schuppen beerenartig verwachsen sind.
Da viele K. hohe Bäume werden, pflanzt man in Gärten bevorzugt klein- oder zwergwüchsige Sorten. Die meisten K. sind wintergrün, d. h., sie werfen ihr Laub nicht regelmäßig ab. Als Ausnahme sind die Lärchenarten bekannt.

Wegen ihrer meist problemlosen Pflege haben die K. weite Verbreitung in den Gärten gefunden. Sie haben vielfach laubabwerfende Gehölze verdrängt. Doch sind solche einseitigen Kulturen nicht zu empfehlen, denn sie begünstigen den Schädlingsbefall (→ Kiefern, Fichten, Eibe, Wacholder).

Kopfdüngung, Düngung während des Wachstums der Pflanzen direkt auf die Kulturen.
Die K. wird meist mit Düngerlösungen durchgeführt. Aber auch das Ausstreuen von Mineraldünger oder entsprechenden Präparaten kommt in Frage.
K. kann bei starker Mineralstoffauswaschung durch längere Regenperioden nützlich sein. Bei humusreichen Böden ist sie meist nicht erforderlich, denn darin machen sich Auswaschungen kaum bemerkbar.

Kopfsalat *(Lactuca sativa var. capitata)*, Blattgemüse (s. S. 38).
Beim Anbau von K. ist man darauf bedacht, möglichst feste, geschlossene Köpfe zu bekommen. Die Blätter im Inneren sind zarter und nicht so herb im Geschmack wie die äußeren oder die des Pflücksalats. Die inneren Blätter des Kopfes sind allerdings ärmer an Blattgrün und Vitaminen. Sie haben wenig Eigengeschmack, und man muß den K. bei der Zubereitung entsprechend würzen.
Salat ist eine Langtagspflanze. Das bedeutet, daß sie, wenn die Tage im Sommer länger werden, schneller zur Blütenbildung kommt. Von Mai–Juli kann man nur noch spezielle Sorten säen oder pflanzen, die sich durch verspätete Blütenbildung auszeichnen. Alle Kopfsalatsorten behalten die Kopfform nur eine Zeitlang. Dann wachsen sie zu Blütenstengeln aus, sie „schießen“. Man muß den richtigen Erntezeitpunkt abpassen, zu dem der Kopf kräftig genug geworden ist, jedoch noch nicht beginnt auszuwachsen.
Da Salat schnellwüchsig ist, sind häufige Folgekulturen empfehlenswert, wenn man ständig frischen Salat zur Verfügung haben will. Im zeitigen Frühjahr wird unter Folien oder Folientunneln angebaut. Auch die Kultur im Gewächshaus lohnt sich.

Kopuliermesser, Gartengerät, → Messer.

Kornblume, Sommerblume, s. S. 7.

Kräuter
Verwendungstabelle
Basilikum: Kohlarten, Erbsen, weiße Bohnen, Salate, Fleisch- und Fischgerichte, Soßen, Suppen, Gewürzmischungen; sparsam verwenden; auch zum Trocknen geeignet.
Bohnenkraut: alle Bohnengerichte, junge Erbsen, Hülsenfrüchte, Salate, Kartoffelgerichte, Fleisch, Hackfleisch, Fisch, Soßen, Eintöpfe; eignet sich gut zum Trocknen.
Borretsch: Spinat, Mangold, Salate (bes. Gurkensalat), Eierspeisen, kalte Soßen, Quark, Grüne Soße.
Dill: Salate, eingelegte Gurken (mit Blütendolde), Fisch, Eier, Grüne Soße, Soßen, Dillbutter; wird nur frisch verwendet.
Fenchel: Blätter für Gemüse und Salate, Fischgerichte; Früchte für Backwaren, besonders Brot; nicht ausgereifte Früchte zum Einlegen von Gurken.
Tee aus reifen Früchten gegen Husten und zur Beruhigung.
Gartenkresse: Salate, Eier, Quark, kalte Platten, Kräuterbutter.
Kapuzinerkresse: Salate (Blätter und Blüten), Quark, Butterbrot, Kapernersatz (Knospen).
Kerbel: Gemüse (darüberstreuen), Salate, Kräutersuppe, Soßen, Grüne Soße, gebratenes Lamm.
Knoblauch: Fleisch, Hackfleisch, Salate, Suppen, Soßen; sparsam verwenden.
Liebstöckel: Gemüse, Salate (vorsichtig), Fleisch, Hackfleisch, Fisch, Suppen, Eintöpfe, Reis; zum Einfrieren geeignet.
Majoran: Tomatengerichte, Kartoffelgerichte, Hülsenfrüchte, Fleisch, Hackfleisch, Gänse-, Kaninchenbraten, Eintöpfe; eignet sich zum Trocknen.
Meerrettich: zu Fleisch, Wurst, Fisch als Beilage; gerieben. In Scheiben geschnitten zum Einlegen von Gurken und roter Bete.
Melisse: Tomatengerichte, Salate, Pilzgerichte, Wild, Geflügel, Soßen, Quark; frisch oder getrocknet als Tee (auch zusammen mit Pfefferminze).
Petersilie: Gemüse, Kartoffelgerichte, Salate, Eiergerichte, Grüne Soße, Suppen, Soßen, Eintöpfe (auch Wurzeln); zum Einfrieren geeignet.
Pfefferminze: alle Salate, Fleischgerichte, Suppen, Soßen; als Tee bei Magen- und Darmverstimmung.
Pimpinelle: Salate, Kräutersuppen, Grüne Soße, Eier, Quark.
Portulak: Salate, Suppen, junge Blätter auch allein als Salat oder Spinat.
Ringelblume: Salate, Fleischsuppen, Geflügel, Fisch; Safranersatz (vorsichtig getrocknete äußere Blütenblätter).
Salbei: Fleisch, Hackfleisch, Geflügel, Fisch, Wild; als Tee getrunken oder zum Gurgeln bei Halsentzündungen.
Sauerampfer: Salate, Suppen, Soßen, Grüne Soße, zu Frühlingssuppen mit Kerbel.
Schnittlauch: Mohrrüben, junge Kartoffeln, Salate, Eiergerichte, Omelett, Suppen, Soßen, Grüne Soße, Quark, Butterbrot; zum Einfrieren geeignet.
Senf: junge Blätter zu Salaten, Früchte an Soßen und scharfe Gerichte zum Einlegen von Gurken, roter Bete, Essigfrüchten.
Thymian: Gemüsesuppen, Fleisch, Hackfleisch, Kartoffelgerichte, Salate, Hülsenfrüchte; sparsam verwenden; als Tee bei Erkrankungen der Atmungsorgane.
Tripmadam: in kleinen Mengen zu Salaten, Suppen, Soßen, Rindfleisch.
Wacholder: Weißkraut, Rotkraut, wenige Beeren; zu Sauerkraut.

Kreuzblume, Sommerblume, s. S. 7.

Krokus, Großer Gartenkrokus, Frühlingskrokus (*Crocus neapolitanus*, s. S. 22).
Diese Krokusart ist als Wildblume von den Alpenwiesen bekannt, auf denen er stellenweise in großer Zahl erscheint, wenn der Schnee schmilzt. Für den Garten werden nicht mehr die Stammart kultiviert, sondern großblumige Sorten.
Man pflanzt K. häufig in den Rasen. Im 1. Blütejahr ist dies auch erfolgreich. Der K. erscheint ohne Ausfälle. Nach der Blüte müssen jedoch die Blätter so lange stehenbleiben, bis sie von selbst trocken werden. Solange darf also der Rasen an den Stellen nicht gemäht werden, sonst können die Krokuszwiebeln nicht genug Nährstoffe für das kommende Jahr speichern. Da dies nicht konsequent durchgehalten wird, kümmern die Bestände schnell und sind nach wenigen Jahren weitgehend verschwunden.
Darum pflanzt man K. besser auf Staudenbeete, in denen sie blühen, ehe die Stauden

ihnen das Licht fortnehmen. Wegen der notwendigen Bodenbearbeitung muß man die Stellen, an denen K. wächst, durch Etiketten oder Hölzchen markieren, denn die Krokuspflanzen sind vom Sommer an nicht mehr zu sehen, weil die Blätter vergehen (einziehen).

Krümelstruktur, Eigenschaft des belebten Bodens, in Krümel zu zerfallen.
Durch schleimige Ausscheidungen der Bodenbakterien, Regenwürmer u. a. verkleben die wasserunlöslichen mineralischen Bodenbestandteile zu kleinen Klümpchen (Krümeln). Hinzu kommen feine Fäden von Bodenpilzen.
Außerdem tragen die Ton-Humus-Komplexe zur Krümelbildung bei. Dies sind Verbindungen der Humussäuren mit tonigen Bestandteilen des Bodens mit guter Quellfähigkeit.
Der Gärtner ist bestrebt, einen Boden mit guter Krümelstruktur zu bekommen. Ein hoher Humusgehalt und regelmäßige Lockerung des Bodens fördern die Krümelstruktur. In humusarmen und verdichteten Böden läßt sie nach.

Krümmer, Gerät zum Bearbeiten des Bodens, → Kultivator.

Kugeldistel, Staude, s. S. 14.

Kultivator, Gerät zum Bearbeiten des Bodens.
Mit dem K. werden die Erdschollen nach dem Umgraben zerkleinert. Meist ist er so konstruiert, daß man die Anzahl der Zinken variieren kann. Mit Hilfe einer Schraube lassen sich 5, 3 oder 1 Zinken anbringen. Mit 5 Zinken ist das Arbeiten natürlich am schwersten, aber auch am wirkungsvollsten. Mit 1 Zinke läßt sich der Boden zwischen engstehenden Pflanzen gut auflockern.

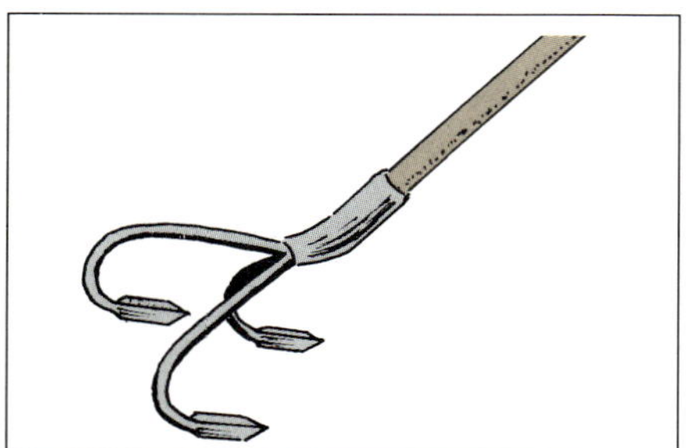

Der K. dient vor allem der Oberflächenlockerung. Größere Tiefen erreicht man mit dem → Sauzahn.
Ganz ähnlich, aber ohne Blätter an den Zinken, ist der *Krümmer*. Mit seinen 3 kurzen, gekrümmten Zinken kann man den Boden nach einem Regen oder nach dem Wässern lockern. Ein entsprechendes Gerät mit kurzem Stiel zum Gebrauch mit einer Hand nennt man *Grubber*.

Kürbis, s. S. 30.

Lampionblume, Staude, s. S. 14.

Lauch, s. S. 34.

Lehmboden, → Boden.

Lichtkeimer, Samenarten, die nur bei Lichteinwirkung zur Keimung kommen.
Bohnenkraut ist z. B. ein L. Man streut die kleinen Samen nur, möglichst fein verteilt, auf den gelockerten Boden und klopft sie etwas an. Wenn Bohnenkrautsamen zu dick mit Erde abgedeckt wird, keimt er nicht. Die meisten Samenunkräuter sind L. Samen, die bei der Bodenbearbeitung tiefer in die Erde gelangen, können nicht keimen. Die Keimung erfolgt erst, wenn sie durch erneute Bodenbearbeitung wieder an die Oberfläche kommen. Dies kann noch viele Jahre nach der Beseitigung der entsprechenden Unkräuter geschehen. Darum verunkrautet ein Garten auch immer wieder, selbst wenn man ständig jätet.

Liebstöckel, s. S. 46.

Lilie, Madonnenlilie *(Lilium candidum)* (s. S. 22).
Um die Züchtung und Klassifizierung von L.n bemühen sich Fachleute und engagierte Liebhaber. Über die vielen Sorten, die es heute gibt, hat der Laie kaum noch einen Überblick. Die Madonnenlilie zählt man zur Sektion *Lilium* (Trichterlilien). Türkenbund und Tigerlilien faßt man in der Sektion *Martagon* zusammen. Unter anderen gibt es noch die Sektionen *Pseudolirion* (Feuerlilien) und *Archilirion* (Goldbandlilien).

Löwenmaul, Sommerblume, s. S. 7.

Löwenzahn *(Taraxacum officinale)*, Dauerunkraut.
Die Blätter sind schrotsägenartig gezähnt und stehen in einer Rosette am Boden zusammen. Der Blütenstiel ist blattlos. Er ist hohl und führt wie die Blätter Milchsaft, der braune Flecken auf der Haut verursacht. Die großen gelben Blütenköpfe stehen einzeln am Stiel und besitzen nur Zungenblüten. Die Blütezeit ist von April–Juni. Vereinzelt kommt es auch zu späterer Blüte. Typisch für den L. sind die Früchte mit Haarkrone (Pusteblume). Sie werden vom Wind verweht und tragen zur weiten Ausbreitung des Unkrauts bei.

L. besitzt eine tiefreichende Pfahlwurzel, die sich in tiefgründigem Boden entsprechend kräftig entwickelt. Er kommt auf jeder Bodenart vor. Die Beseitigung vor allem älterer Pflanzen ist schwierig, da man die Wurzel tief mit ausstechen muß. Sonst bildet sie immer wieder grüne Teile nach.

Maiglöckchen, Staude, s. S. 15.

Mairübe, s. S. 34.

Majoran, s. S. 47.

Mangold, s. S. 39.

Margerite, Staude, s. S. 15.

Marienkäfer *(Coccinellidae)*, verschiedene Arten kleiner, halbkugelförmiger Käfer.
In Mitteleuropa gibt es etwa 70 verschiedene Arten, die oft schwer zu unterscheiden

sind, da sie im Aussehen variieren. Es gibt gelbe, rote und schwarze M. mit jeweils andersfarbigen Punkten. Der Käfer und ihre Larven leben u. a. von Blattläusen. Sie stellen sich bei starkem Blattlausbefall oft in großer Zahl ein. Da sie einen natürlichen Pflanzenschutz bewirken, sind sie unbedingt zu schonen. Blattläuse werden von ihnen oft so weitgehend vertilgt, daß eine Spritzung mit Insektizid überflüssig ist. Durch das Insektenbekämpfungsmittel würden auch die M. vernichtet.

Markerbsen, →Erbse.

Märzenbecher, s. S. 23.

Maulwurf, nützlicher Insektenfresser.
Der M. frißt zwar Regenwürmer, die für das Bodenleben nützlich sind, doch vertilgt er auch so große Mengen von Schadinsekten, daß sein Nutzen für den Garten überwiegt. Unangenehm sind allerdings seine Wühlarbeit und die aufgeworfenen Erdhügel. Er wird dadurch zum unerwünschten Tier im Garten, und man ist bemüht, ihn zu vertreiben. Dies ist nicht leicht, und es gibt keine sichere Methode. Man kann versuchen ihn zu fangen und weiter entfernt auszusetzen. Töten darf man ihn jedenfalls nicht.

Meerrettich *(Armoracia rusticana)*, Gewürzkraut.
Die Pflanze bildet große, längliche Blätter aus, die in einer Rosette zusammenstehen.

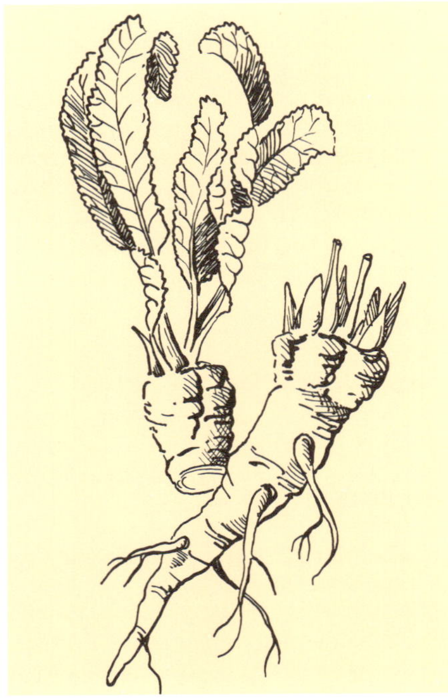

Verwendet wird die fleischige Wurzel, die bis zu 30 cm lang wird. Bleibt die Pflanze länger als 1 Jahr stehen, dann wachsen bis 60 cm hohe Blütenstände mit zahlreichen weißen Blüten heran.
M. wuchert stark und kann zu einem lästigen Unkraut werden. Bei der Ernte der Hauptwurzeln im Herbst muß daher darauf geachtet werden, daß keine Seitenwurzeln (Fechser) im Boden bleiben, denn daraus wachsen neue Pflanzen heran. Vermehrt wird der M. auch aus den Fechsern, die im März oder April im Abstand von 30 cm in den Boden gelegt werden.
Der Standort soll sonnig sein. In tiefgründigem und humusreichem Boden entwickeln sich die Wurzeln am besten. Die geriebenen Wurzeln benutzt man zum Würzen von Fleisch- und Fischgerichten (s. Verwendungstabelle S. 84).

Mehltau
Echter Mehltau, weißer, abwischbarer Belag auf Blättern verschiedener Pflanzen.
Der Echte M. ist eine Pilzkrankheit. Sie wird von verschiedenen Arten des Mehltaupilzes hervorgerufen, die sich jeweils auf bestimmte Pflanzenarten spezialisiert haben. Das Fadengeflecht des Pilzes (der abwischbare Belag) lebt auf den Blättern. Durch Saugorgane, die in die Blätter hinein-

reichen, werden diese geschädigt. Sie bleiben im Wachstum zurück und verkümmern. Besonders Rosen werden vom Echten M. befallen. Die Pilzkrankheit breitet sich vor allem im Herbst aus. Die Bekämpfung ist mit biologischen Mitteln möglich. Bei geringem Vorkommen genügt es, die befallenen Blätter zu entfernen.

Melisse, s. S. 47.

Messer, Gerät zum Schneiden.
Für die meisten im Garten anfallenden Arbeiten, zu denen ein M. erforderlich ist, genügt ein Taschenmesser oder ein Küchenmesser.
Wer sich mit der Pflege von Bäumen und Sträuchern befaßt, sollte sich eine *Hippe* zulegen. Das M. ist nach innen gekrümmt und gleitet nicht so leicht ab. Die Wunden von abgesägten Ästen werden z. B. mit der Hippe nachgeschnitten. Zum Veredeln wird das *Kopuliermesser* benutzt. Für weniger

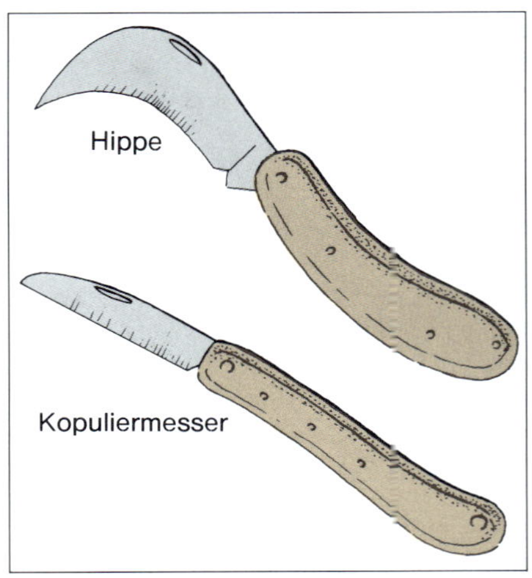

Geübte ist ein M. mit gerader Schneide und stumpfer Spitze zu empfehlen.
Hippe und Kopuliermesser erfüllen ihren Zweck nur dann, wenn sie stets sehr scharf gehalten werden. Sie müssen häufig auf dem Abziehstein nachgeschärft werden.

Mineraldünger, Dünger, in dem die Mineralstoffe ohne organische Beimengungen vorliegen.
Es ist für die Pflanze gleichgültig, ob sie die Mineralstoffe (Nährstoffe) aus verrotteter, also mineralisierter organischer Substanz oder in Form der reinen Mineralstoffe aufnimmt.
Als „Kunstdünger" werden die reinen Mineraldünger vielfach von alternativ wirtschaftenden Gartenfreunden abgelehnt. Dies ist insofern begründet, als bei ihrer ausschließlichen Verwendung der Humusgehalt des Bodens nicht ausreichend ergänzt wird.
Aus humusfreiem Boden werden M. leicht ausgewaschen und gelangen ins Grundwasser. Eine maßvolle und gezielte Anwendung von M.n ist bei gleichzeitiger Erneuerung des Humusbestands biologisch gesehen jedoch gerechtfertigt.

Mirabelle, s. S. 54.

Mischkultur, Nebeneinanderwachsen verschiedener Kulturpflanzenarten und -sorten.
Die in der Pflege einfacheren Monokulturen haben sich als besonders schädlingsanfällig erwiesen. In der M. versucht man, die natürlichen Verhältnisse, unter denen verschiedenartige Pflanzen nebeneinander gedeihen, auszunutzen.
Die M.en im Garten sind weniger durch Schädlinge gefährdet und bei ausgesuchten Pflanzenpartnern auch ertragreicher, da der Boden intensiver genutzt werden kann. Die M. wird wie die Monokultur in Pflanzreihen angelegt, jedoch in Reihen mit wechselnden Arten.
Während in der Natur Pflanzengesellschaften entstehen, deren Partner zusammenpassen, könnten in der Kultur leicht unverträgliche Arten zusammengepflanzt werden. Es gibt bereits sichere Erfahrungen über die gegenseitige Verträglichkeit. In der Tabelle wird angegeben, welche Pflanzen nebeneinander kultiviert werden können und welche sich nicht vertragen.

Mischkultur

Gemüsearten	Mischanbau günstig mit	Mischanbau ungünstig mit
Bohnen (Busch-)	Gurken, Kohlarten, Kohlrabi, Kopfsalat, Mangold, Radieschen, Rettich, rote Bete, Sellerie, Tomaten	Erbsen, Porree, Zwiebeln
Bohnen (Stangen-)	Chicorée, Endivien, Gurken, Kapuzinerkresse, Kohlarten, Kohlrabi, Kopfsalat, Radieschen, Rettich, Sellerie, Spinat, Zucchini	Erbsen, Porree, Zwiebeln
Bohnenkraut	Busch- und Stangenbohnen, Kopfsalat, rote Bete, Zwiebeln	
Chicorée	Kopfsalat, Möhren, Stangenbohnen, Tomaten	
Dill	Erbsen, Gurken, Kopfsalat, Möhren, Pflücksalat, rote Bete, Spargel, Zwiebeln	
Endivien	Kohlarten, Porree, Stangenbohnen	
Erbsen	Dill, Kohlarten, Kohlrabi, Kopfsalat, Möhren, Radieschen, Rettich	Kartoffeln, Porree, Stangenbohnen, Tomaten
Gurken	Buschbohnen, Dill, Kohlarten, Kopfsalat, rote Bete, Sellerie, Stangenbohnen, Zwiebeln	Radieschen, Rettich, Tomaten
Kapuzinerkresse	Radieschen, Rettich, Stangenbohnen	
Kartoffeln	Kohlrabi, Spinat	Erbsen, Kohlarten, rote Bete, Sellerie, Tomaten
Kohlarten	Busch- und Stangenbohnen, Endivien, Erbsen, Gurken, Kopfsalat, Porree, Mangold, Pflücksalat, Radieschen, Rettich, Sellerie, Spinat, Tomaten	Kartoffeln, Kohlarten, Zwiebeln
Kohlrabi	Bohnen, Erbsen, Kartoffeln, Kopfsalat, Porree, Radieschen, Rettich, rote Bete, Sellerie, Spargel, Spinat, Tomaten	
Kopfsalat	Bohnen, Chicorée, Dill, Erbsen, Gurken, Kohlarten, Kohlrabi, Porree, Radieschen, Rettich, Spargel, Tomaten, Zwiebeln	Petersilie, Sellerie
Kresse (Garten-)	Möhren, Rettich	

Mischkultur (Fortsetzung)

Gemüsearten	Mischanbau günstig mit	Mischanbau ungünstig mit
Mangold	Buschbohnen, Kohlarten, Möhren, Radieschen, Rettich	
Möhren	Chicorée, Dill, Erbsen, Porree, Mangold, Radieschen, Rettich, Tomaten, Zwiebeln	
Neuseeländer Spinat	Tomaten	
Petersilie	Radieschen, Rettich, Tomaten	Kopfsalat
Pflücksalat	Buschbohnen, Kohlarten, Radieschen, Rettich, rote Bete, Spargel, Tomaten	
Porree	Endivien, Kohlarten, Kohlrabi, Kopfsalat, Möhren, Sellerie, Tomaten	Bohnen, Erbsen rote Bete
Radieschen, Rettich	Bohnen, Erbsen, Kapuzinerkresse, Kohlarten, Kohlrabi, Kopfsalat, Mangold, Möhren, Petersilie, Pflücksalat, Spinat, Tomaten	Gurken
rote Bete	Buschbohnen, Dill, Gurken, Kohlrabi, Pflücksalat, Zwiebeln	Kartoffeln, Porree
Schnittlauch	Dill, Möhren, Salat	Bohnen, Erbsen, Kohlarten, rote Bete
Sellerie	Bohnen, Gurken, Kohlarten, Kohlrabi, Porree, Tomaten	Kartoffeln, Kopfsalat Sellerie
Spargel	Dill, Kohlrabi, Kopfsalat, Pflücksalat	
Spinat	Kartoffeln, Kohlarten, Kohlrabi, Radieschen, Rettich, Stangenbohnen, Tomaten	
Tomaten	Buschbohnen, Chicorée, Kohlarten, Kohlrabi, Kopfsalat, Lauch, Möhren, Neuseeländer Spinat, Petersilie, Pflücksalat, Radieschen, Rettich, Sellerie, Spinat, Zucchini	Erbsen, Gurken, Kartoffeln
Zucchini	Stangenbohnen, Zwiebeln	
Zwiebeln	Dill, Gurken, Kopfsalat, Möhren, rote Bete, Zucchini	Bohnen, Kohlarten

Mist.
Bei eigener Haustierhaltung fällt M. an, den man zum Düngen im Garten verwendet. Da es sich meist um Kleintiere handelt, ist die Menge nicht groß. Man fügt den M. dem Kompost zu.
Hat man größere Mengen M. zur Verfügung, so kann man ihn im Herbst direkt in den Gartenbereich einarbeiten (beim Umgraben), auf dem im kommenden Jahr Starkzehrer angebaut werden sollen. Mittel- und Schwachzehrer können nicht auf frisch mit M. gedüngtem Boden angepflanzt werden (→ Fruchtwechsel).

Mittelzehrer, → Fruchtwechsel.

Möhre *(Daucus carota ssp. sativus)*, Wurzelgemüse (s. S. 34).
Die M.n haben eine Keimdauer von 6–8 Wochen. Man sät deshalb Radieschen mit aus, die durch ihr schnelles Wachstum die Reihen markieren und geerntet werden, ehe die M.n ihr volles Wachstum begonnen haben. Da die M.n auch nach der Keimung zunächst langsam wachsen, ist sorgfältig auf Freihaltung von Unkraut zu achten, damit die jungen Pflänzchen nicht bedrängt werden.
Möhrensamen keimen oft nur zu einem verhältnismäßig geringen Prozentsatz. Dies kann durch ungünstige Witterungsbedingungen bedingt sein. Man sät deshalb M.n dichter, als es normalerweise sein müßte. Zu dicht gewachsene Pflänzchen müssen später vereinzelt werden. Leere Stellen in den Reihen lassen sich dagegen nicht schließen, da sich M.n nicht verpflanzen lassen.

Möhrenfliege *(Psila rosae)*, Maden einer kleinen Fliegenart als Schadinsekten.
Die Maden der M. sind weißlich, kopf- und fußlos und 6–8 mm lang. Sie fressen Gänge in die Möhrenwurzeln, und zwar besonders im unteren Teil des Rübenkörpers. Die Fraßgänge sind nach außen offen und bräunlich verfärbt (Eisenmadigkeit der Möhren).
Der Befall mit Möhrenfliegenlarven beeinträchtigt die Ernte beträchtlich. Eine Bekämpfung mit Insektiziden ist problematisch, da die Rückstände in den Möhren und im Boden lange verbleiben. Im Garten sollte man darauf verzichten.
In sehr stark möhrenfliegenverseuchten

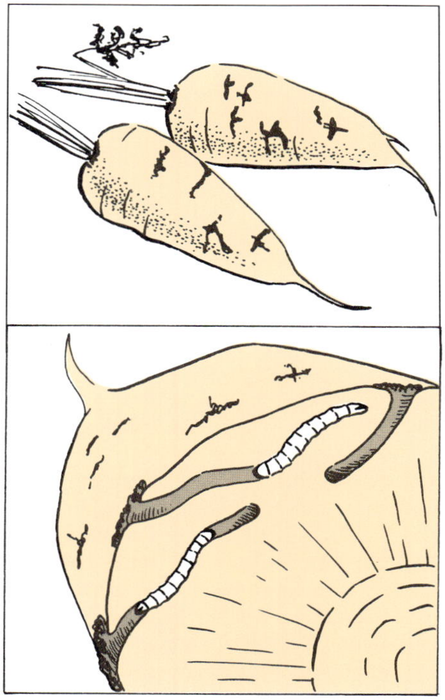

Mulchen

Gebieten ist daher der Eigenanbau kaum möglich. Ansonsten helfen pflanzenhygienische Maßnahmen meist so weit, daß der Schaden in erträglichen Grenzen bleibt oder gar nicht eintritt. Die Möhrenbeete sollen möglichst frei stehen, denn Windstille fördert den Befall. Frisch gedüngtes Land ist zu vermeiden, da ein zu hoher Stickstoffgehalt ungünstig ist. → Mischkultur, besonders mit Zwiebeln, wirkt sich zumindest zur Eindämmung des Befalls aus.
Madige Möhren sollen nicht auf den Kompost, sondern in den Mülleimer gegeben werden. Möhrenbeete werden vollkommen abgeräumt, so daß keine Wurzeln mehr im Boden bleiben und zufällig überwintern können.

Moos, Sparriges Kranzmoos *(Rhytidiadelphus suarrosus)*, Tretunkraut.
Im Rasen wachsen verschiedene Moosarten. Am häufigsten ist das Sparrige Kranzmoos. Es hat aufrechte, fast unverzweigte Stengel. Die hellgrünen bis gelbgrünen Blättchen sind spiralig angeordnet. Sie haben abstehende Spitzen. An langen Stielen, die seitlichen Trieben entspringen, bilden sich die Sporenkapseln. Die Sporen reifen im Frühjahr. Die Wuchshöhe beträgt 5–10 cm.

Das M. kommt auf nährstoffarmen, meist verdichteten Böden vor. Es verbreitet sich durch Sporen und abgerissene Pflanzenteile. In ungepflegtem Rasen kann sich M. so stark ausbreiten, daß es das Gras stellenweise ganz verdrängt. Durch Ausharken gelingt die Beseitigung nicht, denn abgerissene Pflanzenteile wachsen wieder zu neuen Pflanzen heran. Man muß durch regelmäßiges Düngen dafür sorgen, daß der Graswuchs wieder kräftiger wird. Der Rasenmäher wird auf eine größere Schnitthöhe eingestellt. So wird das M. bald verdrängt. Eine chemische Bekämpfung mit Eisensulfatpräparaten führt nicht zu dauerndem Erfolg. Außerdem entstehen dabei unschöne Kahlstellen im Rasen.

Mulchen, Abdeckung des Bodens mit zerkleinerten Pflanzenteilen.
Die Bodenabdeckung ist überall dort notwendig, wo der Bewuchs noch Stellen offen läßt. Als natürliche Abdeckung hat sich Mulch bewährt. Er entspricht dem herabgefallenen Laub im Wald.
Man mulcht den ganzen Sommer über in einer Schicht, die je nach Material 2–5 cm dick ist. Sie soll den Boden feucht halten, also vor Verdunstung schützen. Der Mulch wird von den Regenwürmern nach und nach in den Boden gezogen, so daß man schon nach 2–3 Wochen nachstreuen kann. Die Mulchdecke ermöglicht es den Regenwürmern auch, sich bei Trockenheit in den oberen Bodenschichten aufzuhalten. An ungeschützten Stellen haben sie sich dann längst in die Tiefe zurückgezogen.
Im zeitigen Frühjahr wird nicht gemulcht; noch vorhandenes Material vom Herbst räumt man ab, damit sich der Boden schneller erwärmen kann. Mit fortschreitender Erwärmung im Frühjahr kann man wieder mulchen, allerdings zunächst noch in dünnen Schichten von etwa 1–2 cm Dicke.
Als Mulchmaterial eignen sich z. B. Rasenschnitt, sofern er nicht durch Unkrautvertilgungsmittel verunreinigt ist, Laub oder gehäckselte Gartenabfälle. Da das Mulchmaterial auf dem Gartenboden verrottet, spricht man auch von *Direktkompostierung*.

Mutterboden, oberste Schicht des Bodens, → Bodenprofil.

Nährhumus, Form des → Humus.

Narzisse, Dichternarzisse *(Narcissus poeticus)*, (s. S. 23).
Aus mehreren Narzissenarten wurden zahlreiche Hybriden in Tausenden von Sorten gezüchtet. Man unterscheidet mehrere Gruppen, z. B. Trompetennarzissen mit einer langen, trompetenförmigen Nebenkrone (die Nebenkrone ist der innere, verwachsene Teil der Blumenblätter), Poeticus-Narzissen mit einer kragenförmigen Nebenkrone, gefüllte Narzissen mit mehr als 6 Blumenblättern an einer Blüte und andere. Die Farben der Blumenblätter sind Weiß, Gelb oder gemischt.

Naturdünger, nährstoffreiche, organische Substanzen.
Als N. werden z. B. Knochenmehl, Guano und andere angeboten. Sie enthalten Stickstoffverbindungen, Phosphate und Calciumverbindungen, außerdem viel organische (kohlenstoffreiche) Substanz.
Der Vorteil der N. besteht darin, daß sie erst durch Mikroorganismen aufgeschlossen werden müssen und dadurch langsam wirken. Sie sind also eine Art Vorratsdünger. Zu den N.n gehören auch Mist und Nährhumus, d. h. Kompost aus frischen Pflanzenteilen.

Naturgarten, besondere Form des Gartens.
Der Grundgedanke eines N.s ist, die Kulturpflanzen untereinander und mit den sich natürlicherweise einstellenden Wildpflanzen in einem ausgeglichenen Nebeneinander wachsen zu lassen.

Im Naturgarten wird die Wiese mit einer Sense gemäht.

Im N. werden z. B.:
Gemüsesorten in Mischkultur angebaut;
Rasen nicht um jeden Preis unkrautfrei gehalten;
geeignete Rasenstücke als Wiese stehen gelassen und dann mit der Sense gemäht;
Blumen und Gemüse nicht streng getrennt voneinander angebaut;
Unkräuter nur soweit beseitigt, wie sie die Kulturpflanzen wirklich bedrängen;
die Ansiedlung von schädlingsvertilgenden Tieren (Igel, Vögel) durch Naturhecken begünstigt.
Ein völlig verwilderter Garten ist kein N., sondern überhaupt kein Garten mehr. Auch im N. sind Pflegemaßnahmen als Eingriffe in das Naturgeschehen notwendig.

Naturhecke, im Gegensatz zur Formhecke nicht oder nur wenig geschnittene Hecke.
Sie bietet Vögeln und anderem Getier einen sicheren Unterschlupf, in dem sie nicht gestört werden.
Für die N. sucht man weniger in die Höhe und Breite wachsende Arten aus. Nur in sehr großen Gärten braucht man auf die Ausbreitung der Gehölze keine Rücksicht zu nehmen.

In der N. pflanzt man verschiedene Arten zusammen, die durch ihre Blüten, Früchte und bunten Blätter im Herbst schmückend wirken (z. B. Parkrosen, Flieder, Schneeball). Die Früchte dienen außerdem den Vögeln als Nahrung.

Nematoden, → Wurzelgallenälchen.

Neuanlage eines Gartens.
Wenn man einen Garten neu anlegen will, z. B. in einem Neubaugebiet auf ehemaligem Wiesen- oder Waldgelände, dann muß das Land erst tiefgreifend umgearbei-

Zunächst entfernt man mit Hilfe einer Sense oder Sichel den Gras- und Unkrautbewuchs. Man häckselt ihn und verwendet ihn zum Anlegen eines Komposthaufens. Die darin enthaltenen Unkrautsamen werden später weniger lästig als die Samen der typischen Gartenunkräuter, denn die daraus hervorgehenden Pflanzen werden bei der Gartennutzung meist verdrängt oder sind leicht durch rechtzeitiges Jäten zu beseitigen.

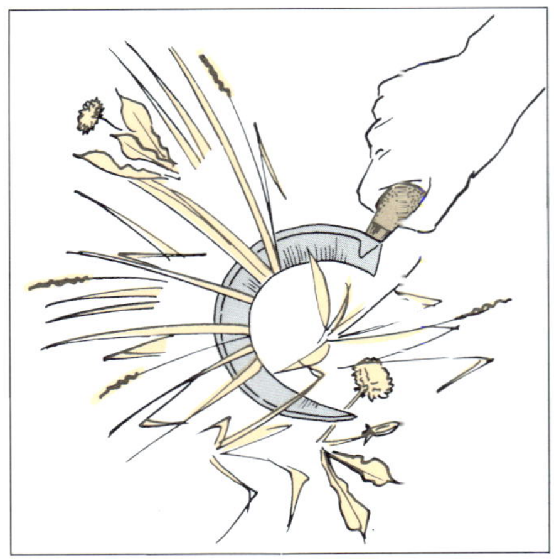

tet werden. Weniger Mühe bereitet die Neuanlage auf ehemaligem Ackerland. Doch kann der Boden auch dort durch die Baumaschinen bis in die Tiefe verdichtet sein, so daß sich eine entsprechende Behandlung empfiehlt.
Die Grasnarbe sticht man in Soden ab und schichtet sie zu einem Haufen, in dem sie zu Kompost oder Mutterboden verrotten können.

Der darunterliegende Boden wird anschließend 2–3 Spaten tief umgegraben (→ holländern, → rigolen), je nachdem, wie tief der Boden verkrustet ist. Obwohl bei der Behandlung die Bodenschichten nicht grundsätzlich vermischt werden, bedeutet sie doch eine starke ökologische Veränderung. Ehe der Mutterboden wieder aufgetragen wird, was etwa nach 1 Jahr geschehen kann, wenn die Grassoden verottet sind, kann man → Gründüngungspflanzen aussäen.
Es hat sich als günstig erwiesen, in dem wiederaufgetragenen Mutterboden wenigstens für 1 Jahr Kartoffeln anzubauen.
Natürlich kann man das Land auch sofort als Garten nutzen. Dazu sollte jedoch eine Bodenuntersuchung und entsprechende Behandlung erfolgen, zu der man den Rat von Fachleuten einholt. Die entstehenden Kosten sind weit niedriger als die Verluste an wertvollen Pflanzen, die auf Boden, der ihnen nicht zusagt, nicht gedeihen können.

Neuseeländer Spinat, s. S. 39.

Obstbaumschnitt, Auslichten und Verjüngen der Obstbäume durch Herausschneiden von Ästen und Astteilen.
Obstbäume brauchen eine Pflege durch regelmäßiges Schneiden. Man kann das ganze Jahr hindurch schneiden (→ Sommerschnitt), wird aber die unbelaubten Zeiten vorziehen, da man dann eine bessere Übersicht hat.
Beim *Auslichten* werden ältere Äste an ihrem Ansatz herausgesägt oder mit der Astschere geschnitten. Dadurch wird eine Verjüngung an diesen Baumteilen unterbunden, und die Kraft geht in andere, jüngere Äste.
Grundsätzlich wird so geschnitten, daß beim Einkürzen der Äste als letztes ein Auge außen stehenbleibt. Dadurch wird beim Neuaustrieb das Wachstum nach außen begünstigt.

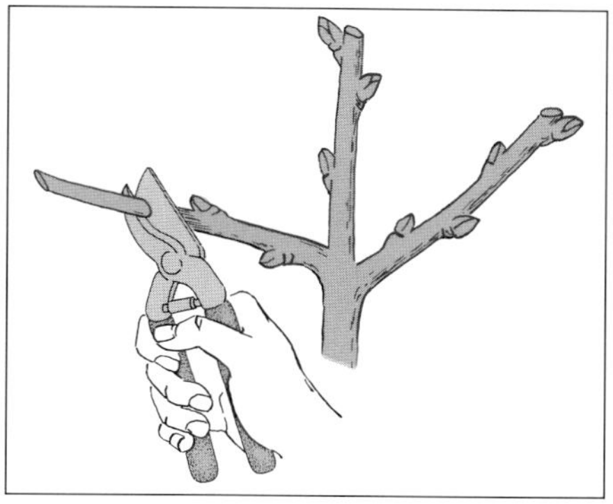

Durch den *Verjüngungsschnitt* erreicht man, daß zu dicht gewordene, überalterte Baumkronen wieder lichter werden und das Fruchtholz auf jüngere Teile begrenzt wird. Der Ertrag wird dadurch gesteigert, obwohl der Baum dann weniger Astwerk besitzt.

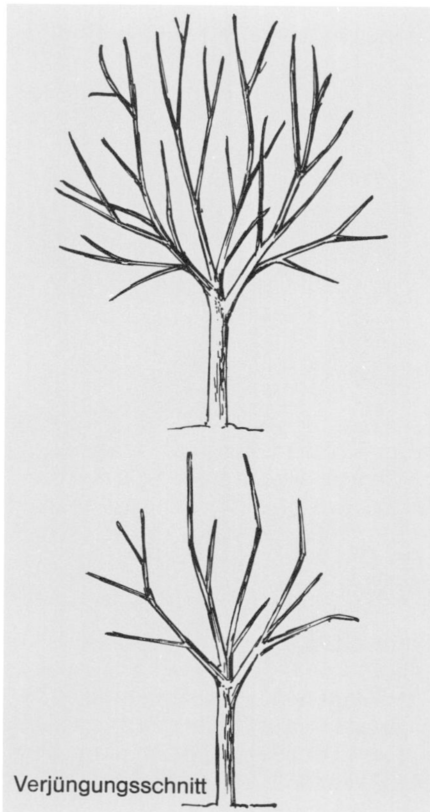

Verjüngungsschnitt

Anders ist es beim *Rückschnitt.* Hier werden im wesentlichen die Zweige eingekürzt, damit sich die Krone stärker entwickelt.

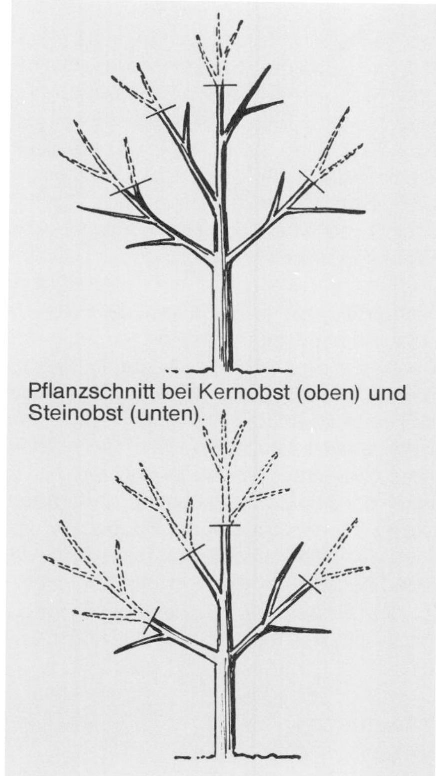

Pflanzschnitt bei Kernobst (oben) und Steinobst (unten).

Man schneidet bei Äpfeln, Birnen, Süßkirschen und Pflaumen meist die Form einer Pyramidenkrone, bei Pfirsichen, Nektarinen, Sauerkirschen und Mirabellen lieber die Form einer Hohlkrone.

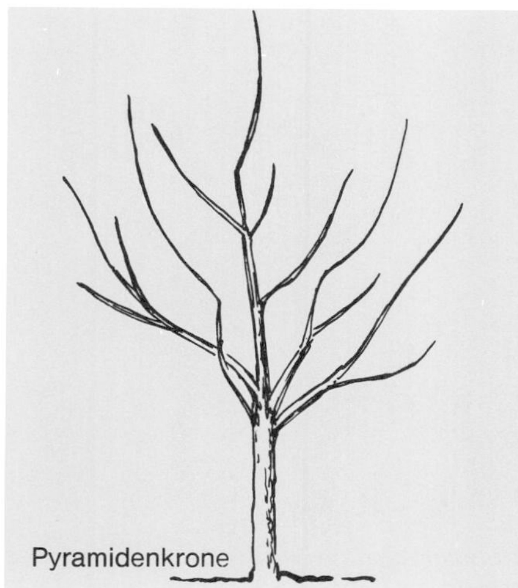

Pyramidenkrone

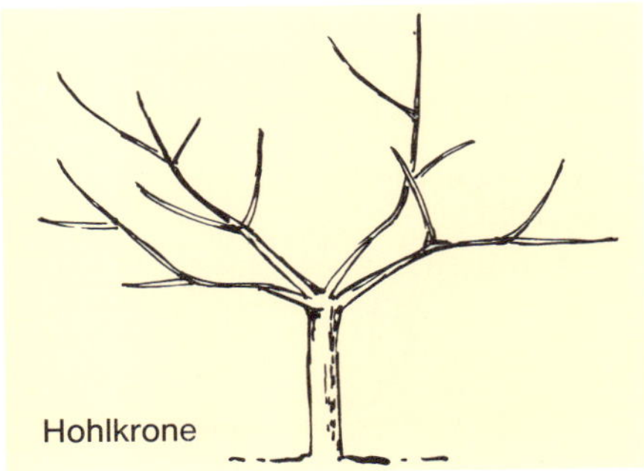

Durch den Rückschnitt, zusammen mit dem Verjüngungsschnitt, wird der Baum so in Form gehalten, daß eine Unterstützung der Äste während des Heranreifens der Früchte nicht mehr nötig ist.

Obstmade, Larve des Apfelwicklers *(Laspeyresia pomonella)*.
Der Apfelwickler ist ein kleiner Schmetterling, der seine Eier im Mai und Juni an die unreifen Früchte von Äpfeln und Birnen legt. Die ausschlüpfenden Räupchen (Maden) sind rötlich. Sie fressen sich durch das Fruchtfleisch bis zum Kerngehäuse durch und hinterlassen in den Fraßgängen ihren Kot. Nach etwa 3 Wochen verlassen die Raupen die Früchte und kriechen zur Rinde des Baumes, in deren Ritzen sie sich verpuppen. Dort überwintern sie auch, und im Frühjahr schlüpfen die Schmetterlinge.
Befallene Früchte sind an einem mit Kot verklebten Bohrloch zu erkennen. Sie fallen meist vorzeitig ab.
Zur Bekämpfung des Apfelwicklers werden im Herbst Stamm und Äste abgekratzt und mit Kalkmilch bestrichen. Auf diese Weise werden die Puppen der Schmetterlinge beseitigt und erneuter Befall im Frühjahr verhindert.

Ohrwurm, Gemeiner Ohrwurm *(Forficula auricularia)*, längliche braune Insekten mit zwei zangenförmigen Fortsätzen am Hinterleib.
Larven und Vollinsekt des O.s unterscheiden sich hauptsächlich dadurch, daß nur letzteres Flügel besitzt.

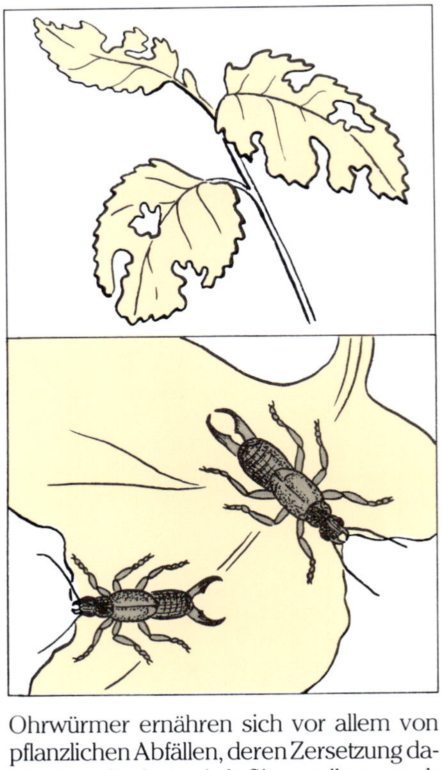

Ohrwürmer ernähren sich vor allem von pflanzlichen Abfällen, deren Zersetzung dadurch gefördert wird. Sie vertilgen auch Blattläuse. Nur selten fressen sie an Blüten. Sie sind also vorwiegend nützliche Tiere.
In Blumentöpfen, die mit Holzwolle oder Stroh gefüllt und mit der Öffnung nach unten aufgehängt werden, nisten sie sich zum Schlafen und zur Vermehrung ein. Durch das Anbieten solcher Unterschlüpfe kann man sie an Stellen im Garten locken, wo sie von Nutzen sind.

Paprika, s. S. 31.

Parkrose, Kartoffelrose *(Rosa rugosa)* (s. S. 27).
Rosen, die nicht oder nur wenig züchterisch bearbeitet wurden, werden als Wild- oder Parkrosen zusammengefaßt. Sie eignen sich z. B. für die Anpflanzung in Naturhecken. Außer der Kartoffelrose ist die Bibernellrose *(Rosa pimpinellifolia)* in den Gärten viel zu finden. Sie hat weißliche oder gelbliche Blüten. Es gibt verschiedene Sorten. Die Hagebutten sind schwarz und rundlich.
Die Hundsrose *(Rosa canina)* ist die altbekannte Heckenrose. Sie ist vor allem in alten Bauerngärten zu finden, wird aber auch im Naturgarten gern angepflanzt. Ihre Blüten sind hellrosa bis weißlich, die Blütenblätter tief eingeschnitten. Die Kelchblattreste fallen von der länglichen, roten Hagebutte bei der Vollreife ab.
Ganz ähnlich ist die Weinrose *(Rosa rubiginosa)*. Sie duftet nach Äpfeln. Ihre Blütenblätter sind rosa mit hellem Grund und wenig eingeschnitten. Die roten Hagebutten behalten ihre Kelchblätter.

Pergola, freistehendes Rankgerüst für Kletterpflanzen.
Durch eine P. wird ein laubenartiger Gang oder ein größerer Freiraum im Garten abgegrenzt. Man schafft sowohl einjährigen als auch ausdauernden Rankpflanzen den nötigen Halt. Die P. ähnelt einem freistehenden → Spalier.

Die Pfosten werden mit Eisenschuhen versehen und fest einbetoniert. Man setzt sie nämlich nicht direkt in die Erde, um Fäulnisbildung im Holz zu verhindern. Die Pfosten haben einen Querschnitt von etwa 12 x 12 cm. In 2,5 m Höhe verlegte Hölzer ermöglichen es den Pflanzen, die P. dachartig zu überwachsen.

Petersilie, s. S. 47.

Petunie, s. S. 19.

Pfefferminze, *(Mentha piperita)*, Gewürzkraut, Heilpflanze.
Die ausdauernde Pflanze wird 50–80 cm hoch. Sie bildet reichlich unter- und oberirdische Ausläufer. Dadurch wuchert sie leicht und muß durch günstige Standortwahl weit genug von anderen Pflanzen entfernt gehalten werden. Die violetten Blüten stehen in Quirlen zusammen und bilden ährenähnliche Blütenstände. Die Blütezeit ist von Juli bis August.
Als Gewürzkraut wird meist die 'Mitcham'-Pf. verwendet. Sie hat bräunlich überlaufene Blätter und Stengel und ist im Geschmack besonders aromatisch. Sie ist ein Bastard mit mehreren anderen Arten. Ihre Blüten sind steril, bringen also keine Samen hervor. Die Vermehrung muß daher durch Ableger von den Ausläufern erfolgen.
Pf. wächst im Halbschatten und in der Sonne. Der Boden soll möglichst immer etwas feucht sein. Die frischen Blätter können ständig geerntet werden. Man verwendet sie zu Salaten (s. Verwendungstabelle S. 84).
Zum Trocknen für Tee gegen Magen- und Darmverstimmung schneidet man die Stengel im Juni und evtl. noch einmal im Oktober.
Der Pflanzabstand beträgt 40 cm.

Pfirsich, s. S. 54.

pflanzen, eine Pflanze zum Anwachsen mit den Wurzeln in die Erde setzen.
Zum Auspflanzen von jungen Pflanzen oder Umpflanzen von Stauden gräbt man an der vorgesehenen Stelle mit der Handschaufel oder mit dem Spaten ein Pflanzloch. Dieses muß so groß sein, daß es den ganzen Wurzelballen aufnehmen kann, ohne daß er gequetscht wird. Sehr lange Wurzelenden werden gekürzt.

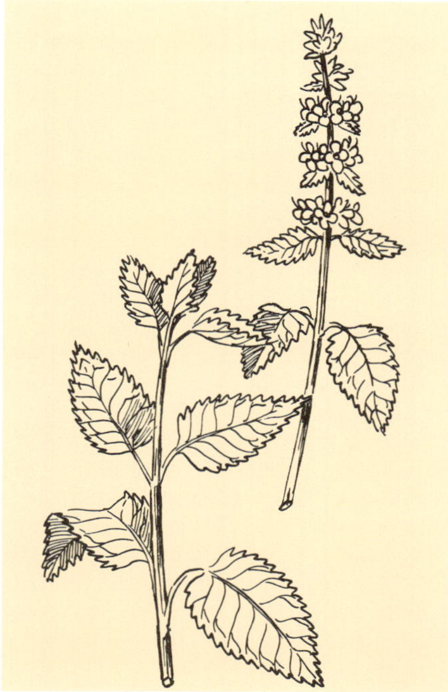

Bei Pflanzen, die in Töpfen herangezogen wurden, lockert man den Ballen außenherum etwas auf, damit die Wurzeln Kontakt mit der Erde bekommen. Nun hält man die Pflanze in der vorgesehenen Höhe in das Pflanzloch und füllt rundherum mit lockerer Erde auf.
Anschließend wird das Erdreich mit den Händen so festgedrückt, daß die Pflanze beim Angießen nicht umfällt. Bei großen Stauden wird die Erde festgetreten.
Nun wird die Pflanze angegossen. Dabei werden Bodenteilchen auch um die feinen Wurzeln geschlämmt.
In Containern herangezogene Pflanzen können außer bei Frost zu jeder Jahreszeit gepflanzt werden. Notwendige Pflanzabstände markiert man mit Hilfe der Pflanzschnur oder durch Ziehen von Rillen o. ä. auf dem Beet.

Pflanzenkrankheiten.
Pflanzen werden vor allem von pilzlichen Krankheitserregern infiziert. Die Ausbreitung von Krankheiten ist bei Wildpflanzen durch die Artenvielfalt in den Lebensgemeinschaften sehr eingeschränkt, denn die Infektion erfolgt meist nur auf spezifischen Wirtspflanzen.
Bei Kulturpflanzen ist die Anfälligkeit durch die verbreitete Monokultur größer, denn

durch diese wird die Ausbreitung sehr begünstigt. Man versucht dies durch bewußte →Mischkulturen, die im Garten leichter möglich sind als in der Landwirtschaft, zu unterbinden. Tatsächlich werden die Pflanzen in Mischkulturen viel weniger krank. Hochzuchtsorten von Gartenpflanzen sind häufig besonders anfällig. Allerdings wird versucht, immer mehr resistente Sorten zu züchten.
Schließlich sind auch überdüngte Pflanzen mehr gefährdet als solche, die unter normalen Bedingungen aufwachsen.
Die Bekämpfung der Pilzkrankheiten erfolgt mit verschiedenen chemischen Mitteln, die als →Fungizide bezeichnet werden.

Pflanzenschutzmittel, auch: Pestizide.
Es gibt eine große Zahl verschiedener P., deren meist chemisch hergestellte Wirkstoffe Krankheitserreger oder Schädlinge abtöten. Daher haben sie eine mehr oder weniger starke Giftigkeit, die sich auch auf nützliche Insekten, auf Bienen oder auch auf Warmblüter (Vögel und Säugetiere) auswirken kann.
Für den Umgang mit P. gilt: Beim Erwerb im Fachhandel genau beraten lassen und die Gebrauchsanweisungen sowie Sicherheitshinweise der Hersteller exakt befolgen.
Bei Anwendung in Gemüse und Obst muß bis zur Ernte die vorgeschriebene Wartezeit eingehalten werden, sonst läuft man Gefahr, Rückstände der P. mit der Nahrung aufzunehmen.

Da es im Garten nicht auf Höchsterträge ankommt, kann man auf P. meist verzichten, vor allem, wenn durch richtigen Anbau vorgebeugt wird. In manchen Bundesländern ist bereits die Abgabe giftiger P. an Privatleute verboten. Der Handel bietet zunehmend P. an, die auf biologischer Basis wirken und in bezug auf Umwelt und Gesundheit unproblematisch sind.

Pflanzholz, am unteren Ende zugespitzter, kurzer Stab, mit dem Löcher zur Aufnahme von Pflanzen in die Erde gemacht werden; wird oft anstelle von Handschaufeln benutzt.
Im Handel sind Pflanzhölzer mit gebogenem oder T-förmigem Griff, in Metallausführung oder auch aus Holz mit Metallspitze erhältlich.

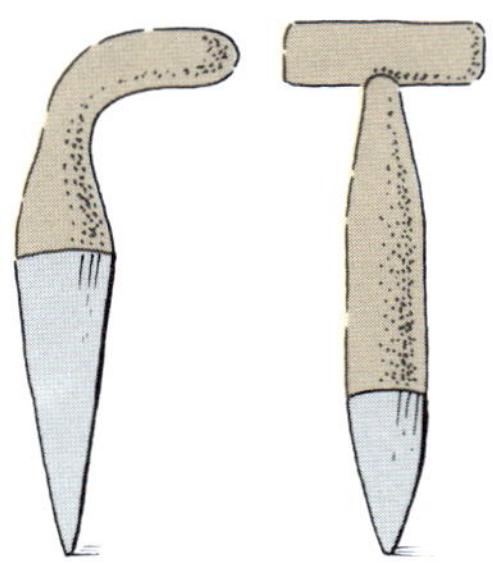

Bei feuchten Lehmböden ist die Benutzung eines Pflanzholzes nicht zu empfehlen. Die Erde wird damit fest zusammengedrückt, und die Wurzeln können nicht mit feinen Bodenteilchen umhüllt werden, sondern werden eingequetscht. In solchen Fällen kann ein Hohlpflanzer benutzt werden, ein

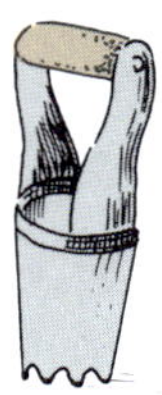

ausgehöhltes „Pflanzholz", das den Boden weniger stark verdichtet.

Pflanzschnitt, Zurückschneiden von Krone und Wurzeln der Bäume beim Verpflanzen.
Beim Ausgraben in der Baumschule verlieren die jungen Bäume einen Teil ihrer Wurzelmasse, während die Krone weitgehend unversehrt bleibt. Durch den P. wird ein Ausgleich geschaffen, da der Baum unbehandelt schlecht anwachsen würde.
Die Krone wird nach den Regeln des → Obstbaumschnitts bei Kernobst um ½ und bei Steinobst um ⅔ eingekürzt. Beim Schneiden ist bereits auf die gewünschte Wuchsform zur Pyramiden- oder Hohlkrone Rücksicht zu nehmen (Abb. S. 91).
Durch den P. wird der Baum zum verstärkten Austrieb und Wachstum angeregt. Deshalb ist die Maßnahme für die Weiterentwicklung des Baums wichtig.
Der P. an den Wurzeln erfolgt nur in sehr geringem Umfang. Beim Ausgraben sind ohnehin schon Teile der Wurzeln verlorengegangen. Meist kann man sich darauf beschränken, abgeknickte Wurzeln wegzuschneiden. Angeschnittene Wurzeln müssen innen hell gefärbt sein. Sind sie braun oder gar schwarz, dann sind sie vertrocknet. Bäume mit solchen Wurzeln wachsen nicht mehr an und müssen reklamiert werden.

Pflanzschnur, Hilfsmittel beim Pflanzen im Garten, bestehend aus 2 Steckhölzern und einer wetterfesten Schnur (Wäscheleine).
Man kann sie kaufen oder selbst herstellen. Sie ist überall dort eine Hilfe, wo gerade Linien und gleichmäßige Abstände erwünscht sind.
Zur Benutzung wird so viel von der aufgespulten Schnur abgewickelt, wie die Länge der abzusteckenden Linie beträgt. Nun steckt man das eine Holz an einem Ende der Linie fest in den Boden. Das andere Holz wird am anderen Ende eingesteckt

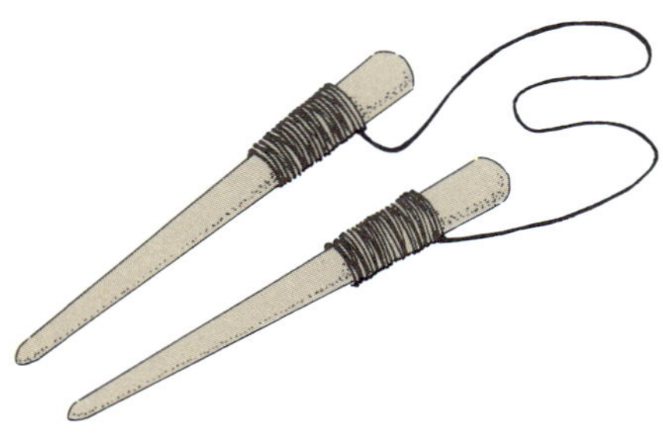

und so lange gedreht, bis die Schnur stramm gespannt ist.
Man soll sich aber durch die Benutzung der P. nicht verleiten lassen, dem Garten nur gerade Linien aufzuzwingen. Ein sehr geometrisch eingeteilter Garten wirkt unnatürlich und damit auch nicht schön.

Pflaume *(Prunus domestica ssp. domestica)*, Steinobst (s. S. 54).
Viel kultiviert werden die länglichen Sorten, die auch einen länglichen Stein haben und als *Zwetschen* bekannt sind. Sie sind einfach in der Pflege und verhältnismäßig anspruchslos. Auch die großen, rundlichen Pflaumensorten, die als *Eierpflaumen* bekannt sind, lassen sich meist gut kultivieren. Wegen der frühen Blütezeit aller Pflaumensorten ist eine geschützte Lage oder milde Anbaugegend günstig, denn Frosteinwirkung auf die Blüten mindert den Ertrag erheblich.
Wenn der Fruchtansatz zu stark ist, dünnt man ihn durch Entfernen einiger heranreifender Früchte aus, damit die Zweige später nicht brechen. Der Schädlingsbefall ist bei Gartenkulturen kaum von Bedeutung. Madige Pf.n, in denen die Larven des Pflaumenwicklers (Schmetterling) fressen, sind recht selten.
Im trockenen Herbst kann es leicht zur Wespenplage kommen. Die Insekten werden durch herabgefallene und geplatzte Pf.n in Massen angelockt. Besonders wenn Kinder im Garten spielen, sollten die Früchte aufgelesen und beseitigt werden.

Pflücksalat, s. S. 39.

Phlox *(Phlox-Paniculata-Hybride)*, horstbildende Staude (s. S. 15).
Der Sortenreichtum beim Ph. ist sehr groß. Wenn man sich für eine besondere Sorte entschieden hat, ist man auch daran interessiert, die Eigenschaften zu erhalten. Dies kann man nur, wenn man eine Selbstaussaat verhindert. Die ausgefallenen Samen wachsen zwischen und neben den Stengeln der Mutterpflanzen heran. Doch sind sie nicht sortenecht. Es tauchen bald unerwünschte Eigenschaften in der Blüten der nachwachsenden Triebe auf, so daß ein buntes Sortengemisch entsteht. Die Mutterpflanze wird schließlich verdrängt.
Zur Vermeidung dieser Erscheinung schneidet man die verwelkten Blüten sorgfältig heraus und beseitigt sie. Die sortenechte Vermehrung erfolgt durch Teilung der Stauden.

pikieren, zu dicht stehende junge Pflanzen ausziehen und in größerem Abstand verpflanzen.
Die Aussaat in Anzuchtschalen erfolgt

breitwürfig, und die heranwachsenden Pflänzchen müssen mindestens einmal pikiert (verpflanzt) werden. Man pikiert in eine mit Blumen- oder Einheitserde gefüllte andere Anzuchtschale. Die Pflänzchen können schon pikiert werden, wenn die Keimblätter voll entfaltet sind oder wenn die ersten Laubblätter erscheinen.
Mit einem flachen Stäbchen, dem *Pikierholz*, hebt man die Sämlinge aus dem Boden, faßt sie vorsichtig an einem Keimblatt und löst sie mit Hilfe des Hölzchens von den anderen Pflanzen. -
Mit dem Pikierholz bohrt man ein kleines Loch in die Erde, hält das Pflänzchen hinein und drückt mit dem Stab vorsichtig fest. Im Abstand von etwa 3 cm werden die anderen Sämlinge gepflanzt.
Man kann auch in Torftöpfe oder kleine Container pikieren, die mit Erde gefüllt sind. Sie werden dann in einer Anzuchtschale ohne Erde aufbewahrt. Das spätere Auspflanzen wird dadurch erleichtert.

Pikierholz, Arbeitsgerät, → pikieren.

Pimpinelle, s. S. 47.

Polyantharosen, → Rose.

Porree, s. S. 34.

Portulak *(Portulaca oleracea)*, Gewürzkraut.
Die Pflanze wird 15–30 cm hoch. Sie ist stark verzweigt und meist niederliegend. Die kahlen, fleischigen Blätter sind hellgrün und verkehrt eiförmig. P. blüht von Juli bis Oktober mit gelbgrünen, unscheinbaren Blüten.
Die Blätter haben einen säuerlich-salzigen Geschmack. Man benutzt sie gern als Salatbeigabe. Die jungen Blätter kann man auch allein als Salat zubereiten, die älteren sind zu bitter und können nur wenig verwendet werden (s. Verwendungstabelle S. 84).

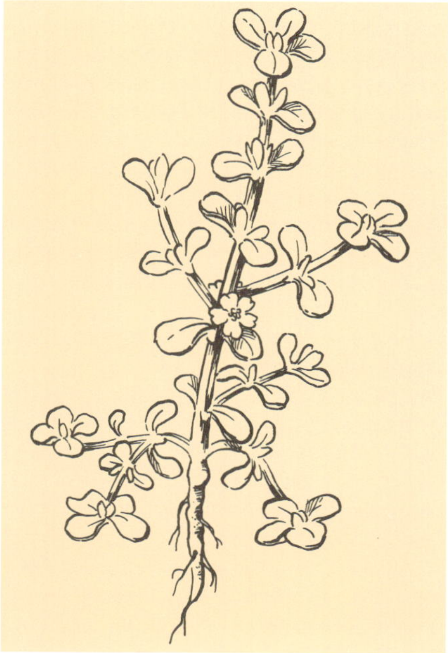

Man sät P. im Mai an Ort und Stelle aus. Der Standort muß sonnig und warm sein. Günstig ist lockerer, humusreicher Boden. Der Reihenabstand soll 20 cm betragen. Später wird auf 8–10 cm Abstand in der Reihe vereinzelt.

Preiselbeere, s. S. 51.

Puffbohne, s. S. 31.

Quecke, Schnürsenkel, Pede *(Agropyron repens)*, Wurzelunkraut.
Die Qu. ist ein Gras mit bis zu 20 cm langen und etwa 5 mm breiten, grünen oder graugrünen Blättern, die oft behaart sind. Die

Blütenstiele tragen zweizeilig beiderseits anliegende Ährchen. Die 20–120 cm hoch werdende Pflanze blüht von Juni–Juli. Sie bildet weiße Wurzelausläufer, die sich weit ausbreiten und zur Vermehrung der Pflanze beitragen. Qu. samen sich reichlich aus. Sie sind → Lichtkeimer und wachsen auf jeder Bodenart, besonders auf schweren, nährstoffreichen Böden.
Die Beseitigung der Qu.n ist wegen der Wurzelausläufer besonders schwierig. Alle abgetrennten Wurzelteile bringen neue Pflanzen hervor, wenn sie im oder auf dem Boden verbleiben. Ein sorgfältiges Entfernen der Wurzelausläufer ist daher notwendig. Bei Staudenbeeten verfilzen sich die Wurzelausläufer stark mit den Wurzeln der Stauden. Man muß sie ausgraben und voneinander trennen.

Quitte, s. S. 55.

Rabatte, Randbeet, das nicht von allen Seiten zugänglich sein muß.
Man legt R.n am Haus, an Hecken, zwischen Rasenflächen u. ä. an. Sie werden meist mit festen Beetkanten eingefaßt. Sie werden mit Blumen bepflanzt.

Die Kunst besteht darin, möglichst das ganze Jahr hindurch blühende Pflanzen auf der R. zu haben. Stauden kann man durch geschickte Auswahl entsprechend pflanzen. An Stellen, an denen Zwiebel- oder Knollengewächse geblüht haben, die ihre oberirdischen Teile einziehen, werden einjährige Blumen nachgepflanzt.
Man kann R.n auch nur mit einjährigen Blumen bepflanzen. Diese kultiviert man im Frühbeet oder auf dem Saatbeet rechtzeitig vor. Der Reiz der Einjährigen liegt in der Möglichkeit, häufiger wechseln und neugestalten zu können.

Radieschen *(Raphanus sativus var. sativus)*, Wurzelgemüse (s. S. 34).
Radieschen sind die kleinen Formen des Rettichs. Es gibt weiße rübenförmige, die sich von Rettichen nur durch die Größe unterscheiden, und kleine rundliche, die meist rot oder rotweiß gefärbt sind. R. haben eine kürzere Vegetationszeit als Rettiche. Bei zu engem Stand neigen sie dazu, die Knollen nicht auszubilden. Man erntet dann nur „Mäuseschwänze".
R. sind Langtagspflanzen und bilden im Sommer schnell Blütentriebe. Dabei wird die Knolle aufgezehrt und holzig. Die Pflanzen „schießen" und sind dann nicht mehr zu verwenden. Man muß den richtigen Erntezeitpunkt abpassen und einhalten.
Es gibt jetzt auch Sommersorten, die nicht, wie die frühen Sorten im Sommer, ohne Knollenbildung gleich Blütenstengel treiben. Sie bilden zunächst ihre Knollen, „schießen" dann aber auch. Der richtige Erntezeitpunkt ist auch hier einzuhalten.
R. werden in mehreren Folgesaaten angebaut. Der Jahreszeit entsprechend werden die Sorten gewechselt.

Rasen düngen.
Beim Mähen wird dem Rasen ständig viel Blattmasse entzogen. Dadurch gehen wichtige Nährstoffe verloren, die durch regelmäßiges Düngen ersetzt werden müssen.
Man streut einen stickstoffreichen Rasenspezialdünger. Die Arbeit kann man sich durch einen kleinen Streuwagen erleichtern. Etwa 4mal im Jahr wird gedüngt, gleichmäßig verteilt auf die Zeit, in der auch gemäht wird. Legt man Wert auf einen unkrautfreien Rasen, dann wählt man 1mal im Jahr anstelle einer normalen Düngung

einen Dünger, der ein Unkrautvernichtungsmittel enthält. Bei starker Verunkrautung wird die Behandlung nach 6 Wochen wiederholt.
Am besten wird gedüngt, wenn es anfängt zu regnen oder so wenig regnet, daß man noch arbeiten kann. Wenn man in einer Trockenperiode düngt, muß mit dem Regner gewässert werden, da der Dünger sonst die Blätter verbrennt.
Herbst- und Winterdüngung des Rasens ist problematisch und noch umstritten. Sie kann nicht allgemeingültig empfohlen werden.

Rasen einsäen.
Bevor man Rasen einsät, muß der Boden gründlich bearbeitet werden, denn dies ist später nur noch bedingt möglich (→ vertikutieren). Man befreit das Gelände so gut es geht von Unkraut und lockert den Boden mit dem Kultivator gut auf. Steine werden dabei sorgfältig herausgesammelt. Sie würden bei der Rasenpflege immer wieder stören. Der Boden wird mit der Harke geglättet.

Dann streut man den Grassamen möglichst gleichmäßig aus, in der Regel 20 g/m^2. Dieser wird mit der Harke eingearbeitet.

Nach der Aussaat klopft man den Boden fest. Dazu bindet man sich unter jeden Schuh ein Brettchen und geht damit gleichmäßig über die Rasenfläche, bis alle Stellen angedrückt sind.
Soll der Rasen in Neubauland oder anderen verfestigten Boden gesät werden, dann gräbt man das Land vorher um, evtl. 2 oder 3 Spaten tief (→ holländern, → rigolen). Wurde das Gelände erst vor kurzem eingeebnet, so muß sich der Boden erst absetzen, und zwar entweder über Winter oder 1 Jahr lang. In dieser Zeit ist die Bestellung mit Gründungungspflanzen zu empfehlen, die später untergegraben werden.

Rasenkanten schneiden.
Von den meisten Rasenmähern werden die Rasenkanten nicht erfaßt. Sie müssen extra nachgeschnitten werden. Am besten eignet sich dazu eine Grasschere. Es gibt

zwar Kantenschneidgeräte; sie haben sich aber noch nicht ausreichend bewährt.
Um die Rasenkanten in Ordnung zu halten, kann man sie auch mit schmalen Steinplatten so einfassen, daß der Rasenmäher darauf entlanggleiten und alles Gras erfassen kann. Derart eingefaßte Kanten sind jedoch kein besonders schöner Anblick.

Rasen mähen.
Zur Ausbildung einer gleichmäßigen Rasenfläche ist regelmäßiges Mähen notwendig. Dadurch werden die Gräser an der Ausbildung der blütentragenden Stengel gehindert. Außerdem bestocken sich die Graspflanzen, d. h., sie bilden zahlreiche Seitentriebe und werden dadurch dichter. Man mäht, wenn das Gras 6–8 cm hoch gewachsen ist. die Schnitthöhe soll durch-

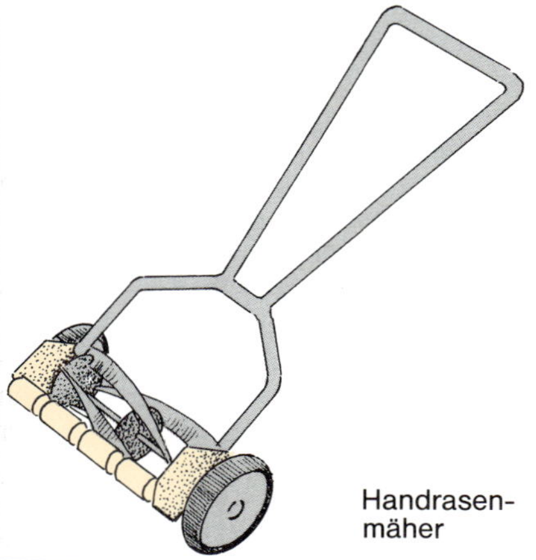
Handrasenmäher

Elektromäher

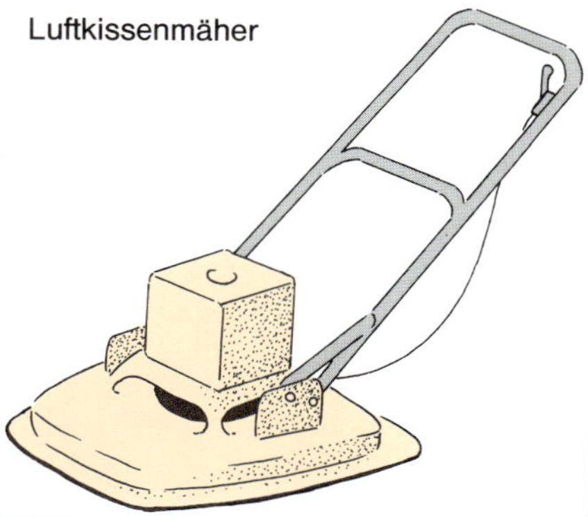
Luftkissenmäher

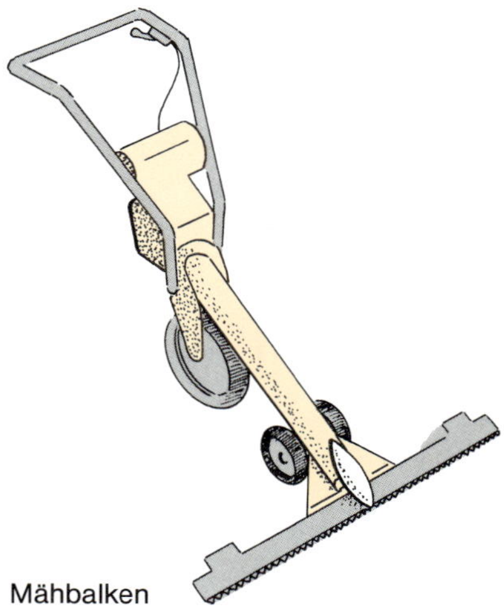
Mähbalken

schnittlich 3–4 cm betragen. Der Rasenmäher wird entsprechend eingestellt.
Wenn man zu kurz mäht, werden die Graspflanzen zu sehr geschwächt, und das Unkraut kann sich leichter ausbreiten. Im Sommer kann man die Schnitthöhen 1–2 cm höher einstellen. Dann trocknet der Rasen weniger aus. Er wird etwa 20mal im Jahr gemäht.
Es ist nicht leicht, unter den verschiedenen Typen den für die eigenen Zwecke günstigsten *Rasenmäher* auszuwählen. Vor einer größeren Anschaffung läßt man sich am besten beraten und probiert evtl. an Rasenmähern der Nachbarn, wie man mit ihnen zurechtkommt.
Obwohl neue Rasenmäher verhältnismäßig leise arbeiten, sollte man sich über die örtlich zugelassenen Lautstärken und vor allem darüber informieren, zu welchen Zeiten nicht gemäht werden darf.

Rasenmäher, Gerät zum Rasenmähen, → Rasen mähen.

Rasen wässern.
Bereits nach der Einsaat wird der spätere Rasen gewässert. Günstig ist ein Viereckregner am Gartenschlauch. Solange der Samen noch nicht aufgegangen ist, genügt ein oberflächliches, jedoch ständiges Feuchthalten.

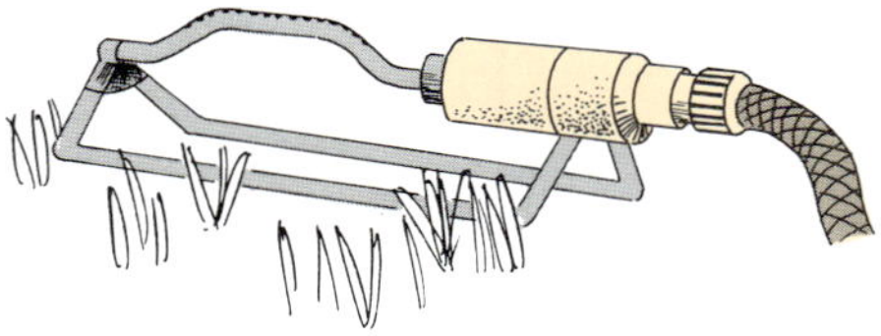

In Trockenzeiten ist das Wässern auch für den ausgewachsenen Rasen gut. Dann muß man allerdings so viel Wasser geben, daß es bis in die tieferen Wurzelbereiche eindringen kann (mindestens 3mal/Woche 1–2 Stunden lang). Wenn nur oberflächlich gewässert wird, beschränkt sich die Wurzelnachbildung bald nur noch auf eine dünne Bodenschicht, und die Graspflanzen kümmern.
Wenn man aus Kostengründen ein reichliches Wässern des Rasens scheut, soll man ihn auch nicht oberflächlich beregnen. Zwar dörrt der Rasen dann vorübergehend aus, er erholt sich aber in der nächsten Regenperiode.

Raupen, Larven der Schmetterlinge.
Jede Art hat meist ihre bestimmten Futterpflanzen. Nur wenige R. richten im Garten wirklich Schaden an (→ Kohlweißling). Sie treten meistens vereinzelt auf, und man braucht sie nicht zu bekämpfen. Wenn

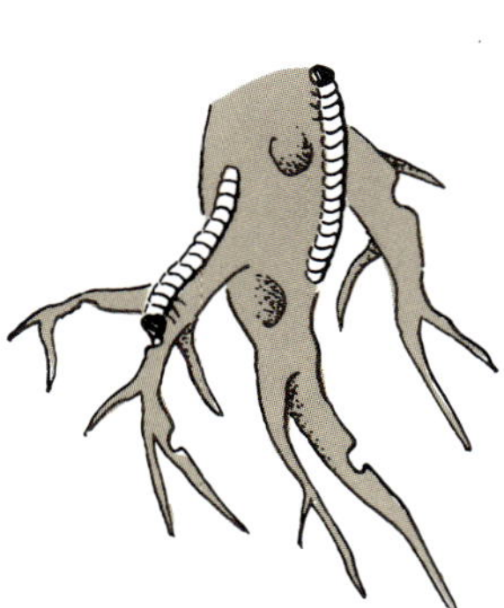
Raupen an der Wurzel

Raupen auf Blättern und Blüten

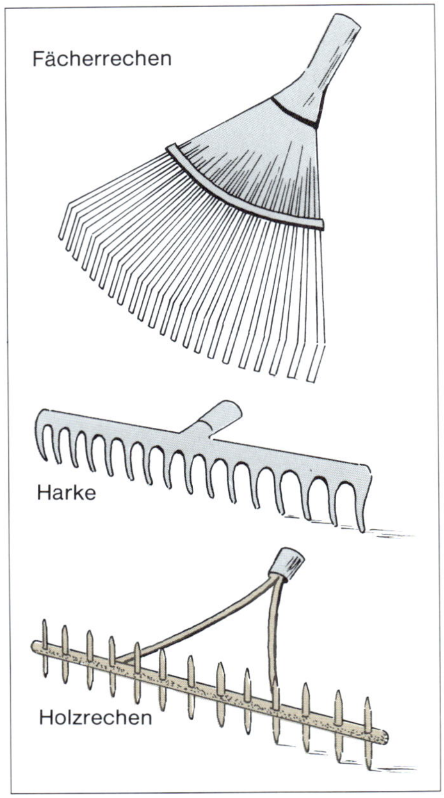

Singvögel im Garten leben, fangen sie viele R. und Schmetterlinge, so daß eine Massenvermehrung nicht auftritt.
R. fressen sowohl an Blättern und Blüten als auch als Erdraupen an den Wurzeln.

Rechen, Gerät zur Gartenarbeit mit langem Stiel und quer angeordneten Zinken. Neben dem Spaten gehört der R. oder die *Harke* zu den am meisten gebrauchten Gartengeräten. Die kurzen Zinken des R.s sind im rechten Winkel zum Stiel gebogen. Er dient zum gleichmäßigen Verteilen und Glätten des bearbeiteten Bodens. Gartenabfälle werden mit ihm zusammengeharkt und Wege gesäubert.
R. gibt es in verschiedenen Breiten, d. h. mit verschieden vielen Zinken. Die Auswahl erfolgt nach Verwendungszweck und Arbeitskraft des Benutzers. Mit einem breiten R. ist die Arbeit anstrengender, weil mehr Material bewegt wird. Die Flächen werden jedoch gleichmäßiger geglättet. Schmale R. sind leichter zu handhaben. Am gebräuchlichsten sind R. mittlerer Breite.
Zum Zusammenharken von Grasschnitt oder Fallaub auf Rasen eignet sich ein R. mit Stahlzinken nicht. Er ist zu schwer, und die Zinken bleiben leicht im Gras hängen. Man verwendet dafür meist einen *Fächerrechen*, der leicht ist und die Grasnarbe nicht beschädigt. Auch *Holzrechen*, die fast immer doppelseitig gearbeitet sind, eignen sich zum Abharken des Rasens. Boden kann man mit Holzrechen nicht bearbeiten, da die Zinken zu leicht abbrechen.

Regenwürmer, humusproduzierende Bodentiere.
R. ernähren sich von abgestorbenen Pflanzenteilen. Sie ziehen noch nicht durch die Verrottung angegriffene Teile in ihre Gänge im Boden, damit sie durch Bakterien so weit zersetzt werden, daß die Würmer sie aufnehmen können. Beim Bau der Röhren fressen sie sich regelrecht durch den Boden. Die Bodenteilchen scheiden sie zusammen mit den verdauten Pflanzenteilen als Kothäufchen an der Erdoberfläche aus. Ihre Wohnröhren verstärken sie durch schleimige Ausscheidungen ihrer Hautdrüsen, die u. a. Harnstoff enthalten.
Die Tätigkeit der R. führt zu einer guten Durchmischung des Bodens und zur Anreicherung mit Nährstoffen. Ein reichlicher Besatz mit R.n ist für den Garten günstig. Da die Würmer nur in feuchtem Boden leben, ziehen sie sich bei Trockenheit in größere Tiefen zurück. Man kann dies durch Bodenabdeckung (→ Mulchen) verhindern.
Im Kompost vermehren sich Regenwürmer stark. Sie beschleunigen den Mineralisierungsprozeß.

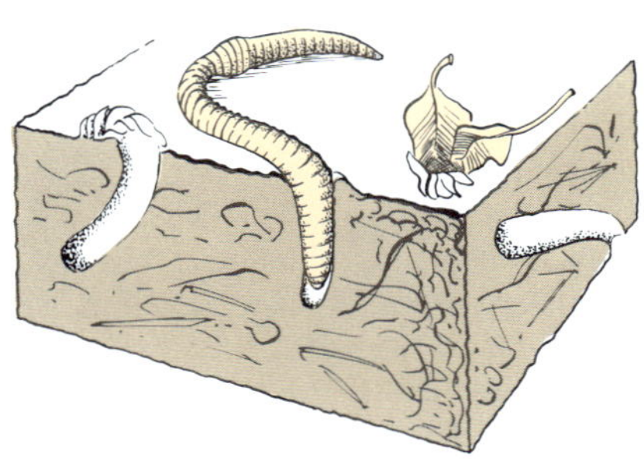

Reneklode, s. S. 55.

Rettich *(Raphanus sativus var. niger)*, Wurzelgemüse (s. S. 35).
Die frühen Sorten des R.s, die meist als *Sommerrettich* bezeichnet werden, sind weiß, während die späten Sorten, die als *Winterrettich* bekannt sind, schwarz sind. R.e wachsen schnell. Damit sie sich gleichmäßig entwickeln und nicht pelzig werden, ist ständiges Feuchthalten wichtig. Stickstoffüberdüngung fördert das Pelzigwerden.
Geerntete R.e können im Keller zwischen Sand gelagert werden, bis sie verbraucht werden. Der Keller muß allerdings kühl sein.

Rhabarber *(Rheum rhabarbarum)*, obstartiges Blattgemüse.
Die großflächigen Blätter wachsen mit einem langen, fleischigen Stiel aus dem Wurzelstock hervor. Die zahlreichen kleinen, weißlichen Blüten stehen in einer Rispe und entwickeln sich im Mai oder Juni an beblätterten Blütenstielen, die bis zu 1,5 m hoch werden. Man schneidet sie heraus, ehe sie sich voll entwickelt haben, damit sie der Pflanze nicht zu viele Nährstoffe entziehen.
Die Blattstiele werden zur Herstellung von Kompott oder Marmelade verwendet. Zur Ernte, die ab April bis in den Juni hinein vorgenommen werden kann, werden die Blattstiele vorsichtig herausgezogen, nicht abgeschnitten. Die großen Blattspreiten sind ungenießbar und werden nicht verwendet.

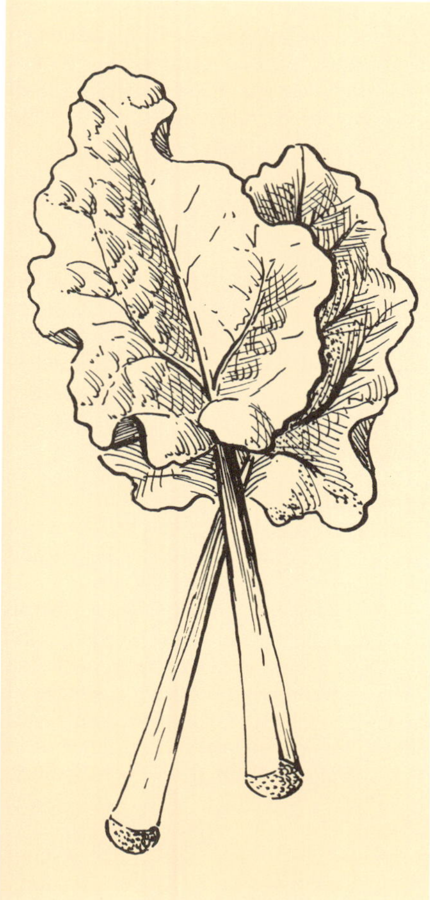

Es gibt grünstengelige und rotstengelige Sorten. Die rotstengeligen werden bevorzugt.
Rh. wird vom 2. Jahr nach der Pflanzung an geerntet. Er gibt bis zu 10 Jahre lang guten Ertrag. Im Herbst ziehen die Blätter ein und entwickeln sich im zeitigen Frühjahr neu.
Der Standort kann sonnig oder halbschattig sein. Der Boden muß tiefgründig sein. Rh. wird durch vorsichtige Teilung der fleischigen Wurzelstöcke im Herbst vermehrt. Der Pflanzabstand beträgt mindestens 1 m. Für eine kleine Familie reichen 1–3 Pflanzen aus.

Rhododendron *(Rhododendron-Hybride)*, Gartengehölz (s. S. 27).
Rhododendren kommen in ihren Stammformen aus Asien und Nordamerika. Es sind wintergrüne Sträucher, d. h., sie werfen ihr Laub im Herbst nicht ab. Dadurch sind sie an ungeschützten Stellen vom Erfrieren bedroht. Leichte Frosteinwirkung vertragen sie jedoch. Es werden nur noch Hybriden und Sorten von Rh. kultiviert. Die Vielfalt ist so groß, daß Fachleute und Liebhaber sich ständig um die Klassifizierung bemühen müssen.
Die *azaleenartigen Rhododendren* werfen ihr Laub im Herbst ab. Sie sind weniger anspruchsvoll und benötigen nicht so sauren Boden. Auch brauchen sie nicht so geschützt zu stehen. Während bei den eigentlichen Rhododendren die Blütenfarbe um Rot und Violett variiert, gibt es bei den azaleenartigen auch gelb.

rigolen, den Boden 3 Spatenstiche tief umgraben.
Bei diesem Verfahren ist, wie beim → Holländern, zu beachten, daß die einzelnen Bodenschichten nicht vermischt werden. Wegen der großen Erdmengen, die beim R. anfallen, ist es praktisch, einen 1–2 m breiten Streifen zu bearbeiten.
1. Der Oberboden des vorgesehenen Streifens wird spatentief ausgehoben und auf eine Seite geworfen.

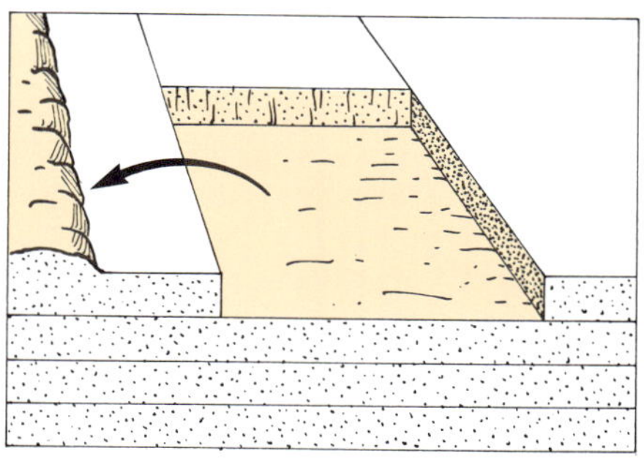

2. Nun wird der Unterboden wieder einen Spatenstich tief ausgehoben und auf die andere Seite geworfen. Der dann freiliegende Untergrund wird danach spatentief umgegraben.

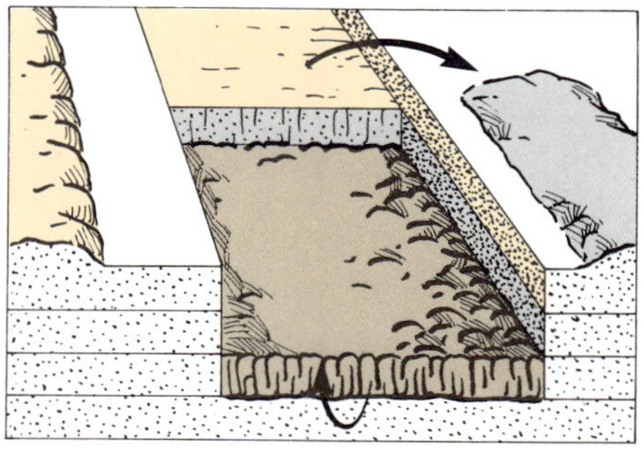

3. Jetzt wird die ausgehobene Erde des Unterbodens und danach die des Oberbodens wieder aufgetragen. Weitere Streifen bearbeitet man in derselben Weise.
R. ist bei extrem schlechten Bodenverhältnissen erforderlich, um stark verdichtete Böden tiefgründig aufzulockern.

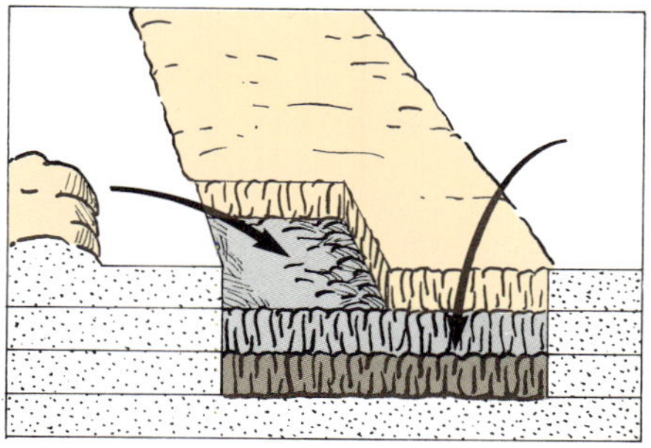

Rindenpfropfen, Form des Veredelns (→ veredeln).

Ringelblume *(Calendula officinalis)*, s. S. 7.
Es werden immer neue Hochzuchtsorten auf dem Markt angeboten, die sich im Garten jedoch nicht aus Samen rein vermehren lassen. Bei den Nachkommen befinden sich immer wieder verschiedene Merkmale der Ausgangssorten. Wer auf Sortenreinheit Wert legt, muß sich entsprechenden Samen stets neu beschaffen.
Samen der alten Sorten aus den Bauerngärten sind nicht mehr im Handel. Man findet die einfachen Sorten jedoch noch häufig in Gärten, und die Samen werden auch weitergegeben.
Befreit man die Pflanze von den verblühenden Teilen, so wachsen noch über längere Zeit Blüten nach. Reifen die Samen aus, dann säen sich die R.n auch leicht selbst aus.
Die R. ist eine vielseitige Arzneipflanze, die ähnlich wie Arnika verwendet wird.
Ätherische Öle und Bitterstoffe verleihen der Pflanze einen würzigen Geschmack. Junge Blätter und Blüten eignen sich daher gut als Salatgewürz. → Verwendungstabelle S. 84.

Rißling, vegetative Vermehrungsform bei Polsterpflanzen.
Die meist polsterbildenden Steingartenpflanzen lassen sich leicht vermehren. Man gräbt sie aus und zerreißt die alten Polster in kleinere Stücke. Dadurch werden weni-

ger Wurzeln abgetrennt als beim Durchstechen mit dem Spaten. Manche R. wachsen auch an, indem sie verlorengegangene Wurzeln nachbilden.

Rittersporn, Sommerblume, s. S. 10.

Rohhumus, Form des → Humus.

Rose, s. S. 26.
Seit über 5000 Jahren werden Rosen kultiviert. Die Gartenrosen sind durchweg Hybriden. Zur Klassifizierung der R.n benutzt man eigene Kategorien.
Polyantharosen sind vielblütige und großblumige Beetrosen.
Die Floribundarosen bilden eine Klasse mit guten Blüheigenschaften, die der der Polyantharosen entsprechen, doch ähneln sie im Aussehen mehr den Teerosen.
Teehybriden sind groß- und wenigblumige Rosen, die aus den klassischen Teerosen hervorgegangen sind. Zu ihnen gehören die meisten R.n, die sich in ihren Sorteneigenschaften sehr unterscheiden.
An Gerüsten hochkletternde (nicht rankende) Rosen werden als Kletterrosen zusammengefaßt.
Sorten, die sich durch einen am Boden ausbreitenden Wuchs auszeichnen, werden als bodendeckende Rosen bezeichnet.

Rosenkohl, s. S. 43.

rote Bete, s. S. 35.

Rotkohl, s. S. 43.

Rückschnitt, Form des → Obstbaumschnitts.

Saatbeet, Beet zur Anzucht von Gemüse- und Blumenpflanzen.
Die Zugangswege werden nur getreten, und zwar an einer gespannten Pflanzschnur entlang in etwa 30 cm Breite, das ist etwa Fußlänge.
Dem S. muß mehr Pflege zuteil werden als anderen Gemüsebeeten, damit die jungen Pflänzchen ungehindert heranwachsen können. Man sorgt für lockeren, humusreichen Boden. Auf dem S. jätet man häufiger. Nachwachsendes Unkraut soll schon früh beseitigt werden. Eine gute Markierung der Saatreihen ist zur Erkennung der keimenden Kulturpflanzen sehr wichtig.

säen, Saatgut in die Erde bringen.
Bei der Freilandaussaat sind einige Regeln zu beachten, damit der Erfolg auch eintritt.
1. Gesät wird in Reihen, die durch Etiketten markiert werden. Dadurch kann man später die aufgehenden Pflänzchen von dem ebenfalls aufgehenden Unkraut besser unterscheiden.
2. Die erforderlichen Reihenabstände werden mit Hilfe einer Pflanzschnur abgesteckt. Die Saatreihen werden je nach Saattiefe mit der Hacke oder mit dem Stiel der Hacke gezogen.

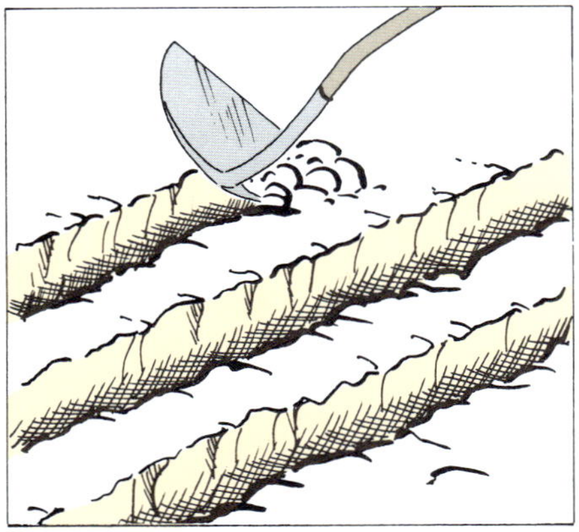

3. Für die Saattiefe gilt: Die Dicke der Bodenschicht, mit die Samenkörner bedeckt werden, entspricht der Dicke der Samen selbst. Dabei werden Lichtkeimer, die in der Regel sehr kleine Samen haben, überhaupt nicht bedeckt, sondern nur angeklopft.
4. Der Samen wird dünn verteilt zwischen den Fingern hindurch in die Rille gelegt oder entsprechend durch ein schräg angeschnittenes Samentütchen hineingestreut.

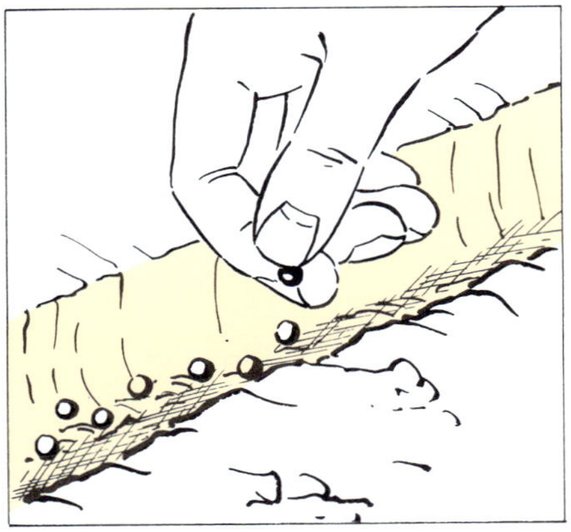

5. Mit der Harke (Rechen) werden die Saatrillen von beiden Seiten her zugeschoben. Mit dem Rücken der Harke klopft man den Boden leicht an. Bei kleinen Samen ist es besser, die Rillen mit der Hand mit Erde zu bedecken und diese festzuklopfen.
Breitwürfiges Säen ist wegen der schlechten Unterscheidungsmöglichkeit der Kulturpflänzchen vom Unkraut nicht zu empfehlen.

Salbei *(Salvia officinalis)*, Gewürzkraut, Heilpflanze.
S. ist ein Zwergstrauch, der aus dem Mittelmeergebiet stammt. Er wird bis zu 70 cm hoch. Stengel und Blätter sind grau-filzig behaart. Sie strömen einen starken Duft aus. Die violetten Blüten erscheinen von Juni bis August.
S. ist nicht sehr winterhart, so daß es in ungünstigen Gebieten leicht zum Abfrieren der oberirdischen Teile der immergrünen Pflanze kommt. An geschützten Stellen oder abgedeckt überwintert S. auch in Mitteleuropa. Man läßt die Pflanzen höchstens 3 Jahre stehen und ersetzt sie dann durch neue.

S. ist ein beliebtes Gewürz für Fleischgerichte. Man verwendet die Blätter frisch oder getrocknet (s. Verwendungstabelle S. 84). Ein Tee aus den Blättern wird bei Halsentzündung getrunken oder zum Gurgeln verwendet.
Der Standort soll sonnig und warm sein. Die Bodenansprüche sind gering. Man sät im März oder April im Anzuchtkasten aus und pflanzt ab Mai ins Freie. Der Pflanzabstand beträgt 30 cm.

Samen, Ruhe- und Vermehrungsphase der Blütenpflanzen.
Nachdem während der Blütezeit der Pflanzen die Bestäubung und Befruchtung stattgefunden hat, entwickeln sich die S. Diese stellen Pflanzenembryonen dar, die mit je nach Art verschieden großen Mengen an Nährstoffen ausgestattet sind. Meist sind die S. in großer Zahl vorhanden und dienen der Vermehrung der Art.
Außerdem stellen sie eine Ruhepause dar, in der die vorgebildeten Pflänzchen fest umhüllt austrocknen. Viele Samenarten behalten ihre Keimfähigkeit viele Jahre lang, andere dagegen nur für kurze Zeit. Die Keimung erfolgt, wenn der S. durch Quellung Wasser aufnehmen kann. Aber auch andere Faktoren beeinflussen die Keimung (→ Lichtkeimer, Dunkelkeimer, Frostkeimer).

Samenunkräuter, Unkräuter, die sich durch Samen stark vermehren.
Sie sind oft nur einjährig. Ihre Samen behalten im Boden lange die Keimfähigkeit. So können die Unkräuter noch nach Jahren, wenn ihre Samen bei der Bodenbearbeitung an die Oberfläche gelangten (→ Lichtkeimer), das Kulturland überwuchern. Ihre ständige Beseitigung durch Jäten ist eine unvermeidliche Gartenarbeit. S. werden am besten im jungen Zustand entfernt, ehe sie blühen und selbst Samen produzieren. Dann ist der Erfolg am größten.
Zu den S.n gehören → Franzosenkraut und → Vogelmiere.

Sammetblume *(Tagetes-Patula-Hybride)*, einjährige Sommerblume (s. S. 10).
Die Pflanzen stammen aus Mexiko. Sie werden in vielen Sorten gezüchtet. Gefüllte Blütenköpfchen bestehen nur aus Zungenblüten. Die Blühfreudigkeit der S.n ist groß. Durch Entfernen der verwelkten Blütenköpfchen wird die Nachbildung von Blüten gefördert. Bei sehr reichblühenden Sorten ist dies jedoch kaum durchzuhalten.
Die Nachzucht aus selbstgeernteten Samen ist zwar leicht, aber man bekommt die ursprüngliche Sorte nicht wieder. Die Nachkommen sind untereinander sehr verschieden. Meist erhält man weniger gewünschte Blütenformen und -farben. Sortenechte Nachzucht ist nur mit Saatgut aus Reinzuchten möglich, das im Fachhandel erhältlich ist.
Tagetes wird im natürlichen Pflanzenschutz zur Abwehr von → Wurzelgallenälchen gern in Mischkultur angepflanzt.

Sandboden, → Boden.

Sauerampfer *(Rumex acetosa)*, Gewürzkraut.
Im Garten werden großblättrige Sorten des einheimischen S. gezüchtet. Die Pflanzen werden mit den Blütenstengeln bis zu 80 cm hoch. Die unscheinbaren rötlichen Blüten stehen in Rispen zusammen. Da man jedoch nur frische junge Blätter erntet, schneidet man die Blütenstengel frühzeitig heraus.

Sauerampferblätter werden gern zu Salaten verwendet (s. Verwendungstabelle S. 84). Wegen des hohen Gehalts an Oxalsäure sollen aber besonders ältere Blätter nicht in größerer Menge genossen werden.
S. wächst an sonnigen Standorten. Er bevorzugt tiefgründigen und feuchten Boden. Die Aussaat nimmt man schon im September vor, dann sind die winterharten Pflanzen bereits im Frühjahr kräftig genug und geben gute Erträge. Im Frühjahr ist die Aussaat ebenfalls möglich. Die Pflanzen können mehrere Jahre hindurch an demselben Platz stehen bleiben. Die Stauden lassen sich auch teilen. Der Reihenabstand beträgt 20 cm, der Pflanzabstand 10 cm.

Sauerkirsche *(Prunus cerasus)*, Steinobst (s. S. 55).
Im Gegensatz zur Süßkirsche, die von der heimischen Vogelkirsche abstammt, kommt die Urform der S. aus Südeuropa und Westasien. S.n sind weniger anspruchsvoll als Süßkirschen, und da sie auch mehr Kälte vertragen, werden sie häufig in Gärten kultiviert. Nur wenige Sauerkirschensorten sind selbstunfruchtbar.
S.n tragen nur am einjährigen Holz. Sie müssen regelmäßig zur Verjüngung zurückgeschnitten werden. Die beliebte Sorte 'Schattenmorelle' trägt ihren Namen nach dem französischen Schloß Chateau Morelle. Sie ist also keine Schattenpflanze.

Säuregrad, für das Gedeihen der Pflanzen erforderlicher pH-Wert des Bodens.
Zur Bestimmung der Acidität, des S.s, benutzt der Chemiker den pH-Wert. Für den Garten sind die Bereiche von pH 4 – pH 10 von Bedeutung.
Eine grobe Bestimmung des pH-Wertes des Bodens ist colorimetrisch möglich. Man versetzt eine Bodenprobe mit einem Flüssigindikator oder der Lösung, die aus Tabletten hergestellt wird. Nach einer in der Gebrauchsanweisung des jeweiligen Mittels festgelegten Einwirkungszeit vergleicht man die Färbung der aus der Bodenprobe austretenden Flüssigkeit mit einer dazugehörenden Farbskala. Sie weist dann den pH-Wert aus.
Normale, aufgearbeitete Gartenböden sollen einen pH-Wert von 7 (neutral), mindestens 6, haben. Sandböden haben meistens einen niedrigen pH-Wert um 5. Für

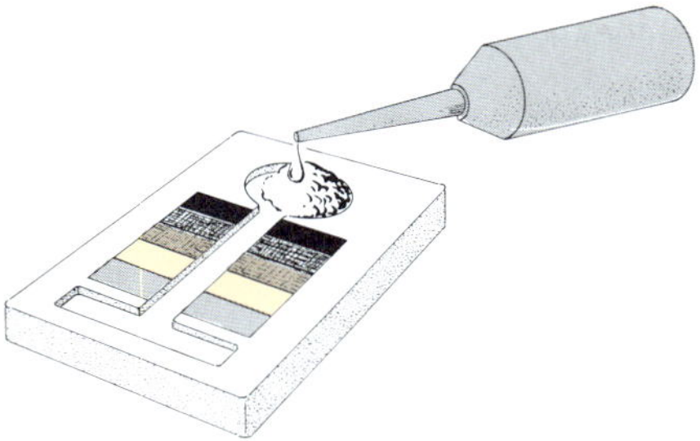

Rhododendron und Heidebeete soll er um 4 liegen. Ein Absenken des pH-Wertes ist nur durch Zugabe von viel Torf möglich. Die Erhöhung des pH-Wertes erfolgt durch Aufkalken.

Sauzahn, einzinkige Ziehhacke mit schmalem, spitzem Blatt.
Mit dem S. kann man den Boden bis in größere Tiefen auflockern, ohne wie beim Graben die Bodenschichten durcheinanderzubringen.
Das Arbeiten mit dem S. erfordert großen Kraftaufwand. Darum wird ein besonders gebogener Stiel dazu empfohlen, der die Arbeit erleichtern soll.

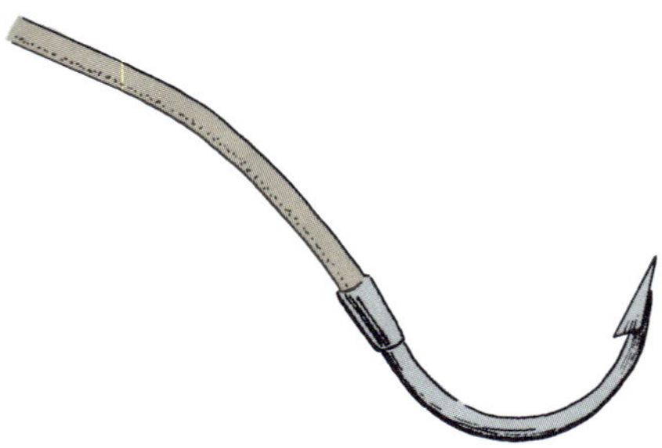

Ein Beet wird mit dem S. in dicht nebeneinanderliegenden Linien einmal in Längs- und einmal in Querrichtung durchgearbeitet. Wenn man es schafft, tief in den Boden einzudringen, was bei schweren Böden allerdings mühsam ist, ist das Umgraben überflüssig.

Schädlinge, Tiere, die sich von Gartenpflanzen ernähren.
Zu ihnen gehört eine große Zahl von Tierarten, besonders Insekten. Da ihnen das Futter reichlich zur Verfügung steht, vermehren sie sich stark und schnell. Dadurch richten sie hin und wieder beträchtlichen Schaden im Garten an.
Das vereinzelte Auftreten von Sch.n ist kaum von Bedeutung und erfordert keine Abwehrmaßnahmen. Bei zahlreichem oder massenhaftem Auftreten müssen sie jedoch bekämpft werden. Erst wenn natürliche oder mechanische Schädlingsbekämpfung keinen Erfolg zeigen, ist der Einsatz von Gift in vernünftigen Maßen gerechtfertigt.

Schafgarbe, Staude, s. S. 15.

Schalerbsen, → Erbse.

Schere, Werkzeug zum Schneiden.
Im Garten finden verschiedene Scheren Verwendung:
Universalschere: Eine kleine, handliche Schere; mit ihr können die vielfältigsten Schneidarbeiten im Garten ausgeführt werden. Sie ist so konstruiert, daß ein gehärtetes, scharfes Messer auf eine breite Fläche gedrückt wird. Der Schnitt ist leicht auszuführen und erzeugt glatte Flächen.

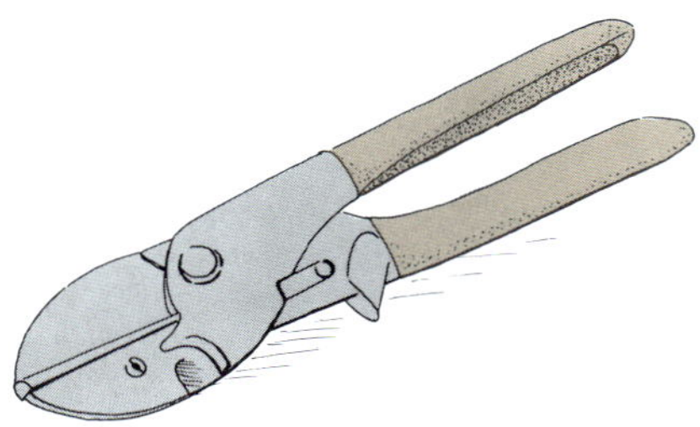

Gartenschere: Die klassische Gartenschere ist zweischneidig mit gekrümmten Schnittflächen. Wer sie benutzt, muß auch auf ihre Instandhaltung achten. Ausgeleierte Gartenscheren erzeugen keinen glatten Schnitt mehr und zerquetschen oder zerreißen die abgeschnittenen Äste.

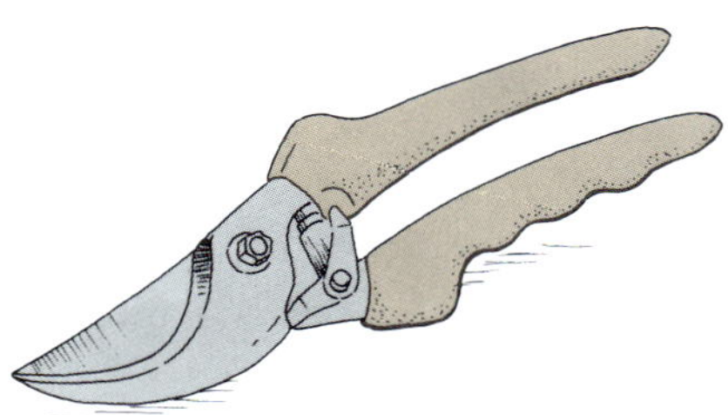

Heckenschere: Für den manuellen Heckenschnitt ist eine Heckenschere von guter Qualität zu empfehlen. Die Mehrkosten gegenüber Billigprodukten machen sich durch die leichtere Handhabung bezahlt. Die Heckenschere hat lange Scherenhälften und wird mit beiden Händen bedient. Auch bei der Verwendung von Heckenschneidmaschinen ist die Heckenschere nicht überflüssig. Man kommt mit der Maschine nicht an alle Stellen heran, und es gibt immer noch etwas nachzuschneiden.

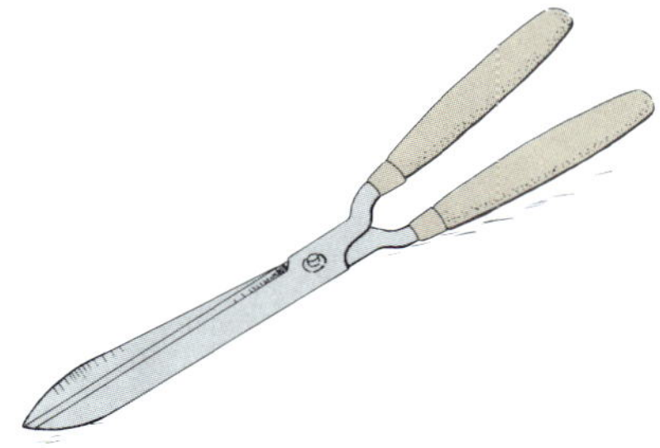

Astschere: Zum Auslichten (Verjüngen) von Sträuchern ist die Astschere notwendig. Ihre Griffe sind so lang, daß durch die Hebelwirkung sehr viel Kraft auf den kleinen Scherenkopf übertragen wird. So können auch dickere Äste leicht abgeschnitten werden.

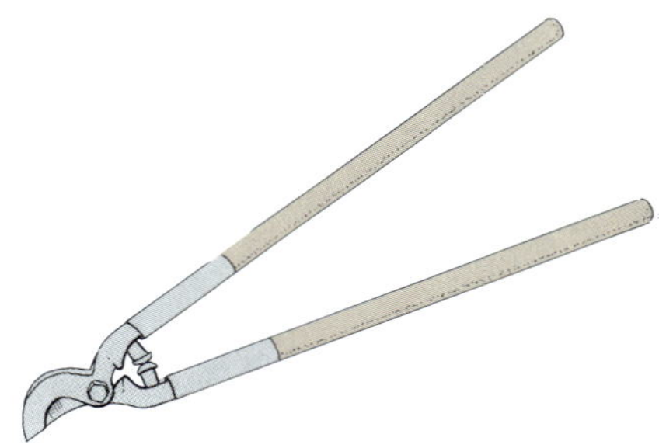

Grasschere: Bei der Gras- oder Rasenkantenschere sind die Griffe im rechten Winkel zueinander angeordnet, so daß man in der gewohnten Weise von oben nach unten drücken kann, der Schnitt aber waagerecht geführt wird.

Schlaghacke, Arbeitsgerät, → hacken.

Schleierkraut, Staude, s. S. 15.

Schleifenblume, Sommerblume, s. S. 10.

Schmuckkörbchen, Sommerblume, s. S. 10.

Schnecken, Schädlinge im Obst- und Gemüsegarten.
Gehäuseschnecken sind weniger von Bedeutung, da sie mit Ausnahme der *Weinbergschnecke* meist nur in einzelnen Exemplaren auftreten. Die in der freien Natur geschützte Weinbergschnecke kann sich unter den günstigen Bedingungen im Garten stark vermehren. Sie richtet dann auch infolge ihrer Freßlust oft Schaden an.
Die *Roten* oder *Schwarzen Wegschnecken* sowie die kleineren grauen Nacktschnecken sind im Garten sehr gefürchtet. Sie fressen an Salat, jungen Bohnenpflanzen, Erdbeeren und vielem anderen. In feuchten Jahren vermehren sich die Sch. sehr und werden dann zur Plage. Sie können mit Schneckenkorn bekämpft werden. Doch ist dieses giftig und darf 3 Wochen vor der Blüte oder der Ernte der Erdbeeren nicht mehr ausgebracht werden.

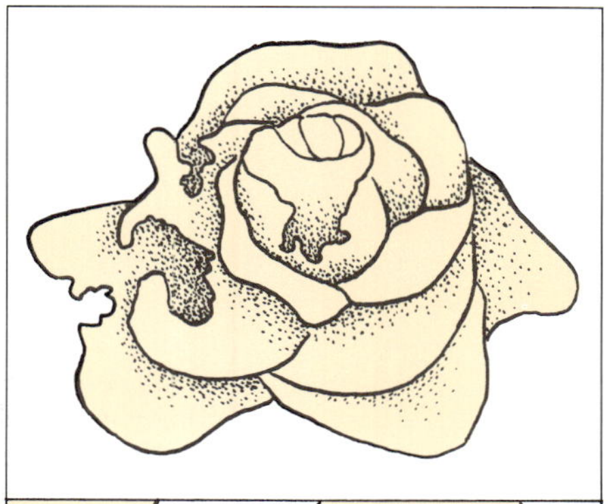

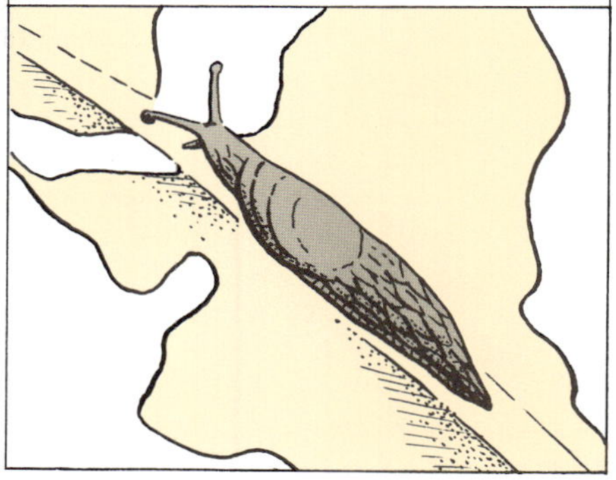

Tagsüber kann man die Sch. aus ihren Verstecken, z. B. unter Blättern oder ausgelegten Brettern, absammeln. Man tötet sie durch überbrühen mit kochendem Wasser.
Eine gute Möglichkeit ist auch das Ködern mit Bier. Kleine Gefäße (z. B. Joghurtbecher) werden mit Bier gefüllt und bis zum Rand eingegraben. Die Sch. werden vom Bier angelockt, fallen hinein und ertrinken. Das Bier muß häufig erneuert werden.

Schorf, häufigste Pilzkrankheit an Äpfeln und Birnen.
Zuerst treten im Frühjahr Schorfflecken an jungen Blättern auf. Sie werden mit der Zeit größer und führen zum vorzeitigen Abfallen der Blätter. Die Früchte bekommen zunächst kleine dunkle Flecke, die sich ausweiten. Im fortgeschrittenen Stadium sind sie braun oder graubraun und rissig.

Nicht alle Apfel- oder Birnensorten sind schorfanfällig (siehe Tabelle S. 59). Der Befall wird durch feuchtkühle Witterung im Frühjahr, aber auch noch im Sommer begünstigt. Wichtig sind gut ausgelichtete Baumkronen. Durch die bessere Durchlüftung werden die Schorfpilzsporen abgewehrt.
Bei der Bekämpfung mit Fungiziden muß mehrmals gespritzt werden. Fungizidanwendung ist aber bei schwachem Befall nicht notwendig. Man muß dann einige Früchte mit „Schönheitsfehlern“ in Kauf nehmen.

Schneeball, s. S. 27.

Schneeglöckchen, s. S. 23.

Schneeheide, s. S. 18.

Schnittlauch, s. S. 47.

Schwachzehrer, → Fruchtwechsel.

Schwarzbeinigkeit, Umfallkrankheit von Keimlingen und Jungpflanzen.
Der Stengelgrund wird durch Pilzbefall schwarz oder braun. Die Pflanzen werden an der befallenen Stelle schwach und dünn, so daß sie umfallen. Die Ursache der Infektion ist meist zu dichter Stand und zuviel Feuchtigkeit in den Saatschalen oder auf dem Saatbeet.
Man entfernt die kranken Pflänzchen und vereinzelt die übrigbleibenden so weit, daß sie genügend Luft bekommen. Die Feuchtigkeit wird verringert. Das bedeutet, daß die Abdeckung von Saatschalen länger entfernt oder das Saatbeet weniger gegossen wird. Bei sehr starkem Befall wendet man ein Fungizid an.

Schwarzkümmel, Sommerblume, s. S. 10.

Schwarzwurzel *(Scorzonera hispanica)*, Wurzelgemüse.
Die an sich ausdauernde Pflanze kann einjährig kultiviert werden. Sie entwickelt etwa 30 cm lange, fleischige Pfahlwurzeln, die eine schwarzbraune, korkige Rinde besitzen.

Man sät bereits im März aus, denn die Sch.n haben eine lange Entwicklungszeit. Sich bildende Blütenstände müssen herausgeschnitten werden. Im späten Herbst erntet man die Wurzeln durch vorsichtiges Ausgraben. Sie zerbrechen leicht. Zur Zubereitung als Gemüse werden die Wurzeln geschält.
Man kann die Sch.n auch über Winter im Boden lassen und erst im Frühjahr ernten. Sie sind völlig frostbeständig.
Der Boden muß leicht und locker sein und vor der Aussaat tief durchgearbeitet werden. In steinigem oder schwerem Boden bilden sich die Wurzeln nicht gut aus. Durch gelegentliches Wässern sorgt man dafür, daß der Boden während der Wachstumszeit nicht austrocknet. Der Reihenabstand beträgt etwa 25 cm. Man vereinzelt auf 8–10 cm Abstand.

Schwertlilie *(Iris-Barbata-Hybride)*, größte Gruppe von Gartenschwertlilien (s. S. 18).
Die Vielfalt der Sch., die im Garten kultiviert werden, ist sehr groß. Neben anderen Schwertlilienarten und Hybridengruppen sind die Barbata-Hybriden die bedeutendsten. Sie sind die eigentlichen Gartenschwertlilien. Man unterscheidet 3 Gruppen: die *Barbata-Elatior-Gruppe* mit Wuchshöhen von 80–130 cm, die *Barbata-Media-Gruppe* mit Wuchshöhen von 30–40 cm und die *Barbata-Nana-Gruppe* mit Wuchshöhen von nur 15–30 cm. Aus der Elatior-Gruppe sind die kleinblütigen robuster. Sie lassen sich gut für Dauerbepflanzungen verwenden.
Zur Erzielung gut ausgebildeter Blüten ist eine gute Pflege der Sch. erforderlich. Die fleischigen Wurzelstöcke (Rhizome) müssen jedes Jahr auf Schäden kontrolliert werden. Abgestorbene Teile werden entfernt. Wenn Krankheiten auftreten, verpflanzt man die Sch. an einen anderen Platz.

Sellerie *(Apium graveolens var. rapaceum)*, Wurzelgemüse (s. S. 15).
Sellerie wächst zunächst langsam. Die Knolle wird erst im August gebildet. Man kann dann bald kleinere Exemplare als Suppensellerie ernten. Um große Knollen zu erzielen, muß man der Pflanze die ganze Vegetationsperiode über Zeit zum Wachsen lassen. Wenn die Temperatur unter –4°C absinkt, muß geerntet werden. Leichte Nachtfröste verträgt S. noch.

Senf *(Sinapis alba)*, Gewürzkraut, Gründüngungspflanze.
Der Weiße S. wird bis zu 1,2 m hoch und entwickelt reichlich Blätter. Diese sind großflächig und gelappt und borstig behaart. Die gelben Blüten stehen in Trauben zusammen. Sie erscheinen von Juni–Oktober. Nach der Blütezeit bilden sich die waagerecht vom Stengel abstehenden Schoten, die die Senfkörner enthalten. Zur Ernte pflückt man die Schoten kurz vor der Reife und läßt sie an einem luftigen Platz nachreifen. An der Pflanze würden die Körner bei der Vollreife ausfallen.

Senfkörner werden als Beigabe zu verschiedenen Speisen verwendet (s. Verwendungstabelle S. 84). Gemahlen sind sie Bestandteil des Mostrich. Junge Blättchen der Senfpflanze können als Salatbeigabe verwendet werden. Sie schmecken scharf wie Gartenkresse. Die Senfpflanzen werden auch gern zur Gründungung ausgesät (→ Gründüngung).
Standort und Bodenansprüche sind gering. Kalkhaltiger Boden ohne Staunässe ist günstig. Die Aussaat der einjährigen Pflanzen erfolgt im Frühjahr in Reihen von 20 cm Abstand. Man vereinzelt auf 8–10 cm Abstand.

Senker, vegetative Vermehrungsform bei Sträuchern.
Viele Sträucher lassen sich durch S. vermehren. Dazu biegt man junge Äste herab und bedeckt sie mit Erde. Im Boden bilden sich Wurzeln, und eine neue Pflanze wächst aus dem Ast hervor.
Damit der S. im Boden bleibt, steckt man ihn mit einer Astgabel oder einem gebogenen Drahtstück fest. Die aus der Erde hervorragende Astspitze bindet man an einem Stützstab hoch, damit sie nicht selbst von Erde bedeckt wird.

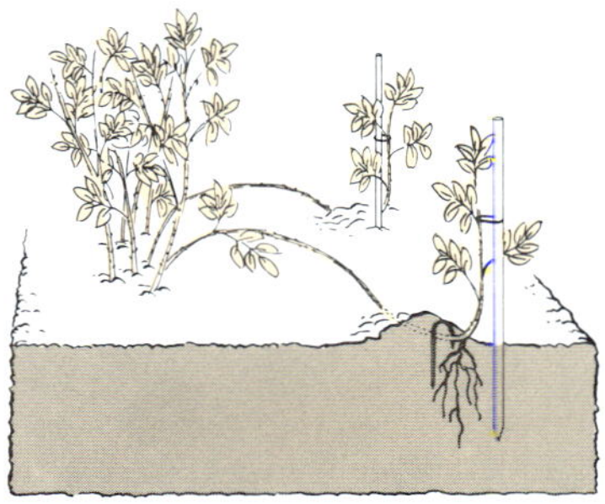

Die Vermehrung durch S. ist eine sehr sichere Methode, da die Jungpflanzen während ihrer ersten Entwicklungszeit noch von der Mutterpflanze mitversorgt werden. Sobald der S. kräftig genug geworden ist, durchtrennt man die Verbindung zur Mutterpflanze und setzt ihn an den vorgesehenen Platz.

Serbische Fichte, → Fichten.

Sitkafichtenlaus, → Fichtenläuse.

Sommerschnitt, Auslichten der Obstbäume zur besseren Besonnung von Blättern und Früchten.
Neben dem normalen Obstbaumschnitt, der im unbelaubten Zustand ausgeführt wird, kann man bereits im Sommer sehr dicht gewachsene Baumkronen auslichten, damit die Blätter im Inneren mehr Licht zur Photosynthese bekommen. Auch zum Ausreifen der Früchte ist das Schneiden der Obstbäume im Sommer günstig.
Die Wunden heilen während der Vegetationszeit besser ab und brauchen nicht mit Baumwachs verschlossen zu werden. Süßkirschen sollen wegen des starken Saftdrucks (Bluten) nicht im Sommer geschnitten werden.

Sonnenblume *(Helianthus annuus)*, einjährige Sommerblume (s. S. 11).
Aus den Blütenköpfen der S. gehen reichlich Samen hervor, die als Vogelfutter für die Winterfütterung sehr begehrt sind. Aber es ist schwierig, die Samen bis zur Reife kommen zu lassen, da die Vögel schon vorher gern davon fressen. Wer Sonnenblumenkerne ernten will, muß die Blütenköpfe bei beginnender Samenreife mit durchlässigem Stoff, z. B. von alten Gardinen, zubinden. Nach der Ernte reibt man die Samen aus dem Blütenboden und legt sie an einem luftigen Ort zum Trocknen aus, ehe man sie in geschlossenen Gefäßen aufbewahrt. Nicht getrocknete Kerne schimmeln leicht.

Sorte, in der Kultur beständige Varietäten von Pflanzenarten.
Die Eigenschaft vieler Pflanzenarten, Varietäten zu bilden, macht man sich in der Züchtung zunutze. Künstlich ausgelesene und meist nur in der Kultur beständige Varietäten sind unter der Klassifizierung S. im Gebrauch.
Die Sortenbezeichnung wird vom Züchter gewählt und festgelegt. Der Sortenname wird in einfache Anführungszeichen gesetzt und dem Artnamen angehängt. Er wird nicht latinisiert und bleibt in der Sprache, in der er gegeben wurde, bestehen. Englische Sortennamen werden also in Deutschland nicht eingedeutscht und umgekehrt, z. B. Gartenhyazinthe (Hyacinthus orientalis 'Pink Pearl').
Die Erhaltung von S.n erfordert züchterisches Können. S.n lassen sich meist nicht aus Samen nachzüchten, da im Erbgut zu viele andere Sortenmerkmale enthalten sind und die Pflanzen dann selten die gewünschten Eigenschaften besitzen. Die Vermehrung erfolgt daher vorwiegend vegetativ durch Stecklinge, Ausläufer u. a.

Spalier, Latten- oder Drahtgerüst, meist an Hauswänden.
Durch ein Sp. gibt man rankenden und windenden Pflanzen die notwendigen Stützen. Auch Obstbäume mit bestimmtem Formschnitt werden am Sp. gezogen.
Es wird aus gut imprägniertem Holz hergestellt, denn ein späteres Nachstreichen ist bei Dauerberankung nicht möglich. Die Holzstärke muß dem Verwendungszweck angepaßt sein. Für schwere Belastungen

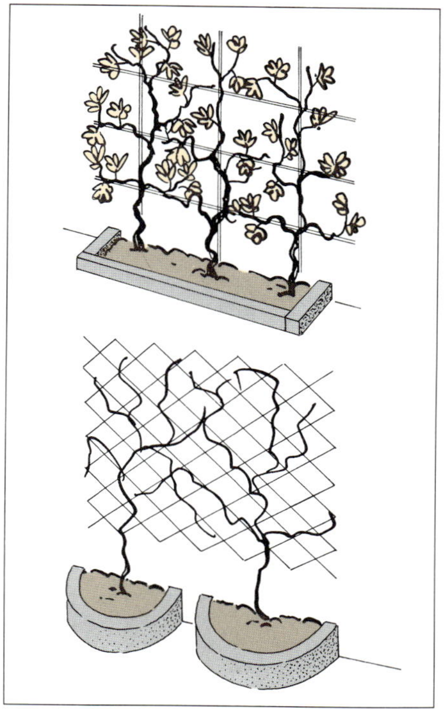

wählt man also entsprechend starke Hölzer, z. B. Dachlatten.
Am wenigsten sichtbar ist ein Sp. aus gespannten Drähten. Der Draht muß rostgeschützt sein. Gut eignet sich z. B. ein mit Plastikmaterial überzogener Draht.

Spargel *(Asparagus officinalis)*, delikates Sproßgemüse (s. S. 35).
Während Grünspargel normal in Reihen gepflanzt und später nicht angehäufelt wird, muß man beim Anpflanzen von Bleichspargel einige Vorbereitungen treffen. Die Pflanzgräben hebt man wegen der gleichmäßigen Sonnenbestrahlung am besten in Nord-Süd-Richtung aus. Sie sollen 40 cm tief und 50 cm breit sein. Auf den Grund gibt man lockeren, komposthaltigen Boden, den man zur Mitte hin etwas höher schichtet.
Die Spargelpflanzen besorgt man in einem Fachgeschäft. Man setzt sie so auf die Hügel in den Gräben, daß die Wurzeln locker zu beiden Seiten hinabreichen. Sie werden mit einer wenige Zentimeter dicken Erdschicht abgedeckt, so daß die Pflanzen noch tiefer stehen als die Grabenränder. Erst später füllt man allmählich auf.

Spaten, Gerät aus einem viereckigen, unten scharfkantigen Stahlblatt und langem Holzstiel mit einem als Griff dienenden Querholz am Ende.
Der Sp. ist das Gartengerät, mit dem die vielfältigsten Arbeiten verrichtet werden können. Man braucht ihn nicht nur zum Umgraben, sondern auch zum Pflanzen, Kantenstechen, Anlegen von Wegen usw. Beim Erwerb eines Sp.s ist besonders auf Handlichkeit und Qualität zu achten. Es gibt

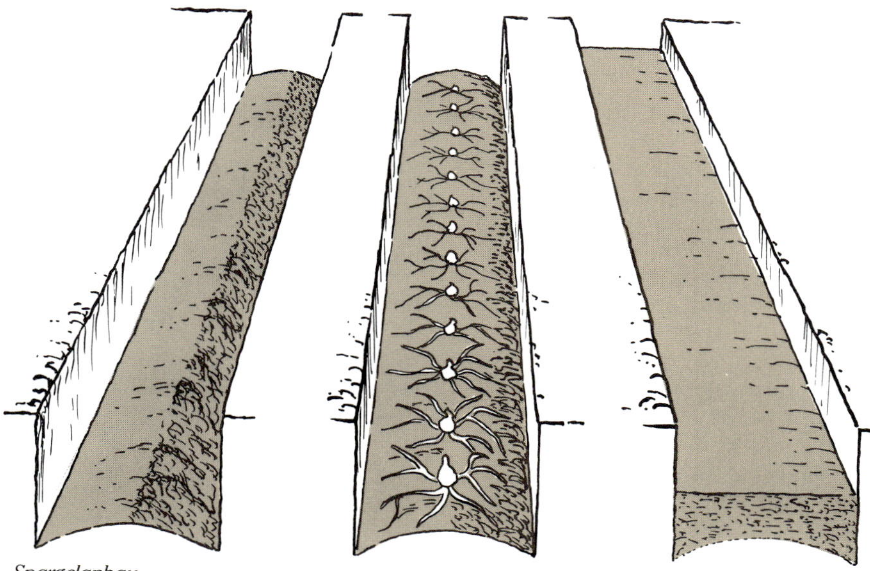

Spargelanbau

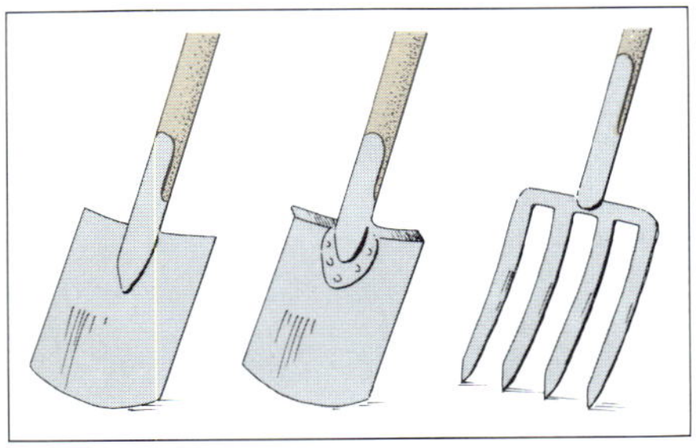

Sp. in verschiedenen Größen. Obwohl die kleineren oft als „Damenspaten" bezeichnet werden, erleichtern sie doch auch manchmal den Männern die Arbeit. Stiel und Griff sollten zum Besitzer passen, für ihn handlich sein und aus festem Holz (Esche) bestehen, das nicht so leicht bricht.
Es gibt Spatenblätter mit und ohne Tritt. Ohne Tritt sind sie für schwere Schuhe, z. B. Holzschuhe, geeignet. Leichte Schuhe oder Gummistiefel können durch die schmale Kante beschädigt werden.
Ein stark verschmutzter Sp. wird nach der Arbeit gereinigt, denn angetrocknete, lehmige Erde oder Rost erschweren die nächste Arbeit, bis sich das Blatt an den Bodenteilchen wieder blankgeschliffen hat.

Spatengabel, Gartengerät, → Grabgabel.

Spatzen, Sperlinge, häufigste Vogelarten in Hausnähe und Garten.
Es gibt 2 Arten, den *Haussperling* und den *Feldsperling*. Sie unterscheiden sich nur wenig voneinander und haben auch dieselbe Lebensweise. Der Feldsperling lebt vor allem in ländlichen Gebieten und am Stadtrand.
Sp. zeichnen sich durch ihre starke Durchsetzungsfähigkeit aus. Sie sind viel dreister bei der Beschaffung ihrer Nahrung als andere Vogelarten. So verdrängen sie diese gerade in Menschennähe. Auch am Futterhäuschen sind sie immer in der Überzahl. Da sie sich stark vermehren, werden sie leicht lästig. Sie richten im Garten manchen Schaden an (→ Vögel), der jedoch nicht schwerwiegender ist als der, den andere Arten verursachen.
Sp. sind andererseits außerordentlich interessante Tiere, die man gern im Garten beobachtet. Man sollte nicht grundsätzlich etwas gegen sie unternehmen. Wenn man ihnen Nistmöglichkeiten verwehrt, z. B. Ritzen in Dächern zustopft oder frischgebaute Nester entfernt, kann man die Vermehrung etwas einschränken.
Auch bei der Fütterung im Winter sollen sie nicht zu sehr gefördert werden. Man gibt das Futter lieber in Form von Meisenringen, -knödeln oder -glocken. Sp. lernen zwar auch, an diese heranzukommen, es ist aber schwieriger für sie, als sich das Futter im Futterhäuschen zu holen.

Spezialdünger, Mineraldünger mit unterschiedlichem Anteil an Nährstoffen.
Für manche Pflanzengruppen (z. B. Rhododendron, Tannen, Erdbeeren usw.) braucht man Dünger, deren Zusammensetzung vom → Volldünger abweicht. Der Anteil der Elemente ist aus der aufgedruckten Zahlenreihe zu ersehen. Die Reihenfolge der Elemente ist folgendermaßen festgelegt: Stickstoff (N) – Phosphor (P) – Kalium (K) – Calcium (Ca). Häufig sind die Spezialdünger auch mit festgelegten Farben eingefärbt, z. B. gelb, rot, grau.

Spitzwegerich *(Plantago lanceolata)*, Tretunkraut.
Die gestielten schmalen Blätter sind bis zu 15 cm lang. Zum Teil stehen sie aufrecht; die äußeren stehen in einer Rosette zusammen.
Der kugelig-walzenförmige Blütenstand steht am Ende eines unbeblätterten Stieles. Die Einzelblüten sind unscheinbar. Die Blütezeit ist Mai–September. Sp. wird 10–60 cm hoch.
Die ausdauernde Pflanze wächst häufig auf Wegen und an Wegrändern. Auch im Rasen breitet sie sich bisweilen stärker aus. Sie wächst auf nährstoffreichen Böden.
Die Blütenstengel bleiben beim Rasenmähen meist unversehrt, da sie sich umbiegen und nicht von den Messern erfaßt werden. Man sticht die Pflanzen mit Wurzel aus.

Spinat, s. S. 39.

Spurenelemente, chemische Elemente, die in sehr geringen Mengen für das Wachstum der Pflanzen erforderlich sind (→ Volldünger).
Sp. sind als Verbindungen im Boden enthalten oder werden zusammen mit geeignetem Mineraldünger ausgebracht.
Zu den Sp. gehören Eisen, Magnesium, Kupfer, Mangan, Zink, Bor, Molybdän und Schwefel. Zu hohe Konzentrationen dieser Stoffe im Boden schaden den Pflanzen.

sprengen, mit einem Schlauch Wasser in einem Strahl über etwas verteilen.
Das Tragen der schweren Gießkannen kann man vermeiden, wenn man das Gießwasser mit dem Gartenschlauch auf die Beete bringt. Durch eine verstellbare Düse wird das Wasser, ähnlich wie durch die Brause der Gießkanne, auf die Pflanzen verteilt. Die Düse hält man schräg nach oben gerichtet, damit sich die Wassertröpfchen beim Herabregnen an der Luft etwas erwärmen können. Das Leitungswasser ist meist recht kalt, und die Pflanzen vertragen besonders an sehr warmen Tagen den starken Temperaturunterschied nicht gut. Nur mit sehr fein zerstäubenden Düsen kann man auch direkt sprengen.

Squash, s. S. 31.

Stachelbeere *(Ribes uva-crispa var. sativum)*, Beerenobst (s. S. 51).
Stachelbeerbüsche neigen dazu, ein undurchdringliches Gestrüpp zu bilden. Sie müssen daher häufig, am besten jedes Jahr, ausgelichtet werden. Zur Fruchtbildung ist altes Holz erforderlich. Dies muß beim Schnitt berücksichtigt werden. Zu reich nachwachsende Jungtriebe werden beim Auslichten weggeschnitten. In den Boden herabreichende Äste treiben Wurzeln. Sie werden zu Senkern und erweitern

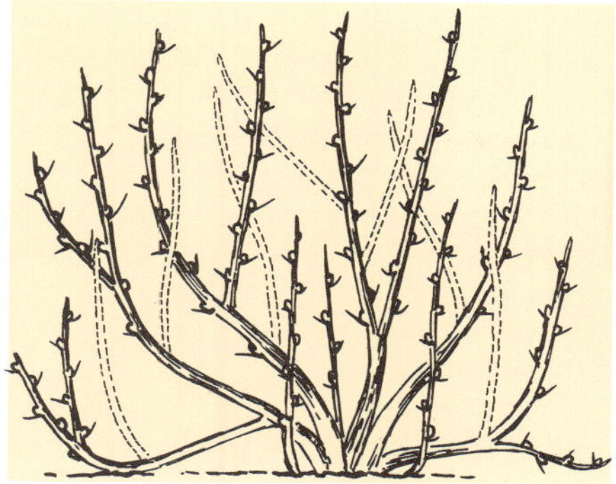

das Gestrüpp. Wenn man sie nicht zur Vermehrung verwenden will, werden sie entfernt.

Starkzehrer, → Fruchtwechsel.

Staudenstecklinge, vegetative Vermehrungsform bei Stauden.
Um Stauden sortenecht zu vermehren, kann man Stecklinge von ihnen herstellen. Dazu schneidet man Triebspitzen nichtblühender Zweige ab. Sie sollen mindestens 3 Blattpaare besitzen. Mit einem scharfen Messer wird unter dem Knoten am letzten Blattansatz abgeschnitten. Die untersten beiden Blätter werden entfernt.
Die so vorbereiteten Stecklinge werden etwa 3 cm tief in einen 10-cm-Topf mit Einheitserde eingepflanzt. Der Topf faßt etwa 5 Stecklinge. Sie werden gründlich angegossen und weiterhin feucht gehalten. Nach 4–6 Wochen sind die Stecklinge bewurzelt und können einzeln ausgepflanzt werden.

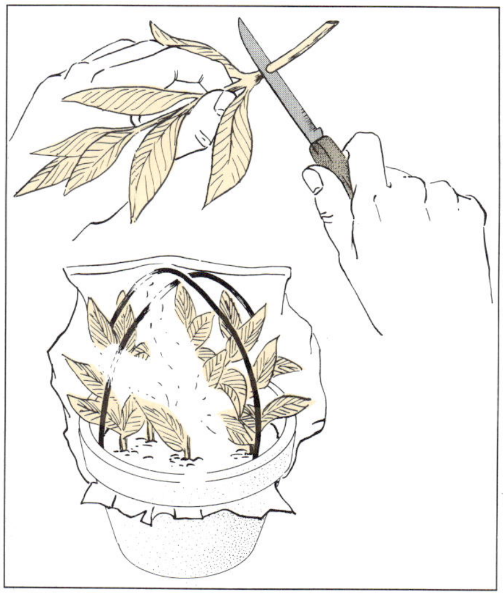

Stecklinge, deren Blätter leicht welken, werden durch Überstülpen einer Plastiktüte gegen Verdunstung geschützt.

Staudenstütze, Stütze zum Zusammenhalten hochwachsender Gartenstauden; mit einem oder mehreren Füßen versehener Plastikring, den man um die noch niedrige Staude in die Erde steckt.
Eine St. kann man auch leicht selbst herstellen. 3 Holz- oder Baumbusstäbe steckt man um die sich entwickelnde Staude in den Boden und verbindet sie mit Bast oder Bindfaden.

Schwachstielige Stauden (z. B. Schafgarbe, Margerite) haben eine geringe Standfestigkeit und fallen leicht auseinander; sie brauchen eine Stütze. Großblumigen hohen Dahliensorten muß man fast immer einen Halt geben.

Steinbrech *(Saxifraga-Arendsii-Hybride)*, Vertreter einer artenreichen Pflanzengattung (s. S. 18).
Gartenfreunde, die einen Steingarten besitzen, kultivieren St. in verschiedenen Arten.
Als wenig anspruchsvolle Hybride hat sich der Moossteinbrech *(Saxifraga-Arendsii-Hybride)* erwiesen. Er wird viel, nicht nur in Steingärten, angepflanzt. Man wählt die polsterbildenden Pflanzen auch gern zu Beeteinfassungen.
Der Moossteinbrech bekommt nach einiger Zeit braune Stellen in den Polstern. Dann müssen die Polster ausgegraben, die noch grünen Teile abgetrennt und neu eingepflanzt werden. Die braun gewordenen Teile sind durch Überalterung abgestorben. Es sind meist die inneren Bereiche der Polster.

Steingarten, meist an Abhängen in Terrassen angelegte Lebensräume für Gebirgspflanzen.
Die Gestaltung des St. geschieht natürlich durch Verwendung von Steinmaterial. Man unterscheidet zwischen Kalkgestein und saurem Gestein (Granit, Sandstein). Da die Steine den → pH-Wert ihrer Umgebung beeinflussen, ist bei der Anlage auf die Abstimmung von Gestein und geeigneten Pflanzen zu achten.
In weniger anspruchsvollen Steingärten sind die Steine nur stützende oder gestaltende Elemente. Die Bepflanzung kann dann mit weniger spezialisierten Pflanzen erfolgen, z. B. mit niedrigen Stauden, Zwiebelgewächsen oder einjährigen Blumen.

Steinplatten.
Die gebräuchlichste Art, Wege zu befestigen, ist die Verlegung von St. Sie werden in Sandaufschüttungen verlegt, und ihre Lage wird mit der Wasserwaage überprüft. Die Kanten müssen in gleicher Höhe liegen, damit man nicht darüber stolpert.

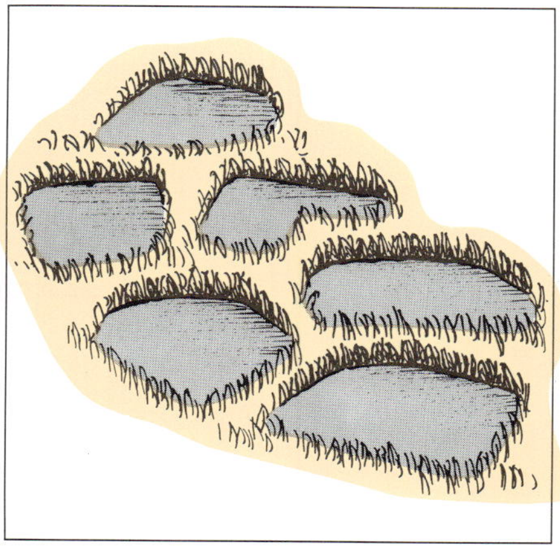

Steintreppe

Mit *Kunststeinplatten* werden Wege meist flächendeckend befestigt. Bei *Natursteinplatten* läßt man größere Zwischenräume frei, die mit Gras bewachsen. Im Rasen werden einzelne *Trittsteine* verlegt. Diese müssen so tief eingegraben werden, daß man mit dem Rasenmäher ungehindert über sie hinweggehen kann.
Aus St. können auch flache Treppen gebaut werden, durch die mäßige Geländeneigungen überwunden werden. Die Vorderseite der Stufen muß mit kleinen Steinstücken (Bruch der Platten) abgestützt und evtl. mit Zementmörtel befestigt werden.

Sternrußtau, Schwarzfleckenkrankheit der Rosen.
Die Pilzkrankheit erzeugt auf der Oberseite von Rosenblättern schwarze oder braune Flecken mit oft gezacktem Rand. Es werden besonders Buschrosen befallen, deren Blätter durch die Feuchtigkeit des Bodens beeinflußt sind. Auch ein schlechter Ernährungszustand spielt eine Rolle. Die Krankheit tritt während der ganzen Vegetationszeit auf. Abgefallene Blätter aufsammeln und vernichten.

Stiefmütterchen *(Viola-Wittrockiana-Hybride)*, ein- bis zweijährige Sommerblume (s. S. 11).
Die Sommerkultur der St. war recht schwierig, da die Pflanzen in der warmen Jahreszeit leicht ihren kompakten Wuchs verloren und lange, schwache Stiele bekamen. Durch die Zucht geeigneter Sorten ist dieser Nachteil soweit behoben, daß man bei richtiger Sortenwahl das ganze Jahr hindurch St. zur Verfügung hat.
Die Bepflanzung von Balkonkästen ist möglich, wenn für eine gleichmäßige Bewässerung gesorgt wird. Der Boden in diesen Pflanzgefäßen trocknet schnell aus. Die St. sind dann leicht gefährdet, da sie viel Wasser brauchen.

Strohblume *(Helichrysum bracteatum)*, einjährige Sommerblume (s. S. 11).
St.n werden in kleinen Sträußen mit den Blütenköpfen nach unten zum Trocknen aufgehängt. In großen Sträußen bekommt das Kraut nicht genügend Luft, so daß es schimmeln kann.
Nach dem Trocknen stellt man die St.n in dickeren Sträußen oder mit anderen Trockenblumen zusammen in Vasen ohne Wasser. Sie haben schwache Stiele, die außerdem bei hoher Luftfeuchtigkeit weich und schlapp werden, so daß sie den gegenseitigen Halt oder den anderer Blumen brauchen.

Sukzession, zeitliche Abfolge natürlicher Pflanzengesellschaften.
Für jedes Gebiet ist eine geschlossene Pflanzendecke bestimmter Zusammensetzung charakteristisch. Dies ändert sich nur, wenn sich die Umweltbedingungen verändern.
Ein sehr starker Eingriff ist die Anlage von Kulturland. Die Wildpflanzen werden dabei völlig entfernt, der Boden wird freigeräumt für die Kulturgewächse. Der freie Boden wird jedoch immer wieder von Wildpflanzen besiedelt. Da sie stören, entfernt man sie als → Unkraut.
Als erstes stellen sich im Garten die → Samenunkräuter ein, da ihre Samen meist noch in großen Mengen im Boden sind oder leicht wieder hinein gelangen.
Läßt man ein Stück des Gartens längere Zeit unbewirtschaftet, dann stellen sich zunehmend → Dauerunkräuter ein, die die Erstbesiedler verdrängen. Auch gegen diese geht man bei der Gartenbewirtschaftung vor und versucht, sie zu beseitigen.
In aufgegebenen Gärten schließlich folgen immer andere Pflanzenarten, bis die standortgerechten Arten in einem natürlichen Gleichgewicht zueinander stehen. Zu ihnen gehören auch Gehölze (Sträucher und Bäume).

Süßkirsche, s. S. 55.

Tagetes, → Sammetblume.

Tausendschön, Sommerblume, s. S. 11.

Teehybriden, → Rose.

teilen.
Zum Teilen werden Stauden mit dem ganzen Wurzelwerk ausgegraben. Dann versucht man, dieses vorsichtig in mehrere Teile zu zerreißen, ohne es dabei zu sehr zu beschädigen. Bei kleinen Stauden gelingt dies leicht, indem man sie mit beiden Händen faßt und kräftig auseinanderzieht.
Große und schwere Stauden teilt man mit 2 Grabgabeln. Diese werden dicht nebeneinander in den Wurzelballen gestochen. Durch vorsichtiges Auseinanderdrücken der Gabelstiele läßt sich eine so starke Hebelwirkung erzielen, daß sich auch sehr festes Wurzelwerk trennen läßt. Beim Teilen mit den Grabgabeln werden die Wurzeln weit mehr geschont als beim Zerstechen mit dem Spaten.

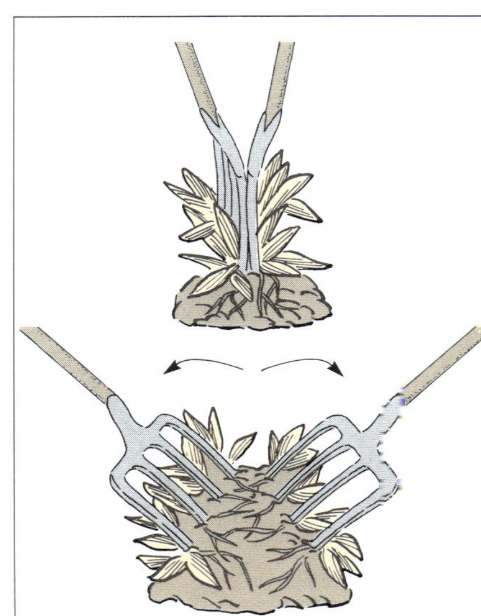

Die Teilung von Stauden ist bei vielen Pflanzen (z. B. Herbstaster, Margerite, Phlox, Steinbrech) zur Verjüngung im Abstand von einigen Jahren notwendig. Andernfalls altern die Stauden, d. h., sie sterben von innen her langsam ab und bringen nur noch am Außenrand frische Triebe hervor. Dies ist zwar natürlich, sieht aber im Garten nicht sehr schön aus.

Terrasse, größere Fläche an einem Haus für den Aufenthalt im Freien.
Eine T. wird meistens an einer geschützten, sonnigen Seite des Hauses angelegt. Gewöhnlich ist sie durch eine Erdaufschüttung höher gelegt als die Umgebung. Die dadurch entstandenen Hänge lassen sich sehr gut als Steingarten gestalten. Die T. selbst ist in der Regel mit Steinplatten belegt. Hier ist ein guter Platz für Kübel und Tröge, in denen man Minigärten anlegen kann.

Terrasse

Thymian *(Thymus vulgaris)*, Gewürzkraut.
Der Gartenthymian ist ein Zwergstrauch, der aus den Mittelmeerländern stammt. Er wird etwa 30 cm hoch und blüht im Mai und Juni mit blaßvioletten Blüten. Die Blättchen werden frisch oder getrocknet verwendet. Man benutzt sie vor allem für Fleischgerichte (s. Verwendungstabelle S. 84).

Da nur wenige Pflanzen gebraucht werden, lohnt sich die Aussaat nicht. Im Frühjahr besorgt man sich Jungpflanzen im Handel. Die Pflanzen bleiben 3–4 Jahre an demselben Platz stehen. Danach verjüngt man sie durch Abtrennen und Neueinpflanzen von Teilen des Strauches.
Der Standort soll sonnig und trocken sein. Magerer, leichter Boden ist günstig. Der Pflanzabstand beträgt 20 cm.

Tomate *(Lycopersicon lycopersicum)*, Fruchtgemüse (s. S. 31).
Die Kultur der T.n ist von genügend Wärme und Feuchtigkeit im Boden abhängig. An kühlen Standorten mit viel Regen lassen sich T.n nicht ungeschützt im Freien heranziehen.
Besitzer von Kleingewächshäusern ziehen darin ihre T.n mit viel Erfolg. Für die Freilandkultur gibt es poröse Plastikhauben, mit denen man die Pflanzen bei kühler und feuchter Witterung abdecken kann. Auch lassen sich T.n damit im Herbst länger gegen die ersten Fröste schützen. Da gerade im Herbst noch viele Früchte nicht ausgereift sind, ist dies von großem Wert. An der Pflanze gereifte Früchte haben mehr Aroma als solche, die man grün erntet und nachreifen läßt.

Topinambur *(Helianthus tuberosus)*, Knollengemüse.
Die mit der Sonnenblume verwandte Pflanze wird 2–3 m hoch und blüht von September–Oktober; sie ist ausdauernd. T. wird aus Knollen gezogen, die im April gepflanzt werden. Da sich die neuen Knollen an den

Wurzeln erst sehr spät bilden, erntet man nicht vor November. Auch noch an warmen Tagen im Winter können die Knollen ausgegraben werden. Sie ergeben roh oder gekocht ein Gemüse, das vor allem für Diabetiker empfohlen wird.
An Standort und Boden werden keine großen Ansprüche gestellt. Wegen der reichlichen Krautentwicklung ist die Kultur recht platzaufwendig. Aber die Pflanzen schmücken durch ihre gelben Blüten auch den Gemüsegarten.
Knollenteile, die im Boden bleiben, wachsen im kommenden Jahr wieder zu neuen Pflanzen heran. Während die oberirdischen Teile absterben, sind die Knollen winterhart. Der Pflanzabstand beträgt etwa 50 cm.

Torf, hauptsächlich in Mooren unter Luftabschluß gebildetes Zersetzungsprodukt überwiegend pflanzlicher Substanzen; ein sehr beliebtes Bodenverbesserungsmittel. Da die Vorräte in den Mooren fast erschöpft sind, werden schon heute Ersatzsubstrate, z. B. → Hygromull, verwendet.
Man kann auf T. im Garten verzichten, da er fast keine Nährstoffe besitzt, zur Austrocknung des Bodens beitragen kann und den Boden versauert. Rhododendron und Heidebeete brauchen allerdings sauren Boden, so daß T. dafür noch unentbehrlich ist.
In T.kultursubstraten sind die negativen Eigenschaften durch Zusätze ausgeglichen.

Torfquelltöpfe, → Torftöpfe.

Torftöpfe, Töpfe aus gepreßter Torfmasse als Anzuchthilfe.
Sie halten auch in feuchtem Zustand so lange zusammen, bis sich die Pflanzen kräftig genug entwickelt haben, um ausgepflanzt werden zu können. Die T. werden beim Auspflanzen nicht entfernt, so daß die Wurzeln keinerlei Schaden nehmen. Sie wachsen durch die aufgequollenen Torfwände hindurch, und diese verrotten allmählich.
T. werden einzeln oder zu mehreren in Platten hergestellt. Man füllt sie zum Pikieren der Sämlinge mit Einheits- oder Blumenerde und stellt sie in Anzuchtschalen zusammen.
Die *Torfquelltöpfe* sind einschließlich Pflanzsubstrat zu einer Tablettenform zusammengepreßt. Man braucht also keine

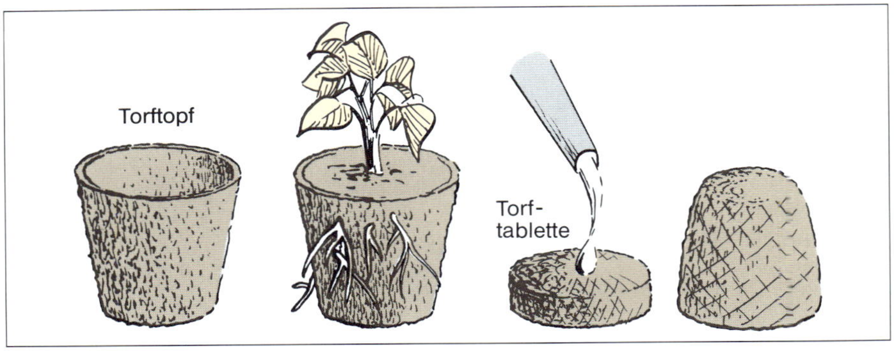

Erde einzufüllen. Zum Gebrauch werden sie mit Wasser aufgequollen, und man kann sie sofort zum Pikieren benutzen. Ein kleines verrottbares Plastiknetz gibt ihnen Halt.

Tretrasen, besondere Form des Rasens. Ein viel betretener Rasen neigt dazu, stärker mit trittfesten Pflanzen zu verunkrauten. Solche Pflanzen (wie Wegerich u. a.) bilden umfangreiche Blattrosetten aus, durch die der Graswuchs zusätzlich verdrängt wird.
Die Unkräuter gehören zur Tretflora und widerstehen auch dem Rasenmäher.

Unkrautbekämpfung im Tretrasen

Wenn sie überhandnehmen, kann man versuchen, sie wenigstens teilweise zu beseitigen. Mit Hilfe einer kleinen Handgrabgabel oder einem Messer werden sie ausgestochen. Es gibt auch chemische Mittel, die gezielt nur auf diese Unkräuter ausgebracht werden und sie zum Absterben bringen.
Man darf sich jedoch weder von der mechanischen noch von der chemischen Unkrautbekämpfung im T. dauerhaften Erfolg versprechen. Die Pflanzen stellen sich schnell wieder ein. Sie gehören natürlicherweise zu dieser Pflanzengesellschaft, und man sollte sich überlegen, ob man es nicht auch dabei beläßt.

Tretunkräuter, Unkräuter, deren Gedeihen durch Betreten gefördert wird.
Es gibt eine ganze Reihe von Pflanzen, denen es nicht schadet, wenn man darauftritt. Da aber viele andere durch das Betreten vernichtet werden, übernehmen die T. auch deren Lebensraum. So breiten sie sich auf Wegen und entsprechenden Stellen stärker aus. T. siedeln sich bevorzugt auch in Rasenflächen an. Ihre Beseitigung ist schwierig, da es sich um außerordentlich zählebige Pflanzen handelt. Zu den T.n gehören → Breitwegerich, → Einjähriges Rispengras, → Gänseblümchen → Moos, → Spitzwegerich, → Weißklee.

Tripmadam *(Sedum reflexum)*, Gewürzkraut, Steingartenpflanze.
Mit dünnen, spindelförmigen Wurzeln verankern sich die Pflanzen im Boden. Ihre länglichen, dickfleischigen Blättchen stehen an den kriechenden Sprossen dicht zusammen. Sie sind bläulich bereift. Die Blütenstiele sind nur wenig beblättert und wachsen bis zu 30 cm hoch. Der Blütenstand aus gelben Blüten ist doldenförmig.

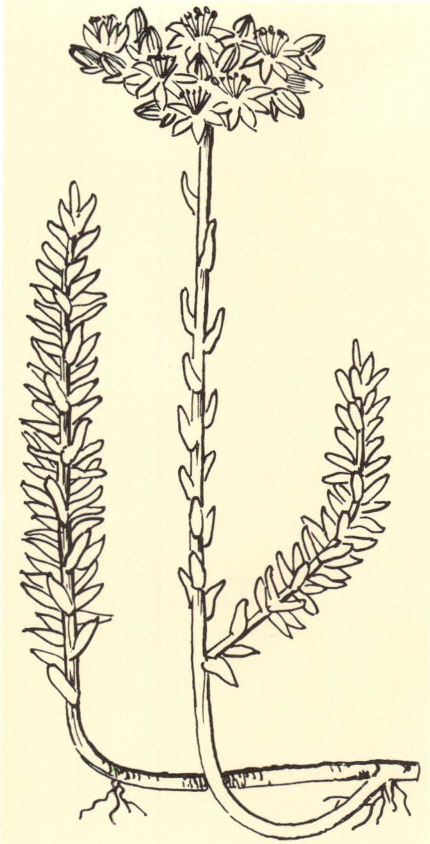

Die fleischigen Blättchen haben einen säuerlichen Geschmack. In kleinen Mengen nimmt man sie zu Salaten (s. Verwendungstabelle S. 84).
T. ist sehr anspruchslos und wächst gut in Steingärten, aber auch an anderen Stellen im Garten. Man vermehrt sie am besten durch Teilung älterer Pflanzen. Abgeschnittene Ästchen bewurzeln leicht und wachsen gut an.

Trockenmauer, ohne Mörtel aufgeschichtete Mauer, in deren Gesteinsfugen und Krone Steingartenpflanzen wachsen können.
Eine T. kann als Hangbefestigung oder freistehend als Einfriedung angelegt werden. Stets ist auf eine sich nach oben verjüngende oder zurücktretende Form der Mauer zu achten. Senkrechte Mauern stürzen ohne Mörtel leicht ein. Hinter der Mauer muß für eine gute Dränage gesorgt werden, damit sie nicht durch gefrierendes Wasser gesprengt werden kann.

Tulpe Gartentulpe *(Tulipa-Hybride)*, (s. S. 23).
Die vielen Tulipa-Hybriden sind in Gruppen eingeteilt, z. B.: Darwin-Hybrid-Tulpen mit starkem Wuchs, 100 cm und mehr Wuchshöhe, Blütezeit im Mai; Triumphtulpen mit kräftigem Wuchs und großen Blüten, Blütezeit im April und Mai; Lilienblütige Tulpen mit zugespitzten Blumenblättern, die im oberen Teil nach außen gebogen sind, Blütezeit im Mai; Papageitulpen mit gefransten und gekräuselten Blumenblättern, die gelegentlich grün geflammt sind, Blütezeit im Mai; Gefüllte Tulpen mit gefüllten Blüten und früher (April) oder später (Mai) Blütezeit.

umgraben, durch Graben die oberste Schicht des Erdbodens umwenden.
Beim U. wird der Spaten leicht schräg aufgesetzt und in den Boden getrieben, bis das Blatt ganz eingedrungen ist (1 Spatenstich tief). Die abgestochene Scholle wird gewendet und an dem schon gegrabenen Teil des Beetes wieder abgesetzt, so daß eine Furche entsteht. Dadurch wird der Oberboden des ganzen Beetes umgedreht. Man lockert anschließend mit dem → Kultivator auf und verteilt die zerkrümelte Erde gleichmäßig mit dem → Rechen.
Durch das U. soll ein verdichteter und mit Unkraut überwucherter Boden wieder nutzbar gemacht werden. Es ist ein schwerer Eingriff in das Bodenleben, der die natürlichen Schichten vertauscht. Darum soll es auf das nötigste Maß beschränkt werden. Sonst wird der Boden besser mit dem → Sauzahn oder → Kultivator gelockert. Die → Frostgare, die bei regelmäßig im Herbst umgegrabenen Böden eintritt, ist weniger wichtig als die Erhaltung der natürlichen → Bodenschichten.

Universalschere, Werkzeug, → Schere.

Unkraut, im Garten unerwünschte Wildpflanzen.
Die Bezeichnung U. ist aus rein ökonomischen (wirtschaftlichen) Gesichtspunkten heraus zu verstehen; ökologisch (vom natürlichen Gleichgewicht her) gesehen ist sie nicht zu rechtfertigen.
Unkräuter können sich als Wildpflanzen den meist hochgezüchteten Kulturpflanzen gegenüber besser durchsetzen. Dadurch werden sie zu unerwünschten Konkurrenten. Man muß den Kulturpflanzen den notwendigen Lebensraum freihalten, indem man die Wildpflanzen zurückdrängt oder, soweit nötig, beseitigt. Dabei wird allerdings auch die Vermehrung der Unkräuter begünstigt, denn diese siedeln sich auf dem freigeräumten Boden leichter wieder an als in einem bereits bewachsenen Gebiet.
Um in diesem Fall gegenzusteuern, empfiehlt sich das →Mulchen freier Flächen zwischen den Kulturpflanzen. Das nimmt den Unkrautkeimlingen das Licht, sie kommen hier wesentlich schwerer hoch als auf unbedecktem Boden. Ansonsten hilft nur regelmäßiges Jäten, das in Verbindung mit Hacken auch der Bodenlockerung zugutekommt. Ist ein Beet stark verunkrautet, sollte man überlegen, ein Jahr auf den Anbau zu verzichten und die Fläche mit schwarzer Mulchfolie zu überziehen. Dieser totale Lichtentzug schwächt die Pflanzen nachhaltig.
Besonders problematisch sind die sogenannten →Dauerunkräuter.

Veilchen, s. S. 18.

veredeln, Edelreiser in Wildunterlagen einsetzen.
Die Sorten von Obstbäumen, Sträuchern und Rosen sind mit ihren typischen Eigenschaften nicht aus Samen heranzuziehen. Da man eine Auslese erst nach der ersten Fruchtbildung vornehmen könnte, vergeht zuviel Zeit. Gehölze werden daher bereits in der Baumschule veredelt und so in den Handel gebracht.

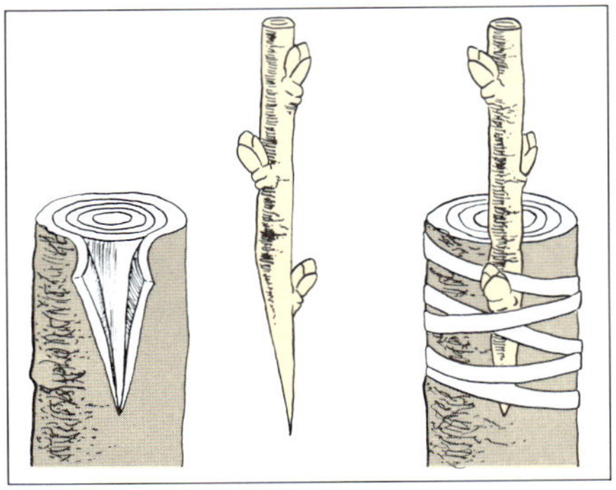

Für den Hobbygärtner ist das Nach-oder Umveredeln interessant. Dabei hat sich das *Rindenpfropfen* am besten bewährt.
Man schneidet den Stamm oder Ast, der veredelt werden soll, mit der Baumsäge zurück, schneidet die Wunde mit dem Messer nach und kerbt die Rinde auf einer Seite 2–3 cm lang in Längsrichtung ein. Dann löst man sie vorsichtig mit dem Messer nach beiden Seiten etwas ab, so daß das entsprechend zugeschnittene Edelreis mit der Schnittstelle daruntergeschoben werden kann. Anschließend wird mit Bast umwickelt, und alle offenen Stellen werden mit Baumwachs bestrichen.
Die Edelreiser, die 3 Augen (Knospen) haben sollen, wachsen beim Rindenpropfen zu einem großen Prozentsatz an. Sollte man hier und da keinen Erfolg gehabt haben, so kann man das Veredeln in derselben Weise wiederholen.

vereinzeln (ausdünnen), dichtstehende Jungpflanzen durch Wegnehmen eines entsprechenden Teils so in ihrer Zahl verringern, daß die verbleibenden genügend Platz haben.
Vereinzelt wird, wenn die Pflänzchen außer den Keimblättern 2–3 echte Blätter besitzen.

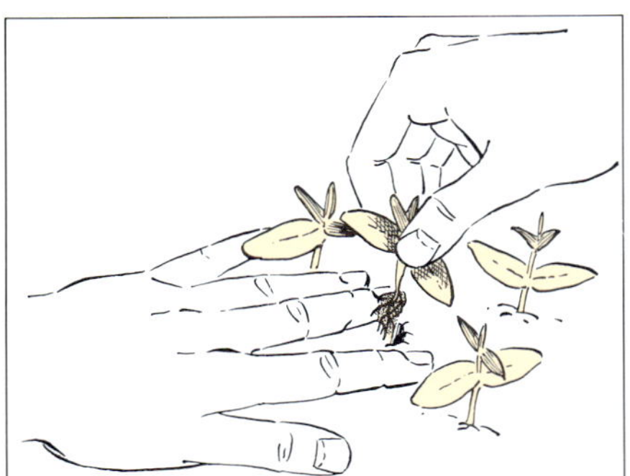

Das Vereinzeln läßt sich am besten durchführen, wenn der Boden feucht ist. Bei trockener Witterung soll deshalb am Tag vorher reichlich gewässert werden. Mit der einen Hand hält man den Boden etwas fest, während man die überzähligen Pflänzchen herauszupft. Dadurch vermeidet man, daß die anderen Sämlinge mit herausgezogen werden.
Der Abstand, auf den die einzelnen Pflanzenarten ausgedünnt werden, ist jeweils in den Beschreibungen im Kalenderteil angegeben.

Verjüngungsschnitt, Form des → Obstbaumschnitts.

vertikutieren, die Grasnarbe eines Rasens aufreißen, um den Boden zu lockern. Ein Gebrauchsrasen wird im Laufe der Jahre immer dichter und verfilzt in seinen bodennahen Teilen stark. Außerdem verdichtet der Boden, und die Wurzeln bekommen nicht mehr genügend Luft.

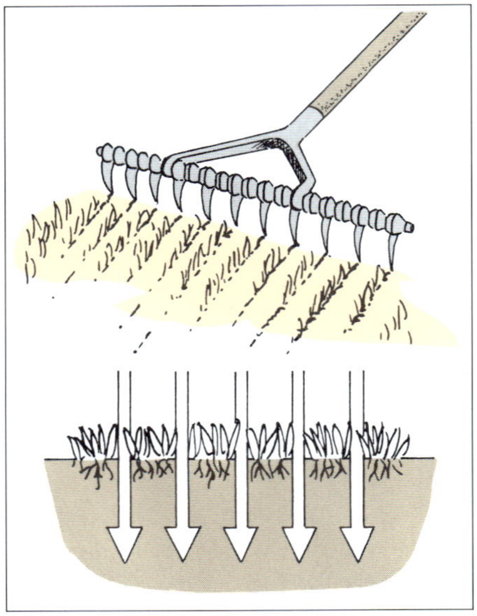

Um den Graswuchs wieder zu lockern und den Boden zu lüften, muß man ihn mit einem *Vertikutierrechen* kräftig bearbeiten. Das Vertikutieren erfolgt am besten im Frühjahr. Die Arbeit mit dem Vertikutierrechen erfordert viel Kraftaufwand. Es gibt daher auch spezielle Vertikutiergeräte, die motorgetrieben werden. An manche Rasenmäher lassen sich entsprechende Zusatzgeräte anbauen.

Vertikutierrechen, Gerät zum Lüften von verfilztem Rasen.
Er hat kräftige, spitze und scharfe Zinken. Auch die Befestigung des Rechens am Stiel ist besonders verstärkt.

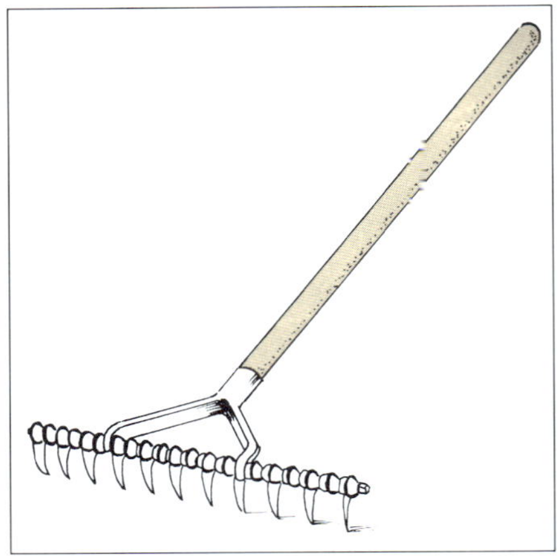

Die Arbeit mit dem V. erfordert viel Kraft. Für kleinere Rasenflächen ist ein solches Gerät aber voll ausreichend. Für die Bearbeitung großer Flächen benutzt man jetzt meist motorgetriebene Geräte (→ vertikutieren).

Vögel
Vögel gehören in einen naturgemäßen Garten. Durch Hecken, möglichst auch einige freistehende Sträucher, schafft man ihnen Versteck- und Nistmöglichkeiten. Die V. vertilgen große Mengen von Ungeziefer. Leider fressen sie aber auch die Knospen von Sträuchern ab und verspeisen Obst, besonders gern Kirschen. Man hat vergebens versucht, sie durch Vogelscheuchen, Stanniolstreifen oder Katzenattrappen davon abzuhalten. Heute kann man das Obst wirkungsvoll durch Netze aus Kunstfaser schützen.

Vogelmiere *(Stellaria media)*, Samenunkraut.
Die Stengel der Pflanze sind meist niederliegend, selten aufrecht wachsend. Sie sind zweireihig behaart. Die zarten, sattgrünen Blätter sind eiförmig bis spitz. Die Triebe der Pflanzen verschlingen sich oft miteinander. Die kleinen weißen, sternförmigen Blüten haben gespaltene Blütenblättchen. Sie wachsen aus den Blattachseln hervor. V. blüht das ganze Jahr über. Die Wuchshöhe beträgt 5–60 cm.

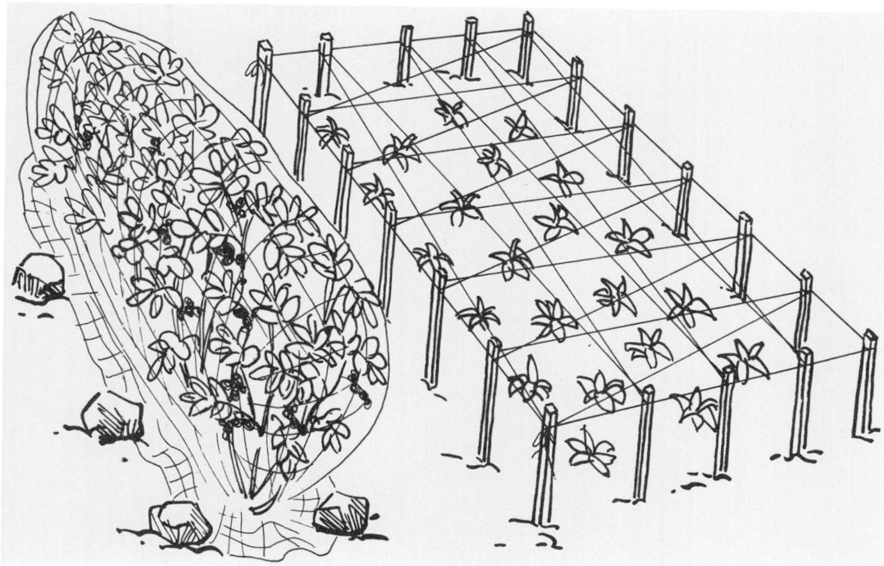

Sie vermehrt sich massenhaft, da sie das ganze Jahr über Samen bildet, die durch Ameisen und Regenwasser verbreitet werden. Im Herbst gekeimte Pflanzen blühen schon im zeitigen Frühjahr. Das einjährige Unkraut bildet oft, besonders auf nährstoffreichem Boden, einen geschlossenen Teppich. Durch Hacken kann man das Land von ihm freihalten. Umgehackte Pflänzchen können als Mulch zwischen den Kulturpflanzen liegenbleiben. Andererseits ist V. auch ein natürlicher Bodendecker, der dort, wo er nicht stört, stehenbleiben kann.

Vogeltränke, Wasserbehälter zum Trinken und Baden für Vögel.
Da im Garten meist geeignete Wasserstellen fehlen, wird oft eine V. aufgestellt. Das Gefäß muß so flach sein, daß ein kleiner Vogel beim Baden nicht darin ertrinken kann.
Wer sich zum Aufstellen einer V. entschließt, muß sie ständig, auch im Winter, mit Wasser gefüllt halten. Gefriert es im Winter, läßt man das Eis darin. Warmes Wasser würde die Vögel zu ungünstiger Zeit zum Baden verlocken, und ihr Gefieder würde gefrieren.
Wichtig ist es, die V. regelmäßig zu reinigen, um Krankheitsübertragungen zu vermeiden.

Volldünger, Mineraldünger, der sämtliche Nährstoffe und Spurenelemente enthält.
Im V. sind die Elemente Stickstoff (N), Phosphor (P), Kalium (K) und Calcium (Ca) in Form mineralischer Verbindungen in einem für Durchschnittsansprüche richtigen Verhältnis enthalten. Außerdem enthält V. die für das Gedeihen der Pflanzen notwendigen Spurenelemente. V. wird als blau eingefärbtes Granulat gehandelt und ist z. B. unter dem Namen „Blaukorn" bekannt. V. wird ausgestreut oder in Wasser aufgelöst (1 Handvoll auf 10 l) gegossen.

Wacholder *(Juniperus communis)*, fruchttragender Nadelbaum oder -strauch. Der Wuchs des W.s ist meist säulenförmig. Er bildet selten nur einen Stamm aus und ist daher meist ein Strauch. Die sehr spitzen bläulichgrünen Nadeln stehen zu dreien in einem Quirl zusammen. Männliche und weibliche Blüten sind gleichermaßen unscheinbar. Sie stehen meist auf getrennten

Sträuchern (zweihäusig). Die Blütezeit ist April–Mai.
Erst im 2. Jahr reifen die zunächst grünen Beerenzapfen zu den schwarzblauen, grau bereiften „Beeren" heran. Diese werden vor allem von wildwachsendem W. geerntet, getrocknet und als Gewürz verwendet. Sie schmecken angenehm mit einem leicht bitteren Nachgeschmack. Man schreibt ihnen eine appetitanregende und verdauungsfördernde Wirkung zu.
W. wird in seiner Wildform, die in Mitteleuropa heimisch ist, 4–10 m hoch. Es gibt zahlreiche Gartenformen. Der Standort soll sonnig sein. An den Boden werden keine besonderen Ansprüche gestellt. Er kann nährstoffarm und sandig sein (Heide), aber auch schwerer, kalkhaltiger Boden ist geeignet.

Walnußbaum *(Juglans regia)*.
Diese Baumart stammt aus dem Balkangebiet. Sie ist empfindlich gegen Spätfröste. In Mitteleuropa gedeiht der 15–20 m hoch werdende Baum an geschützten Stellen im Garten. Aus Samen gezogene Bäume tragen schlecht, darum nimmt man besser veredelte Sorten aus der Baumschule.

Im Mai erscheinen die in Kätzchen zusammenstehenden männlichen und die in den Blattachseln einzelnstehenden weiblichen Blüten. Im Herbst werden die heruntergefallenen grünen Früchte aufgesammelt und von der leicht aufplatzenden Fruchtschale befreit. Zum Aufbewahren müssen die Nüsse gut getrocknet werden, da sie sonst schimmeln.
Der W. braucht einen tiefgründigen, nährstoffreichen Boden, der möglichst kalk-und lehmhaltig sein soll.

wässern, dem Boden Wasser zuführen.
Die Pflanzen nehmen ihre Nährstoffe ausschließlich in gelöster Form auf. Nur wenn die Wurzeln diese ununterbrochen aus einem feuchten Boden holen können, kann das Wachstum gleichmäßig erfolgen. Da Wachstumsstockungen bei Gartenpflanzen nicht erwünscht sind, muß bei trockener Witterung dem Boden Wasser zugeführt werden. Häufiges, oberflächliches W. bringt aber kaum Nutzen und ist überflüssig. Wichtig ist, seltener reichlich zu wässern, damit das Wasser auch tatsächlich bis in den Wurzelbereich vordringen kann.
→ gießen, sprengen, beregnen.

Weg aus Holz (oben) und Steinplatten

Wege im Garten.
Sie sollen den Zugang zu den einzelnen Bereichen des Gartens auf bequeme Weise ermöglichen. Die ständig benutzten Hauptwege können dauerhaft befestigt sein (→ Holzpflaster, → Steinplatten, → Kieswege). W. zwischen den Beeten, besonders im Nutzgartenbereich, legt man zusammen mit den Beeten immer wieder neu an. Um Bodenverdichtungen zu vermeiden, wird ihre Lage von Jahr zu Jahr verändert. Bei Mischkultur ergeben die frei werdenden Zwischenräume genügend Trittfläche, so daß man auf W. weitgehend verzichten kann.

Weinrose, → Parkrose.

Weiße Fliege, Mottenschildlaus *(Trialeurodes vaporariorum)*, mottenartiges Schadinsekt von 2 mm Größe.

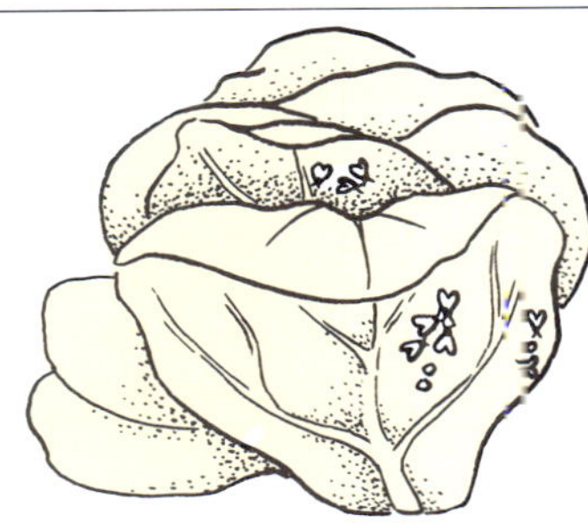

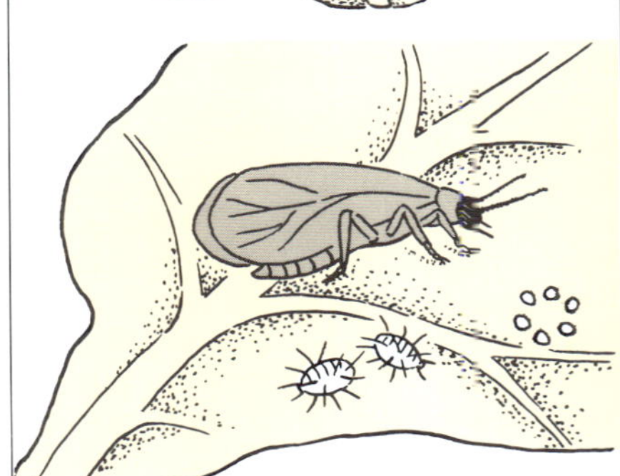

Die weiblichen Tiere haben 4 Flügel, die wie bei den Motten dachförmig zusammenstehen. Die saugenden Insekten leben zusammen mit ihren Larven an den Blättern verschiedener Pflanzen. Geschädigte Blätter verkümmern, werden gelb und fallen schließlich ab.
Die W.n. F.n. kommen vor allem an Gewächshauskulturen vor. Dort kann man sie durch Einsatz von Schlupfwespen bekämpfen. Im Sommer vermehren sie sich auch an ausgepflanzten Pflanzen im Freien. Den Befall erkennt man meist daran, daß die Tierchen auffliegen, wenn man an die Blätter stößt.

Weißklee *(Trifolium repens)*, Tretunkraut.
Die niederliegenden Stengel erheben sich nur am Triebende. An den Knoten bilden sich Wurzeln, die der kriechenden Pflanze zur weiten Ausbreitung verhelfen. Die dreiteiligen Kleeblättchen sind langgestielt. Im Frühjahr sind sie oft rötlich überlaufen. Die weißen Blüten stehen in rundlichen Köpfen zusammen. Abgeblühte Einzelblüten klappen nach unten und werden braun. Die Blütezeit ist Mai–September, die Wuchshöhe beträgt 5–30 cm.
Die ausdauernde Pflanze hat neben einer Pfahlwurzel einen ausgeprägten Wurzelstock. Oberirdisch bildet sie Ausläufer. Die Vermehrung geschieht auch durch reichliche Samenbildung.
W. wächst an sonnigen Standorten auf nährstoffreichen Böden. Er ist trittfest und verjüngt sich schnell. Besonders in Rasenflächen breitet er sich aus. Da die Blüten Bienen in großer Zahl anlocken, ist W. in Spielrasen nicht erwünscht. Bei üppigem Vorkommen wird man dort um eine Bekämpfung mit einem Herbizid (Unkrautvertilgungsmittel) kaum herumkommen.
Wenige Pflanzen lassen sich durch Ausstechen und Beseitigen der Ausläufer entfernen.

Weißkohl, s. S. 43.

Wiesenschnake *(Tipula paludosa)*, langbeinige Mücke.
Im Sommer und Herbst sammeln sich häufig die W.n an warmen Hauswänden. Sie selbst richten im Garten keinen Schaden an. Ihre Larven dagegen fressen an Wurzeln und unteren Pflanzenteilen. Man erkennt dies meist nur daran, daß manche Pflanzen ohne oberirdisch erkennbaren Grund zu welken beginnen.
Die Larven sind etwa 30 mm lange raupenartige Tiere, deren Kopf so undeutlich ausgebildet ist, daß er zu fehlen scheint. Bei stärkerem Befall tötet man die Larven durch Begießen mit einer Insektizidlösung.

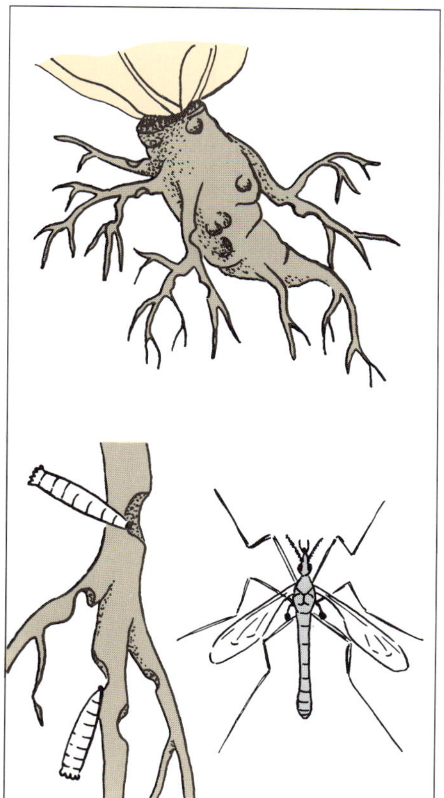

Wildblumen, Blumen, die durch Züchtung in ihrem Aussehen nicht verändert wurden.
Es ist wenig sinnvoll, sich in der freien Natur Blumensamen zu ernten, um ihn im Garten auszusäen, da die Bedingungen im Garten oft ungünstig für das Wachstum dieser Pflanzen sind. Als W. werden solche Arten bezeichnet, die durch Züchtung für den Garten nicht oder nur wenig verändert wurden. Es handelt sich dabei nicht nur um heimische Arten. So ist die Ringelblume in ihrer Ausgangsform, die im Samenhandel leider nicht mehr zu bekommen ist, eine Wildform aus dem Mittelmeergebiet. Man findet sie noch in alten Gärten, meist verwildert.

Wildstauden, in Mitteleuropa heimische ausdauernde Pflanzen.
Die Begeisterung über die fremdländischen Pflanzenarten, die zu Gartenblumen gezüchtet wurden, hat die heimischen Gewächse lange Zeit in den Hintergrund gedrängt. In neuerer Zeit kam mit dem Gedanken des Naturgartens das Interesse daran wieder stärker zur Geltung. Die Beschaffung der W. aus der freien Natur ist jedoch problematisch. Die Lebensräume sind heute meist sehr eingeengt und oft bedroht, so daß es generell nicht vertretbar ist, sich Pflanzen im Freien auszugraben und in den Garten zu pflanzen.
Der Naturschutz verbietet weitgehend die Verpflanzung von freiwachsenden Stauden. Auch bekommt den Pflanzen der Standortwechsel meist nicht. Viele gehen zugrunde, wenn sie in den Garten gesetzt werden.
In den Staudengärten sind W., also heimische Gewächse, schon seit langem in Kultur. Sie haben einerseits ihren Wildcharakter erhalten, andererseits sind sie durch Auslesezüchtung an die Gartenbedingungen recht gut angepaßt. Wer Interesse an W. hat, wendet sich an eine gut sortierte Staudengärtnerei.

Winterabdeckung, Schutz empfindlicher Gewächse vor der Einwirkung von Frost. Wenn die Gartenpflanzen von einer geschlossenen Schneedecke bedeckt sind, sind sie genügend gegen Kälteeinwirkung geschützt. Gefährlich sind aber die Kahlfröste, d. h. Frosteinwirkung ohne Schnee. Die gebräuchlichste W. sind Fichtenreiser, die auf die gefährdeten Pflanzen gelegt werden. Dadurch bietet sich zusätzlich die Möglichkeit, im Winter Gemüse ernten zu können, auch wenn Schnee liegt (z. B. Feldsalat).
Bei Sträuchern (z. B. Rosen) müssen die Fichtenreiser entsprechend zusammengebunden werden, damit sie nicht umfallen. Zusätzlich kann man mit Sackleinen o. ä. abdecken.
Verwendet man Plastikfolie zur W., so muß darauf geachtet werden, daß Luft an die Pflanzen gelangen kann. Man wählt am besten eine gelochte Folie und drückt den Rand nicht fest zu. Eine Packung aus Laub oder Stroh kommt unter die Folie auf die zu schützenden Pflanzen oder Zwiebeln. Die Folie wird zuletzt mit Fichtenreisig oder anderem Material beschwert, damit der Wind sie nicht fortwehen kann.

Winterling, s. S. 23.

Winterportulak, s. S. 39.

Wirsingkohl, s. S. 43.

Wühlmäuse, Nagetiere mit stumpfer Schnauze und kurzem Schwanz. Verschiedene Arten.
Die W. sind gefürchtete Schädlinge im Garten, da sie, besonders wenn sie in größerer Zahl auftreten, schwer zu bekämpfen sind. Das beste Mittel dagegen sind Katzen, die ihnen nachstellen. Gibt es keine Katzen in der Gegend, so greift man zu vergiftetem Köder (Johannisbrot oder getrocknete Möhrenstücke), den man in offene Gänge legt. Er muß durch umgestülpte Blumentöpfe o. a. gesichert sein und täglich kontrolliert werden. Wird der Köder über mehrere Tage hinweg nicht angenommen, so muß er entfernt werden, da die Vergiftungsgefahr für andere Tiere zu groß ist.

Bestimmte Pflanzen (Wolfsmilch, Kaiserkrone u. a.) strömen einen Geruch aus, der den W.n nicht behagt. Durch diese Pflanzen kann man die W. zwar von Komposthaufen fernhalten, doch lassen sie sich meist nicht davon abhalten, dennoch an fleischigen Wurzeln oder Blumenzwiebeln zu fressen. Daher sind die Meinungen über die Wirkung der Pflanzen recht widersprüchlich. Die Bekämpfung mit Falken ist sehr mühsam und oft nicht erfolgreich genug.

Wurzelgallenälchen, Nematoden, sehr kleine (0,5–1 mm) aalförmige Würmer, die im Wurzelgewebe verschiedener Pflanzen leben.
Die befallenen Wurzelteile schwellen gallenartig bis zu Erbsengröße an. Die Pflanzen (z. B. Salat) kümmern und verwelken. Die Wurzelgallen der Älchen sind nicht zu verwechseln mit den Wurzelknöllchen der Schmetterlingsblütler (Erbsen, Bohnen). Diese sind gutartig und beherbergen stickstoffbindende Bakterien, die den Pflanzen Nutzen bringen.

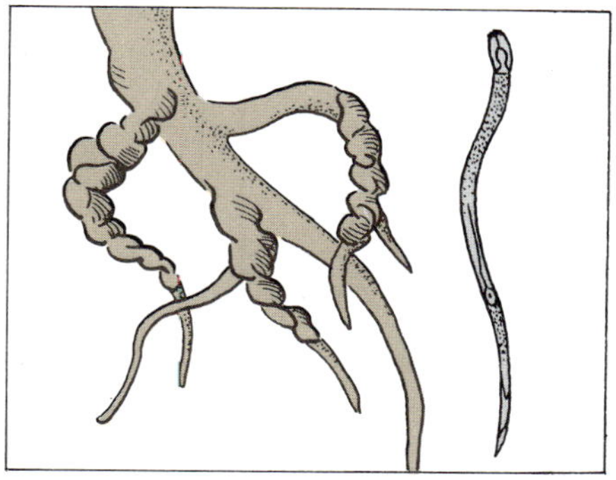

Gegen W. wehrt man sich am besten durch häufigen Fruchtwechsel. Auch → Mischkultur ist günstig. Eine eventuelle Entseuchung des Bodens sollte man von einem Gartenfachmann durchführen lassen, da die notwendigen Mittel sehr giftig sind.

Wurzelschnittling, vegetative Vermehrungsform durch Wurzelteile.
Viele Pflanzen bilden aus Teilen ihrer Wurzeln neue Sprosse. Man nutzt dies zur sortenechten Vermehrung aus. Die kräftigen Wurzeln werden in etwa 5 cm lange Stücke geschnitten. Je 5 Stück pflanzt man in einen 10-cm-Topf und deckt sie ganz mit Einheitserde ab.
Schnittlinge aus dünneren Wurzeln müssen in längere Stücke geschnitten werden. Sie werden waagerecht in eine Anzuchtschale gepflanzt und ebenfalls mit Einheitserde abgedeckt.
Wenn Sprosse der neuen Pflanzen herangewachsen sind, pflanzt man die Schnittlinge einzeln in Töpfe um oder gleich an Ort und Stelle ins Freiland.

Ziehhacke, Arbeitsgerät, → hacken.

Zierkirsche, s. S. 27.

Zierkohl, s. S. 43.

Zierquitte, s. S. 27.

Zinnie, Sommerblume, s. S. 11.

Zucchini, s. S. 31.

Zuckererbsen, → Erbse.

Zuckermais, s. S. 31.

Zwetsche, Steinobst, → Pflaume.

Zwiebel *(Allium cepa)*, Küchengewürz und Gemüse (s. S. 35).
Steckzwiebeln gewinnt man aus zu dicht gesäten Zwiebelpflänzchen, die man noch im Herbst kultiviert und geerntet hat. Die Anzucht der Z.n aus Steckzwiebeln ist am einfachsten. Man hat dann schon während der Vegetationszeit die heranwachsenden Z.n für die Küche zur Verfügung. Wenn die Röhrchenblätter beginnen gelb zu werden, wird geerntet. Man läßt die Z.n einige Tage lang abtrocknen, entweder bei Trockenheit auf dem Beet liegend oder gebündelt an einer regengeschützten Stelle hängend. Den Vorrat kann man mit den trockenen Blättern zum Zopf flechten und an einem kühlen Ort im Haus aufhängen.
Z.n lassen sich auch aus Direktaussaaten gewinnen. Die Vegetationszeit ist dann entsprechend länger. Bei der Ernte vor dem Vergilben der Blätter knickt man diese um, damit sie trocknen und die Z.n erntefähig werden.

Zwiebelfliege *(Phorbia antiqua)*, in den Zwiebeln fressende Maden einer kleinen Fliegenart.
Die 6–8 mm langen weißlichen Maden sind kopf- und fußlos. Sie fressen an den Herzblättern der Zwiebelpflanzen und später in den sich bildenden Zwiebeln. Die Fliegen schlüpfen im Mai aus den im Boden überwinterten Puppen und legen ihre Eier an den Zwiebelpflanzen ab. Bereits im Juni tritt die nächste Generation auf. Einer Massenvermehrung kann man durch → Mischkultur entgegenwirken. Dadurch wird die Z. jedoch nicht gänzlich von den Pflanzen ferngehalten.
Bei starkem Welken der Zwiebelpflanzen, das auf den Fraß von Zwiebelfliegenmaden zurückzuführen ist, ist die Anwendung eines geeigneten Insektizids nötig, wenn man die Zwiebeln retten will. Dabei müssen allerdings die Wartezeiten bis zur Verwendung der Zwiebeln berücksichtigt werden.

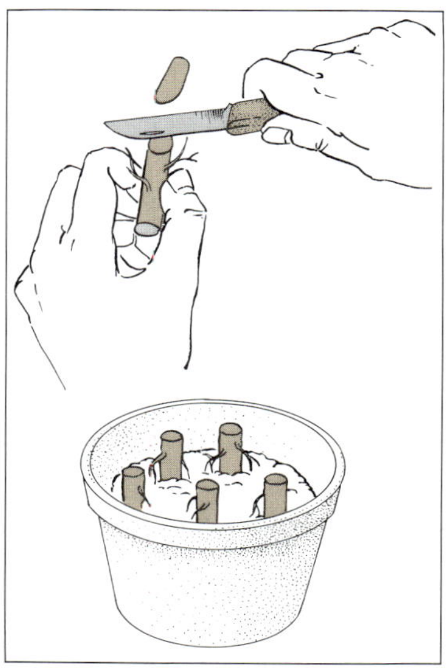

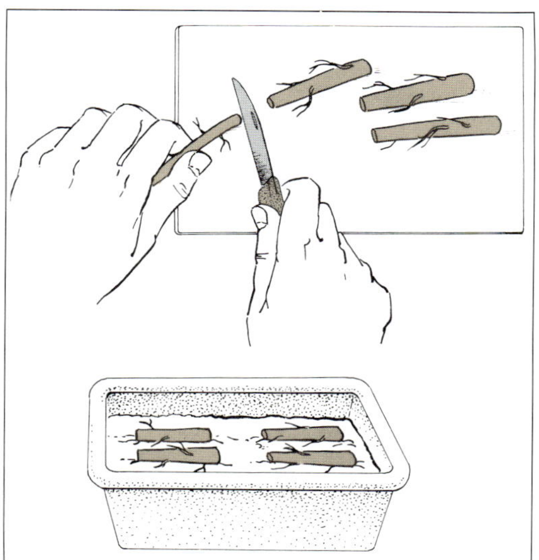

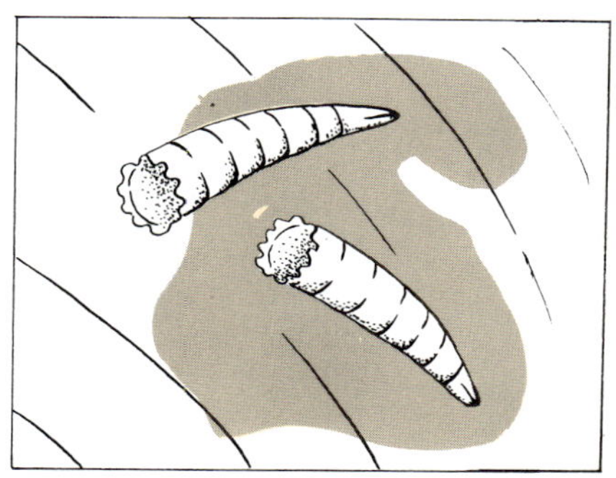

Das Gartenjahr

Januar

Der Plan für die nächsten 12 Gartenmonate wird aufgestellt. Die Arbeiten im Garten ruhen, so daß man die Muße hat, sich darüber Gedanken zu machen, was bleiben soll und was einer Änderung bedarf.
Die Versandgeschäfte verschicken jetzt ihre Frühjahrskataloge, und man kann sich mit dem Angebot auf dem Gartenmarkt vertraut machen.
Sämereien, die vom Vorjahr übriggeblieben sind, werden aussortiert. Nur diejenigen, deren Haltbarkeitsdatum noch nicht abgelaufen ist, hebt man auf. Im Zweifelsfall macht man eine Keimprobe, indem man einige Samen auf ein feuchtes Papiertaschentuch in einer abgedeckten Schale auslegt.
Bei einer geschlossenen Schneedecke werden die Vögel gefüttert. Dicke Schneeschichten schüttelt man von den Gehölzen herunter, damit diese nicht unter der Last brechen.
Im Januar ist die günstigste Zeit, die Gartengeräte und alles Zubehör instandzusetzen und zu reinigen.

Februar

In diesem Monat scheint die niedrigstehende Sonne wieder stärker. Das bekommt den Stämmen der Obstbäume nicht gut, und man gibt diesen einen Schutzanstrich aus Kalkmilch oder Lehmbrühe.
Die ersten Frühjahrsblüher erscheinen. Besonders an geschützten Stellen kommen die Schneeglöckchen zum Blühen. Fällt noch einmal Schnee darauf, dann schadet ihnen das nicht. Wenn aber Kahlfrost eintritt, erfrieren ihre Blattspitzen.
Das warme Frühbeet wird jetzt eingerichtet. Die ersten Aussaaten können darin erfolgen. Auch in Kleingewächshäusern und in Saatschalen im Zimmer beginnt man mit den ersten Vorkulturen.
Die im Keller überwinterten Knollen von Dahlien, Gladiolen u. a. werden auf ihren Erhaltungszustand überprüft, angefaulte Teile beseitigt.
Zu schneefreien Zeiten und in Gegenden, in denen ohnehin kein Schnee mehr liegt, können die ersten Vorarbeiten im Garten erfolgen, z. B. Kompost umsetzen, Beete einteilen usw.

März

Die eigentliche Gartenarbeit im Freien beginnt. Sobald es die Witterung erlaubt, wird der Boden bearbeitet. Solange er nicht genügend abgetrocknet ist, macht es aber noch viel Mühe, und man wartet besser noch eine Weile.
Im kalten Frühbeet und auf dem Saatbeet werden weitere Vorkulturen angelegt. Der Rasen wird mit dem Rechen gesäubert. Wenn er stark verfilzt ist, vertikutiert man ihn.
Komposterde wird auf die Beete und zwischen die Gehölze und Stauden ausgebracht. Dabei wird auch die Winterabdeckung entfernt.
Die ersten Freilandaussaaten im Gemüsegarten sind möglich. In Gebieten mit ungünstiger Witterung wartet man jedoch noch, bis es auch dort wärmer geworden ist. In kaltem Boden keimen die Samen schlecht oder gar nicht.
Beim Frühbeet sind die Fenster zu lüften, wenn die Sonne länger scheint. Es tritt sonst ein Hitzestau ein, der das Wachstum der Pflanzen ungünstig beeinflußt.

April

Obwohl das Wetter in diesem Monat sehr wechselhaft sein kann, ist es doch schon wesentlich wärmer als im März. Der Boden hat sich so weit erwärmt, daß z. B. schon die vorgekeimten Kartoffeln gelegt werden können.
Die Frühlingsblumen, Tulpen, Narzissen u. a. stehen in voller Blüte. Auch die Obstbäume blühen.
Stauden und Gehölze lassen sich noch pflanzen oder durch Teilung vermehren. Es kann sein, daß man bereits wässern muß, da aus den noch weitgehend offenen Böden viel Wasser verdunstet. Frisch eingesetzte Pflanzen müssen besonders sorgfältig feucht gehalten werden.
Der Rasen wird zum erstenmal wieder gemäht. Auch die erste Düngung kann vorgenommen werden.
Stauden und Gehölze werden langsam wieder grün. Mit dem ersten Rasenschnitt

beginnt man, Baumscheiben und andere freie Stellen zu mulchen, damit die Verdunstung vermindert wird.

Mai

Zu Beginn des Monats kann es schon sehr warm sein. Bis zur Monatsmitte muß man jedoch noch mit starker Abkühlung rechnen. Die unempfindlichen Pflanzen wachsen jetzt kräftig heran. Die Belaubung der Bäume entfaltet sich vollständig. Auch der Rasen ist jetzt wieder frischgrün.
Mit dem Ausbringen der empfindlichen Pflanzen wartet man noch bis zur Mitte des Monats. In Extremfällen kann sogar noch einmal Bodenfrost auftreten. Erst danach werden Bohnen gelegt und Dahlienknollen wieder eingepflanzt. Vorkultivierte Pflanzen aus dem Zimmer oder dem warmen Frühbeet sollen gut abgehärtet werden, ehe man sie auspflanzt.
Der Boden wird zwischen den Saatreihen und Pflanzen durch Hacken gelockert. Anfallendes Mulchmaterial wird ausgestreut, sobald die Pflanzen groß genug sind und nicht mehr verschüttet werden können. Durch Mulch wird auch das jetzt kräftig wachsende Unkraut in Schranken gehalten.

Juni

Die Vegetationsperiode erreicht ihren Höhepunkt. Bis zur Sommersonnenwende am 21. Juni werden die Tage noch länger, und dann ist der Höhepunkt bereits überschritten.
Gemüse wird geerntet; man kann zu dieser Zeit ständig frisches Gemüse aus dem Garten verwerten. Es ist auch die Zeit der Erdbeerernte; Kirschen folgen.

Bei längeren Trockenperioden wird man manche Kulturen wässern müssen.
Da jetzt der Rasen häufiger geschnitten wird, fällt reichlich Mulchmaterial an. Auch die Reste der Gemüseernte und Unkraut können zu Mulch gehäckselt werden. Gemulchte Stellen im Garten sind weit besser gegen das Austrocknen geschützt als freie. Man kann das deutlich beobachten, wenn man Beete oder Teile von ihnen mit einer neuen Bepflanzung versieht.
Offene Bodenstellen werden regelmäßig durch Hacken gelockert, besonders nach Regen.

Juli

Es ist die Zeit der Beerenobstreife. Wer jetzt Urlaub machen will, der hat alle Hände voll zu tun, um vorher Obst und Gemüse zu ernten und zu konservieren. Auch die Frühkartoffeln sind erntereif.

Für diejenigen, die nicht verreisen, gibt es genug im Garten zu tun. Das Unkraut wächst ständig nach und muß in Schranken gehalten werden. Für frisches Gemüse hat man rechtzeitig durch den Anbau von Sommersorten gesorgt; es gibt z. B. Radieschen und Salat, die auch in dieser Jahreszeit nicht gleich „schießen".
Die Rasenpflege wird weitergeführt. In trokken-heißen Perioden schneidet man ihn weniger als in regenreichen. Sollte man verreisen, dann schneidet man nach der Rückkehr den hochgewachsenen Rasen nicht auf einmal kurz. Man stellt den Rasenmäher zunächst auf eine größere Schnitthöhe ein.
Im Blumengarten blühen jetzt viele Stauden.

August

Auf den abgeernteten Beeten werden die Herbst- und Wintergemüse gesät und gepflanzt. Die Ernte der frühen Kern- und Steinobstsorten beginnt.
Es ist viel Pflanzenmaterial angefallen, das kompostiert werden muß. Kann man es häckseln, dann ist ein Teil davon auch als Mulch auszustreuen. Doch gehe man beim Mulchen vorsichtig vor, damit sich die Schnecken nicht zu sehr unter einer zu dikken, feuchtwarmen Abdeckung einnisten.
Die späten Blumenarten blühen jetzt; die Sonnenblume zeigt sich als besonderer Schmuck im Garten.
Wenn das Unkraut nicht beizeiten entfernt wurde, haben sich inzwischen vielfach Samenstände gebildet. Wenn man jetzt jätet, schneidet man am besten vorher die Samenstände ab und sammelt sie ein.

Der Sommer neigt sich dem Ende zu, auch wenn jetzt die heißesten Tage im Jahr sein können.

September

Die Herbstkataloge der Versandgärtnereien liegen vor, und man muß sich beeilen, die Auswahl zu treffen. Blumenzwiebeln für das kommende Jahr sollen möglichst noch in diesem Monat gepflanzt werden. Stauden können durch Teilung vermehrt werden.

Die Obstbäume werden weiter abgeerntet, je nachdem, welche Sorte gerade an der Reihe ist. Fallobst der späteren Sorten wird aufgesammelt und verwertet.

Das reiche Blühen im Garten ist vorbei. Herbstastern und Dahlien bestimmen das Bild.

Der September ist für die Neuanlage eines Rasens sehr günstig; dann wird er bis zum Winter noch kräftig genug. Auch eine letzte Düngung der alten Rasenflächen kann erfolgen, damit das Gras die Nährstoffe noch vor dem Winter gut aufnimmt.

Verblühtes Unkraut soll besonders beachtet werden, damit es nicht zuviel Samen ausstreut.

Oktober

Die Obsternte geht zu Ende. Im Garten zeigt sich der Herbst mit Macht. Der erste Laubfall stellt sich ein, obwohl es erst einzelne Blätter sind, die vor allem durch Trockenheit abgestorben sind.

Den Rasen bereitet man für die Winterruhe vor. Er wird noch einmal verhältnismäßig kurz geschnitten und dann nur noch vom herabgefallenen Laub der Bäume befreit.

Jetzt ist Pflanzzeit für Gehölze und Stauden. Die Lieferungen der Gärtnereien treffen noch ein, solange frostfreies Wetter ist. Auch in den Gartenmärkten ist das Angebot zu dieser Zeit sehr reichhaltig.

Empfindliche Knollengewächse werden ausgegraben und die Knollen zur Überwinterung getrocknet und gereinigt. Tomaten deckt man bei Nachtfrostgefahr mit Plastikhauben ab. Auch andere empfindliche Kulturen kann man mit Folien abdecken und so noch eine Zeitlang erhalten.

November

Solange der Boden nicht gefroren ist, kann man noch Gehölze und Stauden pflanzen. Ab der zweiten Monatshälfte sollte man besser keine Pflanzungen mehr einplanen, da es nicht sicher ist, wie das Wetter sein wird.

Winterabdeckungen müssen vorgenommen werden, besonders bei Rosen.

Wenn Wasserleitungen im Garten verlegt sind, müssen sie abgestellt und entleert

werden. Auch Gartenteiche sind für den Winter herzurichten.

Mit der ersten länger andauernden Frostperiode fällt auch das Laub endgültig von den Bäumen, und zwar jetzt schnell und in großen Mengen. Vom Rasen wird es beseitigt. Auf den leeren Gemüse- und Blumenbeeten bleibt es liegen. Man kann es dort auch als Mulchschicht ausbringen. Der Boden trocknet nämlich auch im Winter aus.

Dezember

Das Wachstum im Garten ruht weitgehend. Feldsalat kann z. B. weiter geerntet werden, wenn man ihn abgedeckt oder unter Folientunneln kultiviert hat.

Schnittlauch und Petersilie, die noch rechtzeitig aus dem Garten genommen wurden, werden jetzt im Zimmer getrieben. Gartenkresse kann den ganzen Winter über im Zimmer gesät und geerntet werden.

Die frühen Sorten der Christrosen blühen. Um den 4. Dezember herum schneidet man Barbarazweige, sofern sie nicht ohnehin beim Obstbaumschnitt anfallen.

Das eingelagerte Obst ist regelmäßig zu kontrollieren. Verfaulte Früchte sollen sofort entfernt werden, damit sich die anderen nicht infizieren.

Die Futterstellen für Vögel werden eingerichtet. Alte Futterhäuschen müssen gründlich gereinigt, am besten desinfiziert werden. Die Fütterung beginnt jedoch erst, wenn eine geschlossene Schneedecke länger liegt.